宁波文化研究工程·特色文化研究　TS26.201702

宁波民营企业发展与融资的百年历史回顾（1912—2012）

华秀萍　陈裕荟琳　著

ZHEJIANG UNIVERSITY PRESS
浙江大学出版社

序言一　以社团逻辑助普惠金融发展

黄益平

（北京大学国家发展研究院）

2010 年夏天，我与北京大学和浙江大学的几位老师和同学一起在浙江调研中小企业融资问题。中小企业融资难是一个世界性的现象，因为它们规模小、风险大、数据少，同时还缺乏抵押资产，但这个问题在中国尤其突出，即便是在中小企业融资做得相对比较好的浙江，也有 60% 以上的中小企业从来没有从银行获得过贷款。许多金融机构反映中小企业融资不好做，存在一些外部的原因，比如银行不能完全自由地决定贷款利率，利率往往无法完全覆盖中小企业的风险。比如监管部门对银行不良率管控过严，一旦发生不良，信贷员要终身负责。但给中小企贷款不容易，一个核心的障碍还是风控难，尽职调查的成本高。

在调查中，我们发现一些中小企业融资做得好的金融机构，往往不太依赖传统银行的风控方法，也很少用资产抵押，反而把时间花在一些看起来跟金融不甚相关的方面，比如调查企业家的品行和家庭关系，从小到大有没有偷过东西？对父母是否孝顺？用这种方法控制信用风险，相当有效。这种被称为遵循"社团逻辑"的尽职调查方式，跟我原来了解的大中型金融机构的做法差别很大。当时有一位资深金融专家告诉我，这样的做法在浙江非常普遍，但最初可能是在宁波的钱庄形成的。宁波的中小企业做得好，历史上是这样，现在还是如此。这说明宁波的中小企业融资有成功之处，因而引起了我的兴趣。

晚清的中国金融业有三大流派，即山西票号、徽州典当和宁波钱庄，不过后面两个流派的名声都不如山西票号大。后来外资银行进入中国,对民族金融业造成了很大的冲击。19世纪末,国内的外资银行已经有十几家,上海外滩成了外资银行一统天下的地方。很快,山西票号和徽州典当都烟消云散了,但宁波民间金融却生存了下来,之后宁波的金融人才也纷纷投身现代银行业,从早期的中国通商银行和大清银行到后来的中国银行,宁波人在开办和运行中都发挥了巨大的作用。浙江兴业银行1943年的1份调查报告曾经指出:"全国商业资本以上海居首位,上海商业资本以银行居首位,银行商业资本以宁波人居首位。"

为什么在外资银行的冲击下只有宁波的民间金融业生存了下来?这个结论对不对以及背后的原因是什么,这些问题可以留给历史学家来考证。根据我非专业的观察,清朝的宁波钱庄有两个突出的特点:一是扎根社区;二是与官府保持距离。这后一个特点就与山西票号很不一样,山西票号跨区域信誉的建立和汇兑业务的发展,都是得益于与官府的紧密合作,比如代清政府筹措汇解京饷、军饷,帮助筹还外债和收存中央及各省官款,还起过代理国库和省库作用。官府的支持成就了山西票号的辉煌,曲殿元在1930年上海大东书局出版的《中国金融与汇兑》中说:"山西票庄执中国金融界之牛耳,约百余年。"

宁波钱庄因为与官府保持一定的距离,在发展过程中没有获得官方实质性的支持,因此在清朝的金融业中长期处于辅助性的地位,但也因此躲过了因官员或政府更替所造成的各种风险与冲击。不过相比之下,宁波钱庄扎根社区的特点可能更为重要。19世纪末,外资银行纷纷进入中国市场,与许多民族金融机构形成了正面冲突,曾经盛极一时的山西票号瞬间土崩瓦解。但宁波钱庄与外资银行的目标市场重合度很低,它们很快找到了合作的机会,外资银行主攻大城市、大企业和有钱人,而宁波钱庄则扎根中小城市、乡村,为小企业主、农户和个人提供金融服务。各自发挥比较优势,还相互支持,把正面冲突变成了共赢局面。

金融中介的本质是资金的融通,其最大的风险是信息不对称。信息不对称容易造成两类问题:一是交易发生之前的逆向选择,就是一般不太容易选到好的交易对手。二是交易发生之后的道德风险,即交易对手不按交易合约行事。解决信息不对称的办法有多种,过去宁波民间金融采用的多是"社团逻辑"的方法来甄别信用风险,社团逻辑的特点是没有正式的法律合约,也不依赖抵押资产,但社团成员之间存在非正式的合约或者承诺,相当于纯信用贷款。这种逻辑有效的条件是有违约成本,社团内部的违约成本主要是信誉受损，"没面子"或者"没法混了"。

近年来宁波有一些本地银行做中小企业贷款，也是运用同样的社团逻辑，风险定价做得不错，一旦发生逾期，催还贷款的效果也好。不过，社团逻辑一旦离开了传统社区，则不一定管用。前些年，浙江一些银行到珠江三角洲发展业务，就出了不少问题。在深圳和广州的一些移民社区，成员相互之间了解不多甚至根本不认识。因此，了解企业家品行和家庭关系等方面的信息就不太容易，违约成本也要低得多。所以说，社团逻辑的一大局限是业务覆盖范围不容易扩大。社团逻辑还有一个问题，就是客户业务活动的相似性很高，又在同一个区域，如果经济面对行业性、区域性或者周期性的冲击，风险很难分散。

而现代银行是用所谓的"市场逻辑"来甄别信用风险。因为银行的业务往往超出了传统的熟人圈子，所以需要一套新的方法来控制风险。一种方法是贷款专业化，一些信贷员甚至分行只从事某一行业或者几个行业的贷款业务，这样有利于充分了解行业现状、上下游产业以及竞争对手。还有一种方法是长期客户关系，其实也是把社团逻辑部分地镶嵌到市场逻辑之中。再有就是拒绝放高利贷，其主要目的就是为了杜绝逆向选择，因为正常的客户不会愿意选择高利贷，只有有问题的客户才不得不选择高利贷。或者保证发放的贷款小于客户要求的数量，以防止道德风险。市场逻辑最直截了当的风控办法是资产抵押，但抵押其实也是最懒惰的做法。

华秀萍和陈裕荟琳所著的《宁波民营企业发展与融资的百年历史回顾（1912—2012）》，为我们了解宁波金融模式的演变提供了一个窗口。作者将过去的 100 年分成三个时期，即 1912－1949 年、1949－1978 年和 1978－2012 年。在这个 100 年开始的时候，宁波的金融业已经告别了钱庄时代，不过上面的三个时期分别代表了社团逻辑、计划逻辑和市场逻辑主导金融交易的阶段。这里所说的计划逻辑，其实是指中央计划调配资金，风险与回报变得不那么重要。当然三者之间也有互相交替甚至共存的现象，比如在上述第一个时期的后期，尤其是大萧条之后，中国的货币体系开始进入法币时代，这个时候市场逻辑开始发挥作用。同样，改革开放之后，我国的金融体系一直致力于恢复市场逻辑，但社团逻辑也一直存在着。

从宁波钱庄生长起来的社团逻辑，今天已经不再是现代金融业的主流。但它仍然具有十分重要的现实意义。经过近 40 年的改革开放，我国已经建立了一个完整的金融体系，包括门类齐全的各种金融机构以及规模庞大的各类金融市场，与此同时，市场机制的作用依然受到各种制约，政府对利率、汇率、资金配置和跨境资本流动仍然保持了频繁的干预。平均而言,大概还有70%的企业和个人没有获得较好的金融服务,也就是说金融服务供应不足。这是为什么现在政府把发展普惠金融作为金融改革的重大任务之一。所谓普惠金融,不是政策性金融,也不是财政补贴,而是商业金融机构在市场可持续的条件下为社会各阶层和群体提供适当的、有效的金融服务。

但正如中小企业融资是一个世界性的难题一样,发展普惠金融也是一个世界性的难题。各国政府想了很多办法,但仍然举步维艰。从这个角度来看,宁波民间金融的社团逻辑依然具有积极的意义。它可以对现代金融业做一个有益的补充,支持中小企业的发展。当然,民间金融的社团逻辑也应该与时俱进,跟市场逻辑相结合,特别是借鉴一些信用评估的方法,包括运用一些法律法规工具。更重要的是,如果通过将大数据和互联网的技术引入社团逻辑之中,就有可能摆脱原来的小社区限制。即便有很多人在地理位置上很遥远,但互联网可以拉近大家的距离。如果把社团逻辑从实体社区扩展到互联网社区,发展普惠金融的潜力就会大大提高。当然,从实体到虚拟的扩张,还有很多技术问题需要解决。但无论如何,这给我们提供了广阔的想象空间。

因此,民间金融的社团逻辑既是一段历史记忆,又是具有现实意义的一个风控框架。读一读《宁波民营企业发展与融资的百年历史回顾(1912—2012)》,既可以帮助我们了解过去,也可以帮助我们思考未来。

序言二

张 斌

中国金融四十人论坛高级研究员

华秀萍女士常被朋友们称为女侠。女侠爱管人间不平事,快意恩仇,花这么多时间和精力与陈裕荟琳女士合写这本书不易,实在是遇到了真爱的题目。几年前就听到华女士说起这方面的研究,如今成了一本书,系统梳理了近百年来宁波企业融资的历史。这在当今热闹的经济和金融问题研究中是冷门,难能可贵,可喜可贺。

粗看此书的感受,宁波人了不起。但凡大环境有点缝隙,宁波企业家总能率风气之先,把企业做得风风火火。只可惜中国近百年来经历的制度变迁太波折,身处其中的企业时常被大环境窒息而死。改革开放30多年来,宁波人再次找到了施展拳脚的机会,坚韧、团结、精明和吃苦耐劳让宁波企业家再次脱颖而出,成为中国经济成长的一道风景。

最让我着迷的是宁波发达商业文明背后的文化基因。这种文化基因是怎么形成的,凭什么能够传承下来? 为什么历史上基于宗族的信任关系能在宁波拓展到金融领域,而在中国其他很多地区难以做到? 为什么信任关系在当今宁波的金融领域很突出,促成了宁波发达的民间金融,而在其他领域这种信任关系未必突出? 这些问题不是作者笔墨着力所在,但是书里面摆着大量史料也藏着一些线索,可以浮想联翩。

这本书可以当做史料来读,也可以当做文化、制度与经济发展的互动案例来读。书的重点是梳理宁波近百年来的金融体系变迁,有早年的钱庄兴衰,也有近几十年的非正式金融业和正式金融业变迁。各种形态金融业变迁的背后是中国社会制度大变迁,以及有着强大生命力的宁波文化基因,这是一种非常特别的东西方文化融合基因。

把史料与史料背后的人和事结合起来就有了故事。故事怎么讲,作者是一个讲法,看官可能另有所思,总归是开卷有益。

前　言

　　宁波自宋代开始,在经济、商业、人文与思想等方面的发展日益昌盛。到了近现代,宁波商业与工业均十分兴盛,宁波帮名扬海内外,在上海与香港的百年发展中立下大功。这赫赫商界功名,源于宁波本土文化蕴含着的商业智慧与创新精神,也与当时宁波钱庄等金融机构发达有很大关联。纵观中国近现代商业与金融史,最成功的四大商帮——徽帮、晋帮、宁波帮与温州帮,其商业神话的背后都离不开金融的支持:来自徽州典当、山西票号、宁波钱庄与温州民间金融的资本是他们核心生产与经营要素之一。① 就宁波而言,以宁波钱庄为首的金融业,新中国成立前一直是当地经济的支柱产业之一,并很大程度上满足了其他产业与贸易的融资需求,使得宁波帮异军突起,一度为中国数商帮之首。

　　21世纪的今天,宁波民营企业家在中国企业界风采依旧,但宁波金融机构在中国金融界却不再拥有当年宁波钱庄的辉煌地位。究其根源,一方面是由于经济与政治制度的结构性变迁,钱庄赖以经营的商业道德与社团逻辑无法适应市场需要,逐渐被银行等正式金融机构依赖资产评估的市场逻辑所取代。而另一方面的原因是,新时代中知识更新与金融创新迅捷,宁波受到地理、政策与人才等方面的条件约束,在产业结构调整的时候,并没有形成具有独特风格的金融生态系统。因此,宁波民营企业家想要再创当年宁波帮的显赫与荣耀,尚且面临着不少来自理论逻辑、制度构建与金融实践

---

① 陈铨亚:《中国本土商业银行的截面:宁波钱庄》,浙江大学出版社2010年版,第1页。

等方面的挑战。

笔者与宁波的缘分可以追溯到高中。彼时我热爱历史与文学,对王阳明①与黄宗羲②充满了膜拜之情,因此对这个孕育了这些伟大的思想与文化精英的城市有着美好的向往。在北京大学政治学与行政管理系(现为政府管理学院)与中国经济研究中心(现为国家发展研究院)就读期间,我曾翻阅这两位学者的一些书籍以及相关研究。其时我的认识虽然粗浅,但宁波籍学者的质疑与创新精神已经给我打下深深的烙印。后来我去英国求学,兜兜转转中立意要做一名学者。2010年,我正式加入宁波诺丁汉大学商学院,从事金融学方面的教学与研究。来到宁波的我,一直以宁波籍大师们激励自己,希望自己有一天与他们一样,不仅具有渊博的学识、熟谙传统文化,而且善于独立思考,敢于超越传统,开创知识与思想的新天地。志向虽然远大了一些,但梦想还是需要有的,因为万一哪一天就实现了呢?

宁波民营企业融资历史是一个非常有价值的研究课题。我们从开始关注到此书写完,差不多有三年时间。这个过程里,我们阅读了很多历史资料,也拜访了不少宁波的金融机构以及有关专业人士,对宁波百年来金融界的生态系统变迁有了一些初步的了解,并尝试从理论与实践两个角度进行诠释与研究。虽然由于时间限制,我们的研究还比较粗浅,但已经努力多方搜证,力图构建宁波民营企业的百年融资历史脉络,还原与追踪宁波民营企业家与金融家的辉煌成就。虽然我们并没有提出任何推动宁波本地金融生态系统发展的建议,但知古以鉴今。拿到这本书的读者们,读完后能够产生一些相关的思考,我们的这份研究就已经实现了价值。

此书的撰写过程里,第二作者陈裕荟琳博士收集了大量资料,做了大量调研,并非常辛苦地负责本书大多数章节的初稿撰写工作,共计9万余字。

---

① 王阳明(1472—1529),宁波余姚人,是明代最著名的思想家、哲学家、军事家、教育家、文学家和书法家,官至南京兵部尚书、都察院左都御史,因平定宸濠之乱等军功而被封为新建伯,隆庆年间追封侯爵。他是陆王心学之集大成者,非但精通儒、释、道三教,而且能够统军征战,"立德、立功、立言",是中国历史上罕见的全能大儒,为世人所瞩目。

② 黄宗羲(1610—1695),宁波余姚人,是明末清初的大学问家,他在哲学、史学、文学、科学、教育上均有杰出的建树,与湖南王夫之、江苏顾炎武并称为"三大儒"。他撰写的《明儒学案》和《宋元学案》,对宋、元、明时期的各派哲学思想,溯源述变,条分缕析,曾被人誉为"前无古人的断代哲学史"。他最独特的地方,是其在《明夷待访录》等书中尖锐地批评了皇帝专制制度,并为未来的政治制度拟定了一个方案,可谓中国反专制的知识分子先驱和17世纪伟大的民主启蒙思想家。

没有她的勤奋工作，这本书涵盖的内容，远远不会如此丰富。本书的研究、写作与出版过程，得到了很多机构与人士的帮助。我的博士生王淼、胡健薇，研究助理周秋、陈虹、夏奔等，在资料搜集方面提供了很大的帮助。感谢宁波社会科学院的研究经费支持，以及科研管理处王仕龙老师对此书的指导。感谢宁波诺丁汉大学国际金融研究中心也为本课题提供了一定的资助，使本书得以顺利出版。我们还要感谢宁波市人民政府金融办公室的姚蓓军、王勉、周凯三位老师对我们的研究进行悉心指导。其中，王勉老师对宁波金融的特色做了独到的比较与总结，而周凯老师对一些关键的金融机构发展历史提供了仔细周到的解释。没有他们的知识贡献，这本书将远远不会如此详尽。

再次，我们对所有帮助我们的学术专家们表示诚挚的谢意。这本书引用了我们的一篇英文文章，并在此基础上拓展。发表过程中，同事与文章合作者 Shameen Prashantham 博士在理论的阐述与构建上有着非常突出的贡献。而一些国内外知名学者也提供了很多宝贵的修改意见。他们包括哥伦比亚大学的 Warren Bailey 教授、美国得克萨斯克里斯汀大学的 Garry D. Bruton 教授，北京大学光华管理学院的颜色博士与政府管理学院的张长东博士，加拿大约克大学的 Charlene Zeitsma 教授以及英国谢菲尔德大学的 Chris Adcock 教授，等等。而英文文章的编辑加拿大约克大学的 Douglas Cumming 教授与英国爱丁堡大学的侯文轩博士，对我们的理论构建与文献充实也予以出色的指导。

最后，我愿意将这本新书赠予我的女儿张华宜。她在我写作的过程里，不仅作为生活小伙伴给予了我无数温暖，也承担了一些由于我工作繁忙而导致对她的高要求。在电子产品横行的年代里，我仍然希望，她能够在各类书本提供的万千世界里，享受到无尽的思想愉悦与情绪放松，并随时可以得到至高的知识支持与精神鼓舞。这是一个母亲能够想到的最好的爱。

华秀萍

2016 年 10 月 20 日

于宁波诺丁汉大学

目　　录

第二篇

第三篇

第一章　导　　论

第一节　选题背景及意义

一、选题背景

首先，民营企业的融资困境与融资渠道研究是一个理论的问题，需要理论的支撑、指导和关注。在经济日益发展的当代社会中，如何从理论的角度解决民营企业融资的路径，已经成为当今学术界迫切需要解决的问题之一。在以往的英文文献中，国内外的经济学家们早已经研究过民营企业如何借助外部资本市场资源来筹集资金进行投资，以及如何在不同时期根据市场环境的变化解决融资困难的问题。例如，Cull 等人研究了以北大西洋为核心的，包括北欧、西欧和北美地区的中小企业的融资历史。[①] Allen 等人研究了印度的法律、商业环境、企业融资渠道和不同类型企业的增长模式。[②] Li 和 Ferreira 利用 2869 个企业数据研究了中西欧 26 个国家的制度监管、政治

[①]　Robert Cull, Lance E. David, Naomi R. Lamoreaux and Jean-Laurent Rosenthal, "Historical Financing of Small-and Medium-size Enterprises", Journal of Banking and Finance, Vol. 30, No. 11, 2006, pp. 3017-3042.

[②]　Franklin Allen, Rajesh Chakrabarti, Sankar De, Jun Qi Qian and Meijun Qian, "Financing Firms in India", Journal of Financial Intermediation, Vol. 21, No. 3, 2012, pp. 409-455.

和金融环境,以及它们是如何影响企业的非正式金融融资模式、企业如何利用政策性资金等正式融资渠道来获得资金等问题。[①] Hua 等人研究了宁波民营企业发展和社会制度逻辑变迁的历史渊源和相辅相成的关系。[②]

除了国外学者对发达国家和发展中国家的金融发展和企业融资进行深度的探讨,国内部分学者也开始对国内市场的金融制度改革和企业融资状况进行研究。部分学者认为由于金融抑制下的信贷配给与体制内的制度歧视,我国民营企业面临融资约束的问题。田晓霞指出,之所以小企业融资需求与传统理论之间存在差距,是因为目前金融市场存在严重的信息不对称,信贷配给问题表现突出。[③] 张杰认为民营企业的融资困境主要缘于国有金融体制对国有企业的刚性依赖,而民营企业无法在现有的金融体制中寻求到金融支持。[④] 冼国明、崔喜君也有相似的观点,通过对 674 家民营企业面板数据的经验分析,他们发现相比国有企业,国内不完全的金融市场对民营企业融资约束的影响更大,而外商直接投资能够缓解民营企业,尤其是中小型及资本密集型企业的融资约束。[⑤] 除了外商直接投资能缓解民营企业融资约束外,也有学者认为非正规金融亦是一种缓解民营企业融资约束的途径。任曙明和郑洋采用欧拉投资模型,利用 2001—2006 年上市民营企业数据实证检验并肯定了非正规金融对民营企业融资约束的缓解作用。[⑥] 由此可见,现有的文献从理论和实证的角度指出民营企业的外部融资受到当前金融制度的制约,存在信贷配给不平衡和融资制约的现象。

其次,我们认为研究民营企业融资困难,也是一个现实的问题。改革开放以来,我国的民营经济经历了快速发展的过程,民营经济的异常活跃已成为不争的事实。从民营企业数量角度看,民营经济保持良好发展势头。

---

① Hongbin Li, Lingsheng Meng, Qian Wang and Li-An Zhou, "Political Connections, Financing and Firm Performance: Evidence from Chinese Private Firms", Journal of Development Economics, Vol. 87, No. 2, 2008, pp. 283-299.

② Xiuping Hua, Yuhuilin Chen and Shameen Prashantham, "Institutional Logic Dynamics: Private Firm Financing in Ningbo(1912-2008)", Business History, Vol. 58, No. 3, 2016, pp. 378-407.

③ 田晓霞:《小企业融资理论及实证研究综述》,《经济研究》2004 年第 5 期。

④ 张杰:《民营经济的金融困境与融资次序》,《经济研究》2000 年第 4 期。

⑤ 冼国明、崔喜君:《外商直接投资、国内不完全金融市场与民营企业的融资约束——基于企业面板数据的经验分析》,《世界经济研究》2010 年第 4 期。

⑥ 任曙明、郑洋:《非正规金融缓解民营企业融资约束的实证检验》,《同济大学学报》(社会科学版)2010 年第 5 期。

2012 年底,我国登记注册的私营企业数量达到 1085.7 万户,注册资本 31.1
万亿元,分别比上年增长了 12.2% 和 20.6%。① 从民间投资角度看,2012 年
内资民营经济城镇固定资产投资额达到 220327.1 亿元,其中私营企业投资
额为 92939.5 亿元,与上年相比,其增长率分别为 25.4% 和 30.3%,占到全
国城镇固定资产投资额的 60.4% 和 25.5%。② 民营经济的高速发展使其逐
步成为推动我国经济发展的重要力量之一,对国民收入、就业和出口有着巨
大的贡献,在国民经济中有着举足轻重的地位。

　　但是,越来越多的研究发现,我国目前的金融市场发展模式无法与高速
发展的民营经济相匹配。许崇正和官秀黎③对民营企业融资问题进行研究,
认为我国民营企业资金来源结构中,有 90% 来自于自有资金。同时,我国银
行对民营企业的贷款比重偏小,只占全部金融机构贷款额的不到 7%,远远
低于英国、德国、美国等中小企业发达的国家。文中指出造成这一现象的原
因,一是因为我国金融领域中,国有银行占主体,目前缺少与民营经济相匹
配的民营银行。二是由于我国间接金融融资渠道的所有制性质歧视。由于
我国目前外部融资主体主要依赖国家政策性银行、商业银行和非银行金融
中介机构,这些机构对民营企业贷款门槛较高,实行性质歧视。三是由于我
国信用本身市场化程度不高,中观信用不足形成了民营企业融资门槛。林
毅夫、李永军④也指出在信息透明程度不高的社会,中小企业在直接的外部
融资中需要支付远远高于大企业的资金成本。罗党论和甄丽明⑤对 2002—
2005 年中国民营上市企业进行定量研究,认为融资难是制约民营企业发展
的关键因素,而民营企业的政治关系有减轻融资约束的作用。相对于没有
参与政治的民营企业,有政治关系的民营企业在外部融资时受到较小的融
资约束。这种关系尤其在金融发展水平较低的地区尤为明显。由此可见,
虽然民营经济在我国国民经济中的地位日益突出,但是在大多数情况下,民
营企业存在融资困难的问题。在民营经济高速发展的大背景下,如何缓解
民营企业融资困难的问题已经成为当前经济研究的焦点。

---

　　①　《全国市场主体发展总体情况》,http://www.saic.gov.cn/zwgk/tjzl/zxtjzl/xxzx/
201301/P020130110600723719125.pdf,2013-01-10.
　　②　国家统计局:《中国统计年鉴 2013》,中国统计出版社 2013 年版。
　　③　许崇正、官秀黎:《论中国民营企业融资和金融支持》,《金融研究》2004 年第 9 期。
　　④　林毅夫、李永军:《中小金融机构发展与中小企业融资》,《经济研究》2001 年第 1 期。
　　⑤　罗党论、甄丽明:《民营控制、政治关系与企业融资约束——基于中国民营上市公司
的经验数据》,《金融研究》2008 年第 12 期。

最后,我们认为民营企业融资问题还是一个历史问题。由于社会的分工和生产力的发展促成了商品经济产生,人们从事商品买卖和物质交换,商品的买卖和物质交换促就了商品经济的快速发展。对我国古代经济和各种金融形态的产生、发展和衰弱的历史脉络的研究也吸引了部分学者的眼球。部分国外学者从历史的角度对我国经济和金融形态的发展进行了研究和探讨。例如,McElderry 考察了 1840—1935 年期间的上海钱庄,集中探讨了上海钱庄在历史的长河中是如何适应经济发展模式的变迁,如何在外国银行、国内贸易和对外贸易之间起到中介作用。[①] Chen 也记录了近代中国银行业的发展历程,揭示了 1897—1937 年期间的商人、职业经理人和中国银行业发展之间相辅相成的关系。[②] Ji 研究了 1840—1952 年期间,上海的钱庄、外资银行和国内商业银行如何从繁荣走向衰落。[③] 以上这些对近代金融制度改革和变迁的研究为现代中国的金融发展和制度改革奠定了历史基础。

国内学者对我国金融制度历史变迁也有一定程度研究。燕红忠[④]从金融机构发展、非金融机构发展和金融相关比率的层次考察了近代中国 50 年间(1887—1936)的金融发展进程及其结构。研究表明,近代中国金融的大发展主要表现在 1921—1936 年间。在该时期,衡量金融发展的各项指标都有了快速提高,尤其是新式银行业的发展及其对传统的旧式金融机构的替代。但是由于起点低,大发展的时间又过短,总体而言,中国金融发展的层次和水平依然偏低。杜恂诚[⑤]对中国近代的两种金融制度(1927 年以前的自由市场型和国民党统治时期的政府垄断型)加以比较。自由市场型的金融制度中政府的作用很小,具有中央银行制度缺失,国家银行的商业银行化,金融市场具有自发产生、自主发展和银本位制等特点,然而国民党时期的政府垄断型金融制度中政府具有重要作用,并产生了中央银行制度、商业

① Andrea Lee McElderry, Shanghai Old-Style Banks (Ch'ien-Chuang) 1800-1935: A Traditional Institution in a Changing Society, Ann Arbor: University Microfilms International, 1975.

② Linsun Chen, Banking in Modern China: Entrepreneurs, Professional Management, and the Development of Chinese Banks, 1897-1937, Cambridge: Cambridge University Press, 2007.

③ Zhaojin Ji, A History of Modern Shanghai Banking: The Rise and Decline of China's Financial Capitalism, Armonk: An East Gate Book, 2003.

④ 燕红忠:《近代中国金融发展水平研究》,《经济研究》2009 年第 5 期。

⑤ 杜恂诚:《中国近代两种金融制度的比较》,《中国社会科学》2000 年第 2 期。

银行官办化、对原先自由市场加以管制和取缔、滥发纸币等现象。结论认为虽然自由市场型的金融制度推行速度相当缓慢,循序渐进,但是其市场地位精细而且具有较强的首创性。相反,政府垄断型金融制度的推行速度较快而且力度较大,但是垄断制度下的金融机构往往处于抑制状态,缺乏自发的创造性。王玉茹、燕红忠、付红①对近代中国新式银行业的产生、发展和实力变化进行研究,认为从 1896 年中国通商银行成立到 1911 年清朝政府灭亡是我国近代新式银行的产生时期,而接下来的 15 年(1912—1927)是中国银行业发展的幼年时期,这一时期虽然有不少新设立的银行,但是停业的银行数量也不少。在 1928—1937 年之间,近代银行业进入发展时期,新设立银行数量不断增加,但只有少部分的银行停业,银行的数量达到新高。即使到了 1937 年抗日战争爆发,新式银行的发展势头也没有停止。结论认为,随着 20 世纪三四十年代的中国新式银行体系初步形成,各种旧社会遗留下来的其他金融组织机构,例如票号、钱庄和典当,相继出现衰落的现象,新式的银行体系逐渐在金融制度中取得支配性的地位。

　　宁波的民营经济素来发达,宁波商帮在历史上也赫赫有名。从明末清初开始,尤其是清代末期"五口通商"之后,宁波商帮在中国本土贸易中的地位就开始凸显出来。宁波商人亦被称为宁波帮,他们以江、浙、皖为基地,以长江商路和沿海商埠为依托,形成了船运业、钱庄业、南北货业等传统支柱行业。部分学者对宁波商人为什么会在清末和民国初期成为最有影响力的商帮进行了研究。乐承耀②提出,宁波帮的发展壮大具有深厚的思想渊源,即浙东优秀的传统文化。自南宋以来,浙东形成了比较浓厚的区域商贸文化,其显著特点包括注重公理、讲究实际与注重工商。宁波帮的经营理念,除了吸收西方资本主义国家的先进管理思想外,还吸收了浙东学者传统文化的思想,中西文化得以相融。孙善根和鲍展斌③研究了传统思想文化对近代宁波商帮的作用。他们认为宁波商帮继承了以儒家思想为核心的传统文化,善于处理人际伦理关系。宁波商人会根据所处的社会历史条件和市场竞争的需要对传统文化加以利用和改善。宁波商人秉承仁、德、信、义的道

---

①　王玉茹、燕红忠、付红:《近代中国新式银行业的发展与实力变化》,《金融研究》2009年第 9 期。

②　乐承耀等:《宁波帮经营理念研究》,宁波出版社 2004 年版,第 15—21 页。

③　孙善根、鲍展斌:《宁波商帮崛起的传统文化因素》,《上海交通大学学报》2002 年第 4 期。

德标准,遵循以诚信为本的商业道德。在群体精神上,他们更是遵循儒家在社会伦理观上以群体为本位、家庭为中心的社会关系网络,有强烈的血缘和地域色彩。也正是因为如此,依托于社会关系网络和人与人之间信任的融资模式在宁波商人经商中才能发挥作用。①

除此之外,宁波商人可以在上海等地大显身手,还应该归功于宁波当地繁荣的金融产业支持。王苏英②认为宁波钱庄自 16 世纪中叶 17 世纪初起,便成为商业贸易主要的资金来源。钱庄过账制度的推行大大降低了商业交易的时间成本,简化了交易手续,不但克服了当时社会银两短缺的问题,也节约了宁波商人的交易成本,提高了贸易运作的效率。③ 钱庄是近代宁波商业贸易的主要金融机构,为商业贸易提供资金保障。它的繁荣发展更是推进了宁波商人在国内和国外的贸易发展,使其在宁波近代经济史上担任举足轻重的角色。尽管钱庄作为旧时的金融机构,在内部管理和经营上依然存在些许弊端,最终因金融政策的不稳定,社会发展的需要,以及新式银行的崛起,逐渐走向了没落。④ 其在宁波商帮和工业发展中的历史地位依然不可小觑。

但是,到了 19 世纪,上海逐渐替代了宁波在金融业的地位,成为当时南部地区主要的商业贸易和金融交易集聚地。宁波商人大规模地从宁波迁移到上海经商。到了 20 世纪初期,宁波的金融繁荣程度就已经落后于上海。到了 20 世纪中期,大规模的宁波商人开始迁移到香港、台湾等地区。宁波商人发扬勇于开拓、善于抓住机遇和团结互助的精神,涌现了一大批优秀企业家,例如包玉刚、董浩云和邵逸夫等商业奇才。尤其是 20 世纪 40 年代左右,大量的宁波商人将在上海的产业搬迁到中国香港地区、中国台湾地区及日本和东南亚,甚至北美地区。⑤ 新中国成立后,虽然宁波的民营企业开始转型为公私合营企业,但是宁波商人的优秀品质和经商的知识却没有随着

---

① Xiuping Hua, Yuhuilin Chen and Shameen Prashantham, "Institutional Logic Dynamics: Private Firm Financing in Ningbo(1912-2008)", Business History, Vol. 58, No. 3, 2016, pp. 378-407.

② 王苏英:《近代宁波钱庄业的发展历程及其经营特色》,《浙江万里学院学报》2006 年第 3 期。

③ 陈铨亚:《中国本土商业银行的截面:宁波钱庄》,浙江大学出版社 2010 年版,第 65 页。

④ 王苏英:《近代宁波钱庄业的发展历程及其经营特色》,《浙江万里学院学报》2006 年第 3 期。

⑤ 金普森等:《宁波帮大辞典》,宁波出版社 2001 年版,第 25—28 页。

民营企业的消失而被遗忘。在 1978 年改革开放之后,随着邓小平号召"把全世界的宁波帮都动员起来建设宁波",大量旅居海外的宁波帮纷纷行动起来,开始回到宁波,通过各种途径和方法为家乡的建设献计献策,出资出力。① 宁波商帮的回归促进了宁波本地的经济活跃,也为生活在本地的宁波人传输了做生意的窍门和经验。孙建红②对宁波民营企业制度演变进行历史考察,从 19 世纪末宁波民营企业的原始资本积累开始一直到 20 世纪前期的资本扩张,宁波商人通过企业家精神的传承经历了积累、重聚和再创造的发展路径。曾经消失的以社会关系网络和人与人之间信任为基础的融资模式又得以出现。1988 年,宁波作为一个港口城市,被中央政府批准为计划单列市。2012 年,宁波常住人口 577.7 万人,拥有世界第一大的港口。民营企业在 1979 年之后成为宁波重要的经济力量。据统计,在 2012 年,宁波民营经济贡献了 70% 的 GDP、76% 的税收、54% 左右的出口和提供了 87% 左右的社会就业。③因此,宁波作为民营经济素来发达的城市,为研究民营企业的融资渠道历史发展提供了独特的背景与视角。

二、选题意义

本书以 1912 年宁波民营企业的融资渠道为切入点,在详细描述宁波民营企业百年融资史的基础上,深入探讨和分析了宁波民营企业融资渠道演化的历史轨迹,以及政府和社会对融资模式发展路径的影响问题。

(一)理论意义

从理论意义来说,通过研究宁波民营经济的融资渠道和制度逻辑的演变,揭示宁波民营企业融资渠道发生变化的根本原因,进而在本质上探寻民营企业选择融资渠道核心动力机制,对推进金融制度和制度逻辑变迁理论发展所具有的非常重要的学术价值。

纵观目前民营企业外部融资的研究现状,虽然有部分文献承认企业外部的融资环境会影响企业的融资渠道选择,但是很少有文献所涉及的民营企业融资研究是从社会的政治和经济历史变革及转型的角度来分析,同时已有文献对民营企业融资问题的研究所涉及的研究时间段相对较短,大部

---

① 张守广:《宁波商帮史》,宁波出版社 2012 年版,第 318、348 页。
② 孙建红:《宁波民营企业制度演变的历史考察》,《中国经济史研究》2011 年第 2 期。
③ 宋光亚:《宁波民营经济:占 GDP70% 占经济实体总数的 94.7%》,http://zjnews. zjol. com. cn/05zjnews/system/2012/05/23/018514780. shtml,2014-11-30。

分集中在改革开放之后。虽然这些文献一定程度上展示了民营企业融资的渠道和问题,却并没有真正揭示制度的变迁对企业融资模式选择而呈现的作用。例如,研究1978年以后民营企业融资的文献并不能明确指出,随着经济制度的变迁,企业表现出来的对于融资渠道的选择是否在1949年新中国成立之前就已经出现过。很明显,当我们将研究时间跨度变长之后就会发现,现代民营企业所经历的民间金融融资渠道其实早在1912—1949年便已出现。1949—1978年间,钱庄等民间融资模式之所以出现中断,我们认为主要是制度不连续现象造成的。而这种现象又会在特定的制度环境中,遵循特定制度变迁轨迹进行演化,已经发生过的制度又会再次出现。[①] 1979年后,原本已经消失的以民间资本为基础的民间融资模式,逐渐成为民营企业融资的重要渠道,就归因于这一制度重现。

回顾已有文献,虽有部分文献涉及社会角色、地位和组织机构的多个制度逻辑及其行为结果的动态表现,以及过去的制度逻辑是如何在中国不同地区生根发芽的,但鲜有文献提及过去的制度逻辑是如何在政府垄断的经济体制下生存下来,以及一旦当制度产生的条件发生变化时,它们又是如何重现的。这个问题的研究已经不仅仅是关于企业融资历史问题的研究,而是上升到了制度逻辑是如何以及为什么会随着时代变迁而发生变化的理论范畴。我们猜测,可能是由于过去的制度逻辑在政治专制的经济体制下被保留下来,虽受当时环境抑制并未凸显出来,但一旦外部条件发生改变,如经济开放等,被保留下来的制度逻辑便会重新出现。

(二)实践意义

从实践意义来说,宁波作为中国最早的通商港口城市,其民营企业经历了几个世纪的繁荣,目前已经成为宁波本地经济增长的重要动力,但是相对于现有关于上海、天津等地区金融机构和贸易发展的文献,目前针对宁波民营企业的融资研究文献却相当有限,这也就进一步凸显了本文的实践应用价值。

本书有一定史学参考价值。宁波作为中国历史上重要的商人聚集地,民营经济较为发达,适应民营经济需要而发展起来的金融市场也一度相当繁荣。宁波民间借贷自古就有,初期以典当为主,用于满足社会下层人民的

[①] Xiuping Hua, Yuhuilin Chen and Shameen Prashantham, "Institutional Logic Dynamics:Private Firm Financing in Ningbo(1912-2008)", Business History, Vol. 58, No. 3, 2016, pp. 378-407.

生活需要,后由于商品经济的发展,钱庄逐渐在企业融资中发挥重要作用。早在清朝康熙年间,就有商人开始在北京等地创建银行和钱庄。到了乾隆年间,钱庄已经开始全面兴起。直至 20 世纪 30 年代,钱庄在当时商业贸易中所担当的角色是其他金融机构,例如外资银行和华资银行所不能比的。"走遍天下,不如宁波江厦",足见当时宁波钱庄业的繁荣景象。随着近代中国经济和社会制度变迁,1952 年钱庄退出历史舞台,但 1978 年改革开放后,宁波民间融资再度兴起。因此,宁波民营企业融资史就相当于整个中国民营企业融资历史的缩影,具有极高的历史参考价值。

本书有一定政策参考价值。目前民间融资已成为政府的改革领域之一,国务院以国发〔2010〕13 号印发《国务院关于鼓励和引导民间投资健康发展的若干意见》①,明确提出,鼓励和引导民间资本进入金融服务领域,在加强有效监管、促进规范经营、防范金融风险的前提下,允许民间资本兴办金融机构,包括以入股方式参与商业银行的增资扩股,设立村镇银行、贷款公司、农村资金互助社,设立信用担保公司以及金融中介服务机构等。在倡导政府职能转变的大背景下,宁波如何促使政府在民营经济发展中合理定位,如何充分发挥政府的经济和法律职能,促进民营经济健康长久发展,是当前亟待解决的现实问题。而研究宁波民营企业融资渠道则恰恰为宁波民营经济金融政策的制定和发展提供了历史经验和理论的指导。

结合上述理论与现实意义的双重考虑,本文将研究的问题根据民营企业融资行为过程划分为三个阶段:社团与市场逻辑显现时期(1912—1949)、政府逻辑垄断时期(1949—1978)、社团与市场逻辑再现时期(1978—2012)。第一阶段属于民国时期,民营经济融资的两种制度逻辑(社团逻辑和市场逻辑)以相互竞争的模式共存;第二阶段是我国计划经济时期,当时的意识形态主要是集体主义和平均主义占主导地位,核心资源由国家统一调配,民国时期传统的两种制度逻辑不再呈现,代之以国家政策为主导的政府逻辑;第三阶段是我国的经济改革开放时期,社团逻辑和市场逻辑被观察到重新出现在民营企业的融资行为中。但是,这一阶段的社团逻辑所呈现的地位是附属的,不占主导地位,同时是非正式的,并没有公开受到国家的监督和管理。

---

① 《国务院关于鼓励和引导民间投资健康发展的若干意见》,《中小企业管理与科技》(中旬刊)2011 年第 5 期。

第二节 研究理论基础

一、制度逻辑的定义

传统的经济理论从宏观、微观两大角度探讨经济增长中资本、劳动、技术等要素贡献,它的前提是有效的市场制度。新制度学派的视角转移到组织、制度等要素对经济增长的作用,尤其是制度要素。1993 年诺贝尔经济学奖得主道格拉斯·诺思将制度提升到经济增长根本原因的地位。[①] 民营企业的融资在社会制度中运行,制度被经济学家们定义为是影响组织行为的一种游戏规则,包括管制结构、政府部门、法律、法庭和专业。[②] 这些规则其实可以是一种意识形态,是关于人们对这个世界认识的一种主观感受,人们认为这个世界是怎样的,以及这个世界应该是怎样的。这些规则亦可以是一种制度逻辑,制度学派认为人类超越已有组织的行为会影响一个组织的生产规则和程序。制度逻辑,是指将制度学派的理论应用在一个较长时间的制度动态演变过程中。Thornton 和 Ocasio 将制度逻辑定义为:"个人的生活和经历的出现和再次出现是由于当时社会的结构,以及各种历史形态(例如实践、假设、价值观、信念以及规则)所造成的。"[③]

二、制度逻辑的出现和演变

（一）社会认知与制度逻辑的生成及演变

制度逻辑代表了个体的一种原则、行为以及他们所特有的某种特征。他们的认知和行为被更高级别的信仰体系灌输。大概来讲,制度逻辑集中于行为参与者的特定的行为策略和实践方法。一种流行的制度逻辑会被认为是合法的,相反,如果一些参与者的行为与现有逻辑规则不一致则被认为

① 王文峰:《中西部地区二元经济结构转换的制度逻辑》,《西安电子科技大学学报》(社会科学版) 2004 年第 3 期。

② W. Richard Scott, "The Adolescence of Institutional Theory", Administrative Science Quarterly, Vol. 32, No. 4, 1987, pp. 493-511.

③ Patricia H. Thornton and William Ocasio, "Institutional Logics and the Historical Contingency of Power in Organizations: Executive Succession in the Higher Education Publishing Industry 1958-1990", American Journal of Sociology, Vol. 105, No. 3, 1999, pp. 801-843.

是非法的。这也就是说,两种内容不一致的制度逻辑有可能以相互竞争的关系同时存在。随着时间的推移,虽然两种制度逻辑存在竞争关系,但是最后会只剩下最适合社会发展的那个制度逻辑。例如,Thornton 在他的研究中指出,在出版市场中,两种制度逻辑(重视个人声誉和重视市场渠道)同时存在。[①] 制度逻辑并不是永恒不变的,而是随着时间的推移会进行变化。更具体地说,社会的认知会影响到制度逻辑的出现和演变。

Thornton 等人认为一个人的行为会受到他的社会认识和意识的影响,而一个人的社会认识和意识又是在许多人的共识中得到的。[②] 制度逻辑的存在与变迁是以文化的相对稳定和转型为先导的。作为群体共识的外在形式,文化认知驱动制度逻辑在合法性基础上平稳、有目的、有秩序地过渡。[③] 这就导致现存的制度逻辑有可能被新的制度逻辑所取代。例如,奥地利的公共管理者提出存在竞争关系的制度逻辑反映了两种不同的社会认知。[④] 制度逻辑在这种前提条件下,随着时间推移,会受到制度参与者自我的认知和社会认知程度的影响。最后,那些制度参与者如何表达自身的社会认知和如何维持相应的制度逻辑,对新的制度逻辑产生具有重要影响。

总而言之,制度逻辑会随着时间的推移而持续存在,它们的存在依附于制度参与者的价值观和对社会认知的信仰。不同的制度逻辑反映了不同的行为规范,而对于两种内容相反、存在竞争关系的制度逻辑,在不同时期其中一种制度逻辑将处于主导地位。[⑤] 当然在观察制度逻辑演变的时候,我们还应该注意,制度逻辑的演变过程并不是呈现单一的线性。从历史的角度

① Patricia H. Thornton, "The Rise of the Corporation in a Craft Industry: Conflict and Conformity in Institutional Logics", Academy of Management Journal, Vol. 45, No. 1, 2002, pp. 81-101.

② Patricia H. Thornton and William Ocasio and Michael Lounsbury, The Institutional Logics Perspective, Oxford: Oxford University Press, 2012, p. 79.

③ 曹如军:《制度创新与制度逻辑——新制度主义视野中地方高校的制度变革》,《高教探索》2007 年第 5 期。

④ Renate E. Meyer and Gerhard Hammerschmid, "Changing Institutional Logics and Executive Identities: A Managerial Challenge to Public Administration in Austria", American Behavioural Scientist, Vol. 49, No. 7, 2006, pp. 1000-1014.

⑤ Patricia H. Thornton and William Ocasio, "Institutional Logics and the Historical Contingency of Power in Organizations: Executive Succession in the Higher Education Publishing Industry 1958-1990", American Journal of Sociology, Vol. 105, No. 3, 1999, pp. 801-843.

来看,制度逻辑具有多变性,会随着社会结构和经济的变化而发生变化。一些正式的或者非正式的制度会影响组织形式从而导致制度的改变。[①] 制度的变迁在某些情况下会是不连续的,或者是由于受到外来的冲击造成的。新制度社会学对制度逻辑变迁的解释是原制度内部机构的张力,或者外部环境的变化导致的旧制度合法性危机。[②]

(二)多重逻辑与制度变迁

制度变迁是多重制度逻辑相互作用的结果,不同利益的个人和社会群体遵循不同领域的制度逻辑。制度的形成并不能从单一机制的视角来分析,否则容易造成偏差,形成本末倒置的结论。

周雪光和艾云[③]提出了"多重制度逻辑"的分析框架,包括三大核心:一是从多重制度逻辑着手,分析它们的相互作用以及制度变迁中各自扮演的角色。不同的制度逻辑共同塑造了新的社会制度,特定制度逻辑本身的作用受到其他制度逻辑的影响和制约,应该在多重制度逻辑的相互关系中认识制度的形成。二是制度逻辑作为一种宏观概念,以不同利益的个人和群体的行为模式和相互之间的关系作为微观基础和体现。制度逻辑体现在人们重复存在的稳定的行为方式上。这为制度逻辑提供了可行的观察实证基础。三是制度变迁是内生性过程,多重制度逻辑之间相互作用的次序和时间不同,导致制度变迁的结果相去甚远。

(三)组织对制度逻辑冲突的管理

早期的制度研究认为,在同一个社会时期必然有一个占据主导地位的社会逻辑,而近期的研究趋向于多重制度逻辑长期存在并维持持续的竞争关系,从而导致制度逻辑冲突。持续的制度逻辑冲突导致组织在合法性、权力竞争、发展方向和稳定性等问题上的模糊和混乱,给组织的可持续发展带来了挑战。如何有效地管理制度逻辑带来的冲突问题,成为决定组织未来发展的重要议题。

组织场域是指制度逻辑的相互作用在特殊情境中由承担不同制度逻辑的行动者的行为体现的一种实践空间。近期研究认为组织场域结构的制度

---

① Mike W. Peng, "Institutional Transitions and Strategic Choices", Academy of Management Review, Vol. 28, No. 2, 2003, pp.275-296.

② 曹如军:《制度创新与制度逻辑——新制度主义视野中地方高校的制度变革》,《高教探索》2007年第5期。

③ 周雪光、艾云:《多重逻辑下的制度变迁》,《中国社会科学》2010年第4期。

化、碎片化、中心化程度等极大地影响了制度逻辑冲突的性质和程度。通过对组织场域结构的控制和改变,尽可能地管理制度逻辑冲突,是保证组织在复杂的制度环境中生存与发展的重要思路。

此外,在制度变迁过程中,组织更好地扮演制度创造者,取代以往制度规避者的角色,将制度逻辑冲突视为一种战略资源而不是传统的约束力量,通过新型的组织形式,整合式地创新多重制度逻辑,能够有效地管理制度逻辑冲突。① 制度逻辑和组织行动者之间的关系是双向的。组织行动者在服从制度逻辑做出行动选择的同时,也对制度环境做出应对策略。在当代中国,非营利组织所在的制度环境是市场管理逻辑和社会服务逻辑双重合法性约束共存,其结果是非营利组织实际业务偏离结构,这是制度规避的典型案例。②

组织场域结构受到微观企业战略选择的影响。制度逻辑在正式的和非正式的法律、规则和认知的影响下通过合法性机制和路径依赖等先定了企业的战略选择集,同时,微观企业的战略选择通过在宏观层面上集结而对组织场域结构产生影响,使得组织场域中成员力量和关系发生结构性变化,从而影响制度逻辑。这种关系为组织应对制度逻辑冲突提供了新的视角,即改变微观企业的战略选择,架设起微观企业和宏观制度环境之间的桥梁。③

三、宁波民营企业百年融资史的内生机制:制度逻辑的变迁

本书主要通过回顾宁波民营企业从 1912 年到 2012 年发展历程来研究制度逻辑的演变。宁波商人的社会认知、道德观和价值观使建立在社团关系基础上、无需抵押物的钱庄在民国时期广为流行,我们称这种融资模式为社团逻辑。在 1935 年之后,由于钱庄自身经营的问题和受到社会大环境的影响,社团逻辑渐渐衰落,相反,以市场为依托、依赖于抵押物的银行开始流行,我们称这种融资模式为市场逻辑。也就是说,社团逻辑和市场逻辑在民国时期共存,但是随着时间的推移,这两种制度逻辑出现此消彼长的关系,最后市场逻辑取代了社团逻辑成为主流的制度逻辑。

新中国成立之后,依赖政府分配金融资源的政府逻辑取代传统的社团

---

① 毛益民:《制度逻辑冲突:场域约束与管理实践》,《广东社会科学》2014 年第 6 期。

② 邓锁:《双重制度逻辑与非营利组织的运行——一个新制度主义视角的解释》,《华东理工大学学报》(社会科学版)2005 年第 4 期。

③ 黄碧晴:《组织域结构、制度逻辑与战略选择的互动关系研究》,《东方企业文化》2013 年第 14 期。

逻辑和市场逻辑成为主流的制度逻辑。但是,我们认为政府逻辑对社团逻辑和市场逻辑的替代,并不意味着传统逻辑的消失。相反,我们认为传统制度逻辑以其独特的形式保留下来并得以传承。这也就解释了,为什么1978年改革开放之后,宁波民营企业可以快速崛起,而依附社团逻辑的民间金融亦开始复苏。1978—2012年期间的宁波民营企业融资模式从最初的社团逻辑逐渐向市场逻辑过渡。同1949年之前一样,两种制度逻辑出现此消彼长的竞争关系,最后呈现市场逻辑逐渐取代社团逻辑为主流制度逻辑的趋势。

第三节　研究思路和著作框架

一、研究思路

本书以宁波民营企业的百年融资史(1912—2012)为研究对象,运用制度逻辑的理论工具,研究宁波民营企业在融资渠道变迁的路径问题。根据制度逻辑演变的阶段性特征,本文将宁波民营企业百年融资史分解为三个时间段,即社团和市场逻辑显现时期(1912—1949)、政府逻辑垄断时期(1949—1978)、社团与市场逻辑再现时期(1978—2012)(见表1-1)。

第一阶段:社团和市场逻辑显现时期。该阶段对应的时期为民国时期,其最主要特征是社团逻辑与市场逻辑的相互竞争。初期,以社团为基础的钱庄在宁波民营企业融资中占据主导地位,当时钱庄借贷依赖人与人之间的社会网络关系,无需明确抵押物。但随着外国势力的扩张,社会经济环境发生变化,原先依赖于人与人之间关系的社团逻辑弊端日益凸显,相反注重商业模式效益和专业程度的市场逻辑优越性愈加显现,具体表现在民营企业融资渠道选择方面,即钱庄日渐衰弱,并逐渐被以市场为基础的银行所取代。

第二阶段:政府逻辑垄断时期。该阶段对应的时期是计划经济时期,其最主要特征是政府逻辑一家独大,社团逻辑与市场逻辑遭受压制。当时由于受共产主义与集体主义的意识形态影响,社会资源和权力开始集中在政府手中,传统的社团逻辑与市场逻辑逐渐式微,而以政府为核心的政府逻辑强势崛起,在社会经济中占据绝对主导地位。具体表现在民营企业融资渠道选择方面,随着1953年公私合营推进,民营企业几近消亡,钱庄、私有商业银行等退出历史舞台,而中央人民银行和国有银行数量却开始增加,国有银行依据政府指导方针进行企业放贷,同时扮演着央行和商业银行的角色。

表 1-1 宁波民营企业的融资渠道和制度逻辑演变的关系

	1912—1949	1949—1978	1978—2012
制度逻辑	• 1912—1935：社团逻辑为主 • 1935—1949：从社团逻辑变化为市场逻辑	• 1949—1978：政府逻辑 • 1949—1952：非政府逻辑的消失 • 1953—1978：民企融资的制度逻辑不连续性	• 1978—1991：传统制度逻辑再现 • 1992—2000：渐渐向市场逻辑演变 • 2001—2012：市场逻辑成为主导
民营企业融资和民间金融	钱庄和商业银行数量（1912—1948）	国有银行、商业银行和钱庄的数量（1949—1978）	银行放贷和民间金融
制度逻辑和民营企业融资的关系	• 宁波商人的生意头脑和社会关系网络支持了社团逻辑的产生 • 社团逻辑在初期开始不断扩张，但是在后期由于受到商业道德恶化的影响，钱庄出现破产的现象，社团逻辑开始走向衰落	• 政府对传统制度逻辑的压制 • 传统的社团制度逻辑和市场制度逻辑在1952年消失 • 但是两种传统的制度逻辑被移居海外的宁波商人保留了下来	• 移居海外的宁波商人使传统的社团逻辑和市场逻辑得以传承 • 计划经济的瓦解逐步激活了社团逻辑和市场逻辑再现的条件 • 市场逻辑成为主流制度逻辑 • 由于在计划经济时期优秀的传统文化受到侵蚀，人与人之间的信任与民国时期相比已经降低

来源：Xiuping Hua, Yuhuilin Chen and Shameen Prashantham, "Institutional Logic Dynamics; Private Firm Financing in Ningbo (1912-2008)", Business History, Vol. 58, No. 3, 2016, pp. 378-407.

第三阶段：社团与市场逻辑再现时期。该阶段对应时期是改革开放后，其最主要特征是社团逻辑与市场逻辑的再度崛起。改革开放后，市场经济逐渐占据主导，再度激发计划经济时期被长期压制的社团逻辑与市场逻辑的适应条件，并随着市场经济的不断深化呈现出交替更迭的过程。具体表现在民营企业融资渠道的选择方面，1978—1991年，该时期处于计划经济向市场经济的过渡时期，当时仍以国有经济和集体经济为主，民营经济发展缓慢，其融资渠道也多局限于以社团为基础的民间借贷；1992—2000年，随着市场化的不断推进，民营企业出现了快速增长，以社团逻辑为主体的民间借贷得到进一步强化；2001—2012年，民营经济发展进入成熟期，民营企业资本积累达到一定规模，促使以市场为基础的商业银行快速发展，在民营经济的融资渠道中分量逐渐增加，并有逐渐取代民间借贷的趋势。

二、著作框架

本书运用新制度学派制度逻辑的理论，考察了清末民初以来宁波民营企业的融资渠道历史变迁的三个阶段，以及伴随它们而出现的制度逻辑的演变。不同时代背景和政治与经济制度下，民营企业的融资渠道与制度逻辑经历着不同的发展阶段，本书旨在对宁波民营企业融资渠道的变化进行深入探讨。本书的具体构建框架如下。

第一章　导论部分，简要交代选题的背景、研究意义、理论基础、研究思路和著作框架。

第二章　属于第一篇，初步分析了宁波民国时期民营企业崛起的背景、发展及其特点，并对几家典型的民族工业企业进行案例分析。

第三章　属于第一篇，分析了宁波民国时期民营企业两种融资模式——社团制度逻辑和市场制度逻辑，介绍了它们所对应的融资渠道——钱庄、典当和银行的发展状况。

第四章　属于第二篇，介绍了计划经济时期宁波民营企业的发展状况。

第五章　属于第二篇，介绍了计划经济时期宁波民营企业的融资渠道。

第六章　属于第三篇，介绍和分析了计划经济和市场经济过渡时期，宁波民营企业的再次起步阶段(1978—1991)的发展情况和对应的融资模式。

第七章　属于第三篇，介绍和分析了宁波民营企业的快速发展阶段(1992—2000)和该时期的宁波民营企业的融资方式。

第八章　属于第三篇，分析和介绍了宁波民营企业走向成熟的阶段(2001—2012)，以及该时期宁波民营经济所依赖的融资渠道和模式。

　　第九章　属于第三篇,对宁波民营企业融资历史的内生制度逻辑变迁进行分析。

　　第十章　结语部分,对本书研究内容做一个整体的梳理和总结。

第一篇：制度逻辑初现时期

1912—1949年

小白菜，嫩艾艾，老公出门到上海；
上海末事带回来，邻舍隔壁分眼开；
小白菜，嫩艾艾，老公出门到上海；
十元廿元带进来，介好老公阿里来？

——《小白菜》

第二章　近代民营企业发展概述

第一节　近代民族工业短暂崛起的背景

民国时期是近代中国历史上社会和经济发生剧烈动荡和变革的时期。自辛亥革命胜利之后，尤其是第一次世界大战期间以及战后的数年，全国各地开始了爱国主义运动和振兴实业的热潮。因此，民国初期也是宁波的民族资本主义工商业迅速发展的时期。宁波民族工业主要以棉纺织和面粉加工等轻工业为主，其他工业在这一时期也得到了一定程度的发展，这一时期号称民族工业的"黄金时代"。当时宁波民族工业空前繁荣的景象是受到国内外大局势的影响。乐承耀①对当时宁波民族工业快速发展的政治和经济背景进行了四个方面的小结，本书在其基础上又进行了一些内容的补充。

一、国际背景

在国际上，随着 1914—1918 年第一次世界大战爆发，欧美等资本主义国家先后卷入大战。大战期间，英、德、法等资本主义国家主要从事军火生产和贸易，忙于战争，无暇顾及工业生产，对中国的资本输出和商品贸易都有所减少。同时，一战的爆发使得欧洲轻工业产品产量锐减，外国资本主义国家对中国的原料和部分商品的需求量也都有了增加，这就使原本十分狭

---

①　乐承耀：《宁波近代史纲》，宁波出版社 1999 年版，第 296—297 页。

隘的中国市场出现了一些空间。这种大环境,客观上,为宁波民族工业的蓬勃发展创造了有利的外部条件。在1913—1918年期间,宁波口岸的货物进口增长率不到4%。其中1914年是第一次世界大战期间进口货物最多的年份,除个别年份1916年和1918年外,其他年份的宁波口岸进口额都小于1914年。例如,由于日本等国对华棉纱输出的减少导致市场上洋纱供给减少,但是市场对洋纱的需求仍然很大,促使棉纱的价格飞涨,创造了较大的利润空间。在高额利润的刺激下,商业资本家纷纷兴建厂房生产棉纱,市面上一度出现投资热潮。

二、国内背景

(一)政治背景——辛亥革命后的政府法律政策支持

首先,民族工业的发展得到了南京临时政府的支持。辛亥革命推翻了清王朝,中华民国的建立为中国资本主义的发展扫除了障碍。南京临时政府制定了一系列促进经济发展的法令和政策,强调发展民族工业和振兴实业是当时的首要任务。孙中山提出:"现在民国大局已定,亟当振兴实业,改良商货,方于国计民生,有所裨益。"[①]南京临时政府为了促进民族工业的发展创办《实业公报》,并颁布商业注册章程和制定银行条例,鼓励个人和团体创办各类公司和企业。同时,1912年1月28日内务部还出台《内务部通饬保护人民财产令》以保护人民财产。该法令规定"凡人民财产房屋,除经正式裁判宣告充公者外,勿得擅自查封以安间阎,并将此意出示通告"。同年2月3日,内务部发布《保护人民财产令五条》,明确:"除规定凡在民国势力范围之人民,所有一切私产,均应归人民享有;前为清政府官产,现入民国势力范围者,应归民国政府享有外,还对前清政府官吏所得之私产,现在国民保护之下者,分别情况规定了不同的处理原则。"[②]这些法令的颁布用于保护人民和工商业者的财产不受侵犯,推动私人资本主义,说明南京临时政府试图创建一个"全新、开明、进步的政府"来代替旧的管理秩序,为民族工业的发展奠定了法律基础和创造了较好的条件。

其次,民族工业的发展和振兴实业的热潮得到了北京政府经济政策的支持和鼓励。袁世凯当上临时大总统之后的北京政府,为了巩固其统治,并

①　《大总统批龙华制革厂股商叶韶奎等禀陈历办情形及现拟扩办法请批准呈》,《南京临时政府公报》第27号,《辛亥革命资料》,中华书局1961年版,第217页。

②　转引自邱远猷:《试论南京临时政府的法制》,《现代法学》1981年第4期。

未否定南京临时政府所定的民族工商政策,实行较为宽松的经济政策,提出"营业自由"、"宜以实业为先务","即以矿产言之,急须更改矿章,务从便民","且商律与度量衡亦应迅速妥订实行"。① 北洋政府为鼓励民族资本主义发展也推行了若干有利于工商业发展的政策法令,例如,完善工商法规,保护工商业发展,推行各种奖励措施和建设示范场所。北洋政府还先后起用陈其美、刘撰一、周学熙、张誉等人为北洋政府的工商(农商)总长,以表达对鼓励民族工商业发展的诚意。刘撰一曾经提出:"今欲以工商立国,则必于工商业加极端保护,而足以鼓励人民之企业心,以正社会上轻实利、好虚荣、昧进取、喜保守之趋向。"②这些法令和条例,通过保障工商业经营者的经营自由、提供实业贷款和奖励创业成就等方式,进一步促进了工商业的发展,为宁波近代民族资本主义经济发展提供了有利条件。

(二)经济背景——民族工业的开端和初步发展、税负减轻、交通改善

民族工业的开端和初步发展为宁波资本主义经济黄金时期的出现奠定了经济基础,酝酿着巨大的潜能。

宁波是我国近代民族工业起步较早的地区,在 19 世纪 80 年代就有商人、地主和官僚开办新式工业,在洋务运动的风潮中宁波广泛系统地引进了新技术、新设备,这是近代宁波民族资本主义工业的开端。1887 年通久源轧花厂在宁波成立,是浙江第一家新式民族工业企业和中国第一家机器轧花厂。③ 关于此时宁波"甬布"的生产,有"县人王承淮仿洋布式样制机自造","工精料厚,较东西两洋所织之布相等,心思之巧不让西人"的记载。④ 1889年宁波慈溪建立了浙江省首家民族火柴厂——"慈溪火柴厂"。1901 年的宁波顺记机器厂,在早期浙江民族工业中颇有声望。1907 年徐礼茹投资 5.6万元开设宁波正大火柴厂。该厂在一战前由于受进口火柴排挤发展受制,一战后销路大开,甚至从手工业生产转为机器生产。这其中有很多宁波帮人士活跃的身影。

在黄金时期之前民族工业的初步发展,为日后民族工业的加速发展建立了雏形。1896 年严信厚投资 42 万元在通久源轧花厂的基础上发展起来

---

① 转引自胡绳武、程为坤:《民国初年的振兴实业热潮》,《学术月刊》1987 年第 2 期。

② 转引自乐承耀:《宁波近代史纲》,宁波出版社 1999 年版,第 296 页。

③ 孔伟:《试论宁波帮与近代宁波经济社会的发展》,《宁波经济》(三江论坛)2010 年第 7 期。

④ 转引自陈梅龙:《试论宁波的近代化》,《浙江社会科学》1994 年第 1 期。

的通久源纱厂,1904年汤仰高等开设的宁波通久源面粉厂,1906年于宁波成立的浙江第一家机器榨油厂——通利源榨油厂等是其中的优秀代表,标志着近代民族工业初步发展。这些企业使用进口的先进机器,大大提高了生产力和市场竞争力,为之后的黄金时期奠定了雏形,提供了成功尝试,鼓舞了士气。

辛亥革命后,民族工商业的税负明显减轻,为宁波近代民族资本主义的崛起创造了良好的税收环境。南京政府变革清政府厘金的两验制为统捐,很大程度地降低了税率,丝、茶、酒的特别捐也进行了减税,利于民族资本家积累原始资本进一步发展民族工商业,推动了宁波近代民族工业走向黄金时代。①

20世纪初交通运输条件的极大改善为黄金时期的到来提供了有力的基础设施支撑,为浙江省内市场的扩大创造了条件。作为最早开放的五大通商港口之一,宁波不仅拥有自己的沟通南北贸易的庞大船队,还成为外地货物的集散地和中转港。② 沪杭、杭甬铁路的开通,越来越多的轮船航线被开辟,1906年设立了宁波四明轮船公司,1908年开设了宁绍轮船航运公司,1913年组建宁波三北轮船公司,1921年成立了宁波达兴轮船公司,以及先后成立振兴轮船公司(杭州)、新宁海商轮公司、溥济轮船股份公司(绍兴)、舟山轮船股份公司,沪甬航线的宁波商轮有四五艘之多。所有这些都为宁波近代民族资本主义经济的发展提供了便利的交通条件,降低了运输成本,节约了时间。③④

(三)文化背景——领先的学校教育

宁波领先的学校教育为近代民族工业的发展培育了较高素质的企业家和劳动者。宁波在20世纪以前有教会学校逾20所,到1908年,国人自办的学校有290所之多,居浙江省第一。文化的领先不仅仅为民族工业的发展奠定了人才基础,改变了民众对于经商的轻视态度,也极大地推动了民众爱

---

① 史群:《浙江民族资本主义近代工业的产生和发展——杭州、宁波、湖州、温州和绍兴五个城市的初步调查》,《浙江学刊》1964年第2期。

② 陈梅龙:《试论宁波的近代化》,《浙江社会科学》1994年第1期。

③ 转引自严中平等:《中国近代经济史统计资料》,科学出版社1955年版。

④ 陈梅龙:《试论宁波的近代化》,《浙江社会科学》1994年第1期。

国意识的觉醒,推动了救国爱国主义运动的开展。①

(四)社会背景——实业救国爱国主义运动

辛亥革命之后,实业救国的爱国民主运动推动了民族工业的进一步发展。自辛亥革命推翻清政府后,民族资产阶级受到鼓舞,举国上下掀起爱国主义运动、反对帝国主义经济侵略、支持国货的热潮。实业救国和民主共和成为当时两大主流思潮。例如,1915年,日本向北洋政府提出旨在灭亡中国的"二十一条"激起了在日中国留学生的抗议,发起群众性的"劝用国货、抵制日货"运动。反对"二十一条"斗争以上海为中心,迅速波及全国各地,宁波本地也涌现了抵制洋货、提倡国货的热潮。发展实业、抵制洋货和提倡国货的热潮是各阶层人民的爱国主义表现,有力促进了民族资本主义的快速发展。

综上所述,宁波民族资本主义工业的发展得益于当时国内外有利因素的共同作用。第一次世界大战致使资本主义国家减少了对中国的商品输出,为民族工业发展创造了契机。国内方面,无论是南京临时政府,还是北洋政府,都对民族资本主义工业发展持支持和鼓励的态度,一系列法令和条规的出台也为民族工业发展创造了有利条件。19世纪末20世纪初近代民族工业的开端和初步发展为黄金时代的来临奠定了经济基础,酝酿着巨大的潜能。宁波领先的文化教育改变了民众的观念和社会风气。此外,爱国主义的热潮带动了"抵制洋货、提倡国货"的热潮,从而进一步为民族工业提供了扩大市场与发展企业的机会。

第二节　近代民营企业发展概述及其特点

为了搞清楚近代宁波民营企业的融资模式,我们首先需要回溯宁波民营企业在近代的发展概况。1842年,宁波成为首批五个通商口岸之一。随着西方资本主义工商业在宁波、上海等沿海地区的贸易规模扩大,宁波地区的商业贸易往来日渐频繁,逐渐出现了一批新兴的私人商业。

---

① 孔伟:《试论宁波帮与近代宁波经济社会的发展》,《宁波经济》(三江论坛)2010年第7期。

一、宁波近代民族工业发展概述

宁波近代工业起步较早,最早由商人投资兴办的厂为洋务派代表人物李鸿章的宁波幕僚严信厚集资白银 5 万两创办的通久源轧花厂。[①] 该厂亦是全国最早的一家机器轧花厂,由一家手工轧棉花的工厂改建而成,于 1887 年正式开工。随后由于生产出的皮棉畅销海内外,工厂规模不断扩大,生产范围也从原先单一的轧花扩展到纺纱和织布配套生产,业绩蒸蒸日上。除了通久源轧花厂快速扩张和发展,陆续有不少企业家在宁波开办工厂。例如,1874 年宁波有一家印刷厂成立,1889 年慈溪商人开办了注册资本约为 1.5 万两的火柴厂,并聘请了日本工匠。[②]清末时期的宁波已经有了第一次工业化的成果,在此之后宁波的民族工业经历了不同程度的发展。

到了民国时期,从 1912 年到 30 年代,由于第一次世界大战的爆发,国内南京临时政府、北洋政府的政策支持,以及受到爱国主义热潮的影响,宁波兴起一股投资设厂的热潮,相继创办了一批规模不等的各式工厂。新创办的工厂主要涉及轻工业、手工业和机械工业。手工业包括草编业,藤器、木器制作,竹雕业,漆器制作等;轻工业包括棉纺织业、针织业、面粉食品业、花边业、制皂业、火柴业、烟草业、玻璃业、罐头食品行业和粮油加工业等;机械业包括机械、电力工业、五金机器制造业、电气业、自来水业等。傅璇琮[③]对民国时期宁波本地的细分行业进行了记载,本书将详细描述具有代表性的几个行业。

(一)轻工业

从轻工业的细分行业来看,辛亥革命之后,数宁波的棉纺织业最为繁荣。由于第一次世界大战爆发,欧美等资本主义国家纷纷减少对中国的输出,导致洋纱洋布进口额急剧下降。同时,抵制洋货、支持国货的热潮使日货在国内销量和进口都受挫。这种大背景下,国内纱价急剧上涨,工商业者看到了其中的丰厚利润,纷纷创办棉纱厂,一时间使宁波的纺织业达到了新的历史高点。当时最为有名的两家纺织企业便是在清末时期由严信厚创办的宁波通久源轧花厂和清光绪三十一年由戴瑞卿、顾元琛等人创办的和丰纱厂。通久源轧花厂是宁波最早的棉纺织工厂。严信厚从 1887 年起陆续

---

① 竺菊英:《近代宁波的资本主义工业》,《浙江学刊》1995 年第 1 期。

② 竺菊英:《近代宁波的资本主义工业》,《浙江学刊》1995 年第 1 期。

③ 傅璇琮:《宁波通史·民国卷》,宁波出版社 2009 年版,第 279—286 页。

从日本、英国等地引进先进的蒸汽发动机、锅炉、轧花机等设备用于提高轧花厂的生产效率。[①] 之后,在轧花厂成功经营的基础上又集资创办通久源纱厂。该厂曾经与杭州通益公纱厂、萧山通惠公纱厂并称为"三通",被认为是当时浙江规模最大、设备最先进,同时最具有影响力的三家民族资本主义企业。[②] 但是,好景不长,该厂在 1911 年生产经营出现问题而停产之后,在1917 年因火灾被烧毁。相反,创办时间较晚的宁波和丰纱厂虽然随着历史的变迁业经几起几落,但是最后还是持续经营到新中国成立。关于两厂经营生产的兴衰历史将在本章第三节中详细描述。

　　宁波地区的棉纺织业除了上面提到的纺纱外,还有棉织业。棉织业伴随着纺纱业的兴起而创办。图 2-1 描述了民国时期宁波地区主要棉织厂及其各自的建厂时间。当时比较有名的棉织厂包括复成染织厂(后改名为大昌布厂)、诚生、厚丰和恒丰。复成染织厂是较早出现的棉织厂,创建于 1911年,在其前身纬成布局的基础上经过改组和添置设备,拥有资本 2.4 万元,工人 85 人,其主要机械是织机 62 架、木机 100 架、轻纱机 3 架。其产品由于质量较好而颇受市场的欢迎。随着复成染织厂的成功,在 1912 年的镇海,新的棉织厂——公益织布厂成立,其规模比复成染织厂略大,该厂拥有资金3 万元,工人 300 人,人力木机 300 架。随后,到了 20 世纪 20 年代中期,受到实业兴国的热潮影响,一大批棉织厂纷纷开始创办。例如,1923 年的振华染织厂;1924 年由李德芳创办的厚丰布厂;1925 年由董梅荪和女企业家姚玉凤创办的诚生布厂;1926 年的顺兴泰记与顺兴两个棉织厂等。这些棉织厂在 20 世纪 20 年代和 30 年代初时生产规模都有一定程度的扩大,产品主要行销本地及外埠。后随着 1941 年宁波沦陷,生产每况愈下,一些工厂不堪重负,不是停业就是关闭。

　　轻工业中的面粉食品行业也是当时具有影响力的行业。民国时期,随着近代工业的扩大,尤其是 1928—1937 年期间,机制面粉市场不断扩大,替代了进口面粉在国内的市场。[③] 国内面粉工厂的数量和设备都有了一定程度的增加。由于当时宁波本地面粉食品行业的生产规模较大以及起源较

---

　　① 陈梅龙:《近代浙东棉纺业的双璧——通久源纱厂与和丰纱厂》,《浙江史学论丛》(第一辑)2004 年 4 月。

　　② 傅璇琮:《宁波通史·民国卷》,宁波出版社 2009 年版,第 279 页。

　　③ 林刚:《对 1927—1937 年间中国机器面粉工业的若干考察》,《中国经济史研究》2004年第 4 期。

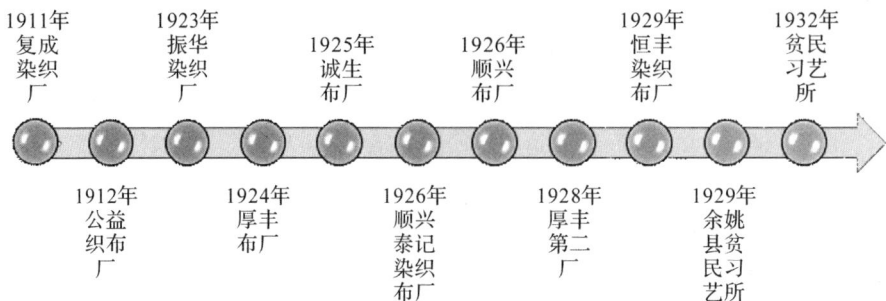

图 2-1 民国时期宁波地区主要棉织厂及其建厂时间

资料来源:傅璇琮:《宁波通史·民国卷》,宁波出版社 2009 年版,第 284—285 页。

早,面粉食品行业的生产在浙江省内属于佼佼者。最早生产机制面粉的工厂是 1922 年建立的鄞县乾大面粉厂,它也是浙江省内最早的面粉企业。当时的机制面粉消费对象主要是在经济发达、交通便利的城市地区的居民。在一般城市和部分乡镇中,面粉的制作主要依赖机器磨坊和畜力土磨坊;而在农村,面粉还只能依赖手推磨粉和土磨粉来自供自给。① 当时宁波最大的三家面粉厂为立丰面粉厂、恒顺面粉厂和乾大面粉厂。立丰面粉厂成立于1931 年,是当时磨制面粉技术最好、产出的面粉质量最高的工厂。1933 年,该厂拥有资本总额 15 万元,是浙江省全部面粉企业资本总额的 94%,其工人数量占全省面粉企业职工数的 68%。② 也就是说,立丰面粉厂是当时浙江省内最大的面粉制造工厂。那时浙江省的机器面粉厂主要集中在宁波地区,从宁波地区生产出来的面粉销往浙江各个城市或者周边地区。立丰所产的品质较高的面粉,例如二等粉,主要销往上海、杭州等经济较发达的地区。而恒顺面粉厂和乾大面粉厂,由于它们生产的面粉质量相对较差,主要销往鄞县本地以及温州、台州等地。

(二)手工业

宁波地区的手工业是近代宁波民族工业中不可或缺的一个重要组成部分,其中以草编业最具有特色。草编业的生产遍及宁波的城市和乡村。在《鄞县通志·食货志》中有这样一段关于农村地区草编业的描述:"家庭纺织破产后,吾甬最普通之妇女家庭工业,厥为编帽与织席,……此外有提花一

---

① 林刚:《对 1927—1937 年间中国机器面粉工业的若干考察》,《中国经济史研究》2004年第 4 期。

② 傅璇琮:《宁波通史·民国卷》,宁波出版社 2009 年版,第 288 页。

业,……最近数年,更见进展。"①可见草编业在当时的农村颇为常见,是家庭妇女的重要收入来源之一。当时鄞县西乡普遍种植席草用于编织草席。虽然草编业在当时主要依赖于手工制作,但是在辛亥革命之后,随着国内工业化进程脚步的加快,宁波出现了机制织席厂,即 1915 年由原宁波江东桂圆行老板史翔熊创办的"翔熊席厂"。② 该厂生产的机制草席由于工艺考究,质量上乘而远近闻名,被形容为"龙须廉年产五千条,行销沪埠;软席……品质可以媲美台湾席"③。

在宁波城乡比较普遍的草编产品包括草帽和草席。当时的草帽和草席除了供国内市场外还用于出口海外。例如,在宁波本地会有一些由华商设立的从事对外贸易业务的洋行的代理机构专门收购宁波本地的草帽。本地生产的草帽由草帽商贩运送到上海,交于外国洋行后,由外国洋行出口到欧美、日本、朝鲜以及南洋各国。④ 图 2-2 显示了宁波是中国草帽的主要原产地。宁波的草帽出口占到了全国草帽出口总额的 80% 以上。

在手工业中,除了草帽,草席也是重要的宁波手工业产品,畅销国内外。草席销售以浙江地区为主,在河北、广东、湖北、湖南等地也有一定销量,另外草席也销往中国香港地区及新加坡、日本等国。由图 2-3 可见,宁波的草席出口占到了全国草席出口数量 10% 左右。

宁波草编业等手工业的繁荣发展主要是由手工业自身的特点决定的。首先,手工业的制作流程相对于其他行业简单易学。例如,一名新手只需要学习半个月便可上手编织出像样的草帽。其次,手工业的作坊一般以家庭为生产单位。手工产品大多由家庭妇女在家编制而成,这种工作的形式不但为工人的工作时间提供了便利,还为工商业者节省了租赁厂房等固定成本费用和日常的管理费用,还可以根据市场的需求情况合理安排生产量,相对于其他行业具有较大的灵活性。此外,由于草帽、草席等原材料都是就地取材,工厂经营初期投入资本较小,吸引了有志于从事工商业的人士投资。

（三）机械工业

相比轻工业和纺织业在民国时期的快速发展,宁波的机械工业发展较慢。宁波地区机械工业的相对落后主要是由于地理位置临近上海,本地企

---

① 蔡芷卿、马厓民:《鄞县通志·食货志》,鄞县通志馆 1936 年版,第 57 页。
② 乐承耀:《宁波近代史纲》,宁波出版社 1999 年版,第 298 页。
③ 汪敬虞:《中国近代工业史资料》(第二辑),中华书局 1962 年版,第 667 页。
④ 竺菊英:《近代宁波的资本主义工业》,《浙江学刊》1995 年第 1 期。

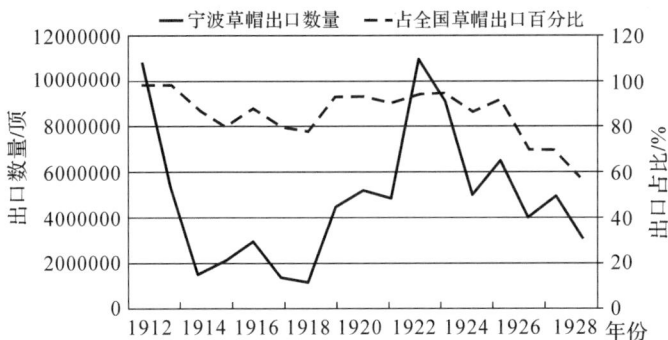

图 2-2　1912—1928 年宁波草帽出口数量和占全国出口百分比

资料来源:竺菊英:《近代宁波的资本主义工业》,《浙江学刊》1995 年第 1 期,第 46 页。

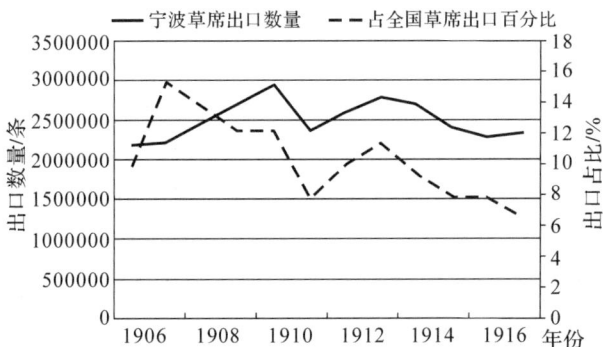

图 2-3　1906—1916 年宁波草席出口数量和占全国出口百分比

资料来源:竺菊英:《近代宁波的资本主义工业》,《浙江学刊》1995 年第 1 期,第 46 页。

业的生产机器都从上海购买。但是随着近代民族工业的快速发展和推进,宁波本地工厂对机器设备的维修需求不断加大,但是远水解不了近渴,在上海采购的设备不能在宁波及时修理,于是宁波的机器维修工业孕育而生并得到了快速发展。最为典型的机器修理工厂是顺记机器厂和汇昌机器厂。顺记机器厂在 1915 年为了适应市场对机器维修的需求,购置新的设备以改善原本的机器维修技术。[①] 宁波一些大型的修理业务也大多无需去上海,而是找顺记机器厂承做。表 2-1 列举了 11 家 20 世纪 30 年代的宁波五金机器工厂。从表 2-1 可以看出,近代的宁波五金机器工厂大多成立于 20 世纪 20年代左右,1924 年有两家新企业成立(全通机器厂和新昌机器厂),1926 年

---

① 　乐承耀:《宁波近代史纲》,宁波出版社 1999 年版,第 300 页。

也有两家新的机器工厂成立。同时,我们还发现,当时企业的资本结构相对比较单一,主要以独资和合伙为主。在 11 家五金机器厂中,有 3 家独资企业、6 家合伙企业、1 家合资企业和 1 家校办企业。在企业资金方面,相对于前面提到的纺织业,其资金实力也较小。其生产的产品主要包括铁门、铁窗、柴油和煤油引擎等五金器械。图 2-4 显示了民国时期宁波地区五金机器制造企业的数量。由图表可见,自 1901 年第一家顺记机器厂建立以来,宁波五金机器工厂的数量在民国时期也有了一定的增长,从原先的 1 家增加到 1949 年的 44 家,这些企业大多是 10 名职工左右的小企业。其中,宁波城区有机械工厂 37 家,职工 219 人,产值为 134 万元,占当时全市工业总产值的 1.32%。[①] 也就是说,尽管五金机器行业的发展规模和速度不能与棉纺织业等其他行业相比,但是也有了一个初步的发展。

　　除了传统的五金机器行业,在机械工业方面不得不提及当时宁波的电力行业。创办于 1914 年的永耀电力厂是当时宁波工业"三支半烟囱"的其中之一。当时的永耀电力厂基本承担了城中商店和居民的照明用电。随着电力工业逐渐向周边各县扩展,工商业者先后创办了一系列电力和电气公司,例如慈溪永明电灯公司、余姚电气公司、舟山电气公司等。这些企业的创办奠定了宁波电气行业的基础,满足了本地对电力和电气的需求。随着电厂的开办,宁波最早的自来水厂——通泉源自来水公司在 1926 年由裘天宝出资创办,但由于技术不过关,开办 5 年后由于深井淤塞、水源枯竭而被迫停业。随后虽然鄞县政府出资试图用开凿自流井等方式解决居民的饮水问题,但都无疾而终。直到 1934 年,俞佐宸等人筹资创办了宁波自来水股份有限公司,居民才开始享受完善的供水服务。

---

① 傅璇琮:《宁波通史·民国卷》,宁波出版社 2009 年版,第 295 页。

表 2-1　20 世纪 30 年代的宁波五金机器工厂

企业	成立时间(年)	资本性质	资本(元)	产品
顺记机器厂	1901	合伙	5000	水龙,修理
汇昌机器厂	1905	合伙	4000	煤油、柴油引擎,汽船水龙,轮船修理
宁波工厂	1915	宁波工科职业学校附设	24000	火油机,柴油机,织绸机,车床钳床,其他定制机件
新广泰冷作	1921	合资	500	铁门,铁窗
振泰铜铁厂冷作	1922	独资	600	铁门,铁窗
汇丰翻砂厂	1923	合伙	5000	机器原料,生铁毛坯
全通机器厂	1924	合伙	1600	柴油、煤油引擎,机器修理
新昌机器厂	1924	合伙	2000	柴油引擎修理
乾广隆	1925	独资	900	矮车、船用铜铁小件
泰康机器厂	1926	合伙	1500	柴油、煤油引擎,轧米机,机器修理
范顺泰	1926	独资	800	矮车、船用铜铁小件

资料来源:傅璇琮:《宁波通史·民国卷》,宁波出版社 2009 年版,第 294—295 页。

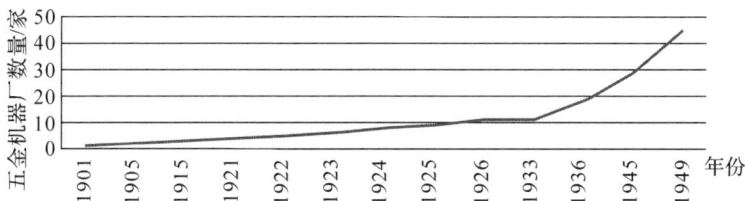

图 2-4　民国时期宁波地区五金机器制造厂数量

数据来源:傅璇琮:《宁波通史·民国卷》,宁波出版社 2009 年版,第 293—296 页。

二、宁波近代民族工业特点

纵观近代宁波民族工业发展历程,不难发现,辛亥革命之后,由于当时人民"抵制洋货,支持国货"等爱国主义热情高涨,外加南京临时政府和北洋政府对工商业发展的大力支持,宁波民族工业在 20 世纪初期,尤其是二三十年代,得到了进一步的发展。观察宁波工业的发展进程,我们不难发现宁波工业的发展状态具有以下几个特点。

首先,宁波近代民族工业发展主要集中在棉纺织业等轻工业。相比其他五金机器行业,宁波的棉纺织业等轻工业是发展速度相对较快的行业。不完全统计,1912—1921 年期间,宁波新创办的工厂有 35 家,但是这些新创办的企业呈现出轻工业多、重工业少,小工厂多、大工厂少的特点。[①] 也就是说当时的民族工业其实并没有形成独立完整的工业体系。1921 年,宁波共有 51 家企业,其中纺织等轻工业企业占到 90% 以上,而重工业企业只占到10%。从上一节对宁波五金机器行业的分析可以看出,重工业企业中也没有大型的机器制造厂,多是一些五金机器修理加工厂。即使当时的电气行业有了初步的发展,其所占宁波工业的比重也微乎其微。也就是说,民国时期宁波的工业虽然有了一定的发展,但是由于起步较低、缺乏必要的资源供给以及当时工业技术水平不高等客观原因,致使当时民族工业发展水平并不是很高,主要以纺织业等轻工业为主。

其次,宁波近代民族工业机械化水平较低。除了和丰纱厂、通利源榨油厂等大型工厂设备相对较为齐全外,其余工厂在很大程度上主要依赖手工操作,很少使用原动力。1933 年,宁波地区采用电力汽力从事生产的机械工业包括纱厂业、染织业、面粉业、榨油业等 15 个行业,共有 103 家,投资总额为 262 万元,工人 5527 人,其中以碾米业数量最多,有 69 家,以纱厂业投资最大,有 90 万元。[②] 传统手工业包括制漆业、糖果业、印刷业、烛皂业等 15个行业,共计 154 家,其中以铜锡业、针织业和木器业数量最多,分别为 38家、32 家和 37 家。[③] 表 2-2 罗列了实业部在 1933 年调查的民国时期机器生产和传统手工企业的数量、资本数和职工数。由表 2-2 可以看出,民国时期工业依然以手工业为主,手工业与机械工业企业数量相差 51 家。但在职工数方面,机器生产企业的职工数比传统企业多 3777 人。在资本数量上,大机器生产企业已占优势,约是传统手工企业的 5 倍。但 20 世纪 30 年代企业资本依然不大,例如图 2-5、图 2-6 和图 2-7 所示的鄞县针织企业、烛皂企业、五金机器制造企业资本数目平均分别约为 2600 元、5866 元和 4172 元。由此可见,民国时期宁波企业的资本数目并不多,企业规模相对较小,机械化程度较低。

---

① 乐承耀:《宁波近代史纲》,宁波出版社 1999 年版,第 301 页。

② 傅璇琮:《宁波通史·民国卷》,宁波出版社 2009 年版,第 303 页。

③ 傅璇琮:《宁波通史·民国卷》,宁波出版社 2009 年版,第 304—305 页。

表 2-2　民国时期宁波机器生产企业、传统企业的数量、资本数和职工数

	企业数量	资本数(元)	职工数
机器生产	103	2619700	5527
传统企业	154	510750	1750

数据来源:实业部国际贸易局:《中国实业志(浙江省)》(丙编),1933年,第43—45页。

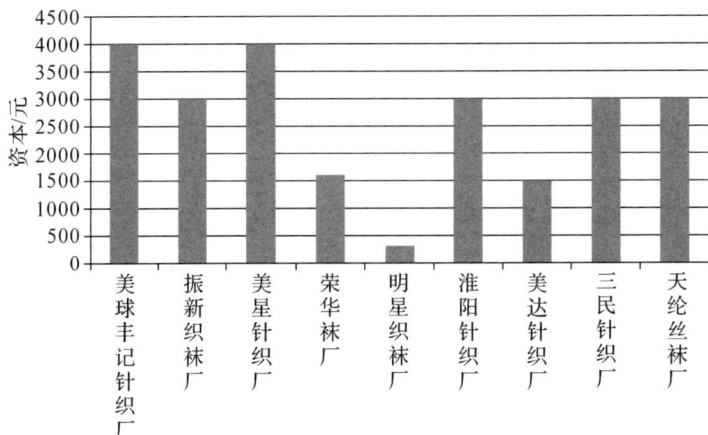

图 2-5　1933 年鄞县针织厂资本

资料来源:傅璇琮:《宁波通史·民国卷》,宁波出版社 2009 年版,第 286—287 页。

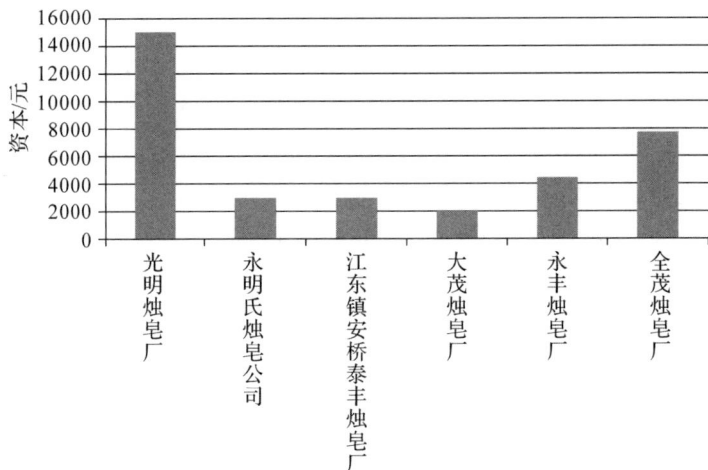

图 2-6　民国时期部分烛皂企业资本

资料来源:傅璇琮:《宁波通史·民国卷》,宁波出版社 2009 年版,第 292—293 页。

再次,宁波近代民营企业制度发展开始发生转变。随着宁波地区民族工

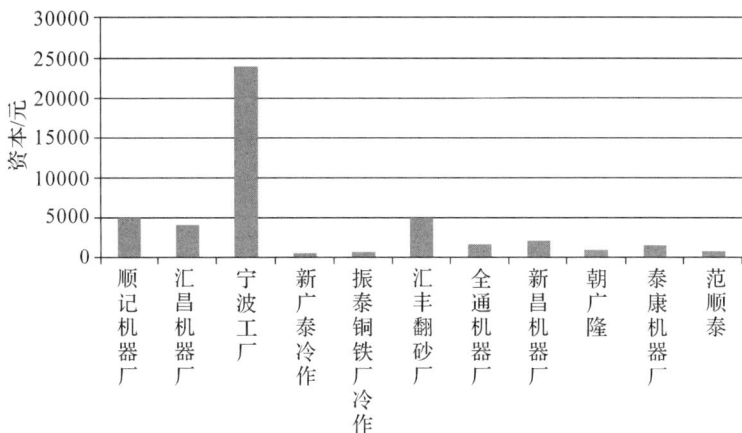

图 2-7　20 世纪 30 年代五金机器制造企业资本数

资料来源:傅璇琮:《宁波通史·民国卷》,宁波出版社 2009 年版,第 294—295 页。

业初步的发展和原始资本积累,企业的管理制度突破原先所有权和控制权合一的古典企业制度,开始涌现股份制等近现代企业制度。例如,在 19 世纪末期,严信厚集资创办通久源轧花厂,宁波商人合伙投资创办永源丝厂。而到了 20 世纪初期,宁波工商业者并不满足于原先的单一的企业制度,开始向多元的股份制模式转变。例如,宁波永耀电力公司就是典型的由民间资本创办的近代股份制企业。该企业由虞洽卿、孙衡甫等宁波本地商人按照股份制的形式创立,于 1920 年开始向社会公开发行股票。① 同时,该企业还具有现代股份制企业完善的管理组织结构,拥有股东代表大会、董事会、监事会。此外,发行股票采用股份制的企业还有轮船招商局、和丰纱厂等。虽然 20 世纪初期的中国政治和经济等大环境处于不稳定的状态,一些企业家的原始资本积累由于战争等因素遭到破坏和损失,但是企业制度从古典模式向股份制模式的转变趋势崭露头角。这种企业制度模式的转变不但可以满足企业发展所需,还吸引社会人士参与企业管理,为企业发展和规模的扩大提供了强大的制度保障。

最后,宁波民族工业发展与上海工商业者关系密切。上海自开埠之后,由于其优越的地理位置和交通条件,成为国内重要的对外贸易中心。"自上海发达,交通日便,外人云集,宁波之商业,遂移至上海,故向以宁波为根据

---

① 宗发旺、孙善根:《股份制在近代企业的建立及其运作——以宁波永耀电力公司为个案研究(1914—1949)》,《宁波经济》(三江论坛)2011 年第 5 期。

以从事外国贸易之宁波商,亦渐次移至上海"①。宁波的对外贸易开始依附于上海。上海逐渐成为宁波出产物的销售地和原材料的采购市场。例如,宁波和丰纱厂所生产的纺织品大部分都销往上海。"浙江的丝,不管政治区域上的疆界,总是采取方便的水路运往上海这个丝的天然市场;茶经过山区到宁波后,仍然留在中国人手里,外国人只能在它运到上海后并经行帮的准许才能得到。"②除了宁波与上海两地之间在贸易上的紧密关系外,宁波民族工业的发展也离不开上海商人的资金支持。例如,民国时期典型的几家工厂通久源轧花厂、和丰纱厂、太丰面粉厂、永耀电力公司和恒丰印染织厂等,都是由宁波本地商人联络上海富商集资创办而成。除了资金方面,宁波各家工厂的生产管理、设备购置以及生产技术和经营管理等方面也都依赖于上海的援助和经验。

综上所述,宁波的民族工业在民国时期有了初步的发展,一大批新的工厂开始创立。由于受到当时技术、管理和原材料等方面的影响,宁波民族工业主要集中在棉纺织等轻工业,相比之下,宁波的重工业则发展速度较慢。宁波的发展除了本地商人的投资外,还主要依赖于上海商界对宁波经济的支持,两地在贸易往来中有着密切的关系。

图 2-8　商办宁波永耀电力股份有限公司股票

资料来源:《永耀公司电灯亮》,http://www.cnnb.com.cn/gb/node2/newspapernb-wb2005/12/node55003/node55007/userobject7ai1254282.html,2005-12-10。

---

① 杨荫杭:《上海商帮贸易之大势》,《商务官报》1906 年第 12 期。
② 海关档案:Decennial Reports, 1882-1991, Ning Po, 第 362 页。

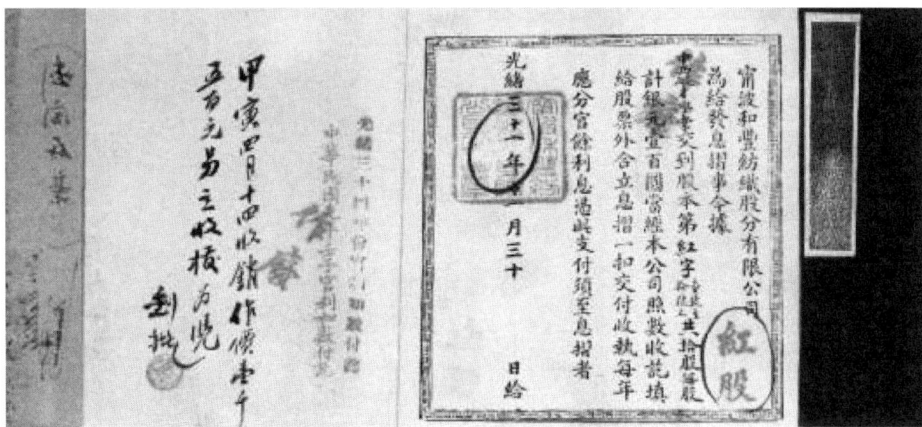

图 2-9　宁波和丰纺织股份有限公司股息折

来源:丛嶷:《近代浙江民族工业发展的宝贵见证——清末宁波和丰纱厂老股票的历史解读》,《文物春秋》2013 年第 1 期,第 76 页。

第三节　典型民营企业案例

清朝末期,清政府提出"实业救国"口号,通久源轧花厂应时而生,在宁波开启了民族工业发展的先河。进入民国时期,宁波民族工业历经兴衰浮沉,其中当地最为著名的"三支半烟囱":和丰纱厂、太丰面粉厂、永耀发电厂以及通利源榨油厂,更是当时民族工业发展的缩影。下面就通久源轧花厂、和丰纱厂和太丰面粉厂的历史做一回顾。

一、通久源轧花厂

通久源轧花厂是中国最早成立的民族资本机器轧花厂,同时也是宁波近代工业化历史的开端。该厂成立于 1887 年,厂址设在宁波北郊湾头,创始人为我国近代著名实业家严信厚。① 严信厚同胡雪岩一样,是著名的"官商",其运用洋务派官僚的特殊权力,叱咤金融业,不仅在钱庄业开创"南帮票号",还创办了中国第一家自有银行——中国通商银行,由此为进一步涉足民族工业奠定了雄厚的财力基础。②

---

① 谢振声:《宁波工业化的起点:通久源轧花厂》,《宁波职业技术学院学报》2009 年第 1 期。

② 王遂今:《宁波帮"开山祖师"严信厚》,《民国春秋》1994 年第 2 期。

　　当时选择在宁波创建轧花厂,主要出于两方面原因。一是产业基础较好。当时宁波各县普遍种植棉花,1886 年宁波港出口原棉 66 万磅,次年就达到 138 万磅,增长了一倍。棉产量大增促进了弹花、纺织、织布等相关行业的发展,使宁波成为当时浙东地区的手工棉纺织中心。二是利益驱动。1840 年鸦片战争后,清政府与英国签订了丧权辱国的《南京条约》,宁波成为"通商五口"之一,于是洋货在宁波市场大量倾销,这也让严信厚等商人看到了机织行业背后的巨大商机。

　　1887 年 3 月通久源轧花厂建厂时,使用日本造的蒸汽发动机和锅炉,建有洋式砖楼,内设轧花间、晾干间、打包间和办事处等,此外配备日产新式大踏板轧花机 40 台。该厂工人三四百名,同时聘请日本技师做生产指导。原棉基本采购自慈溪、余姚、镇海、绍兴等宁波周边的产棉区,成品主销日本。自建厂之日起业务不断,1891 年年产皮棉 3 万担,获利颇丰。尝到了机器生产的甜头,该厂又从英国添购更为先进的发动机和锅炉,从日本购置轧花和纺纱的机件,1893 年生产能力翻番,年产皮棉 6 万担。①

　　鉴于通久源轧花厂良好的发展势头,1894 年严信厚又联合戴瑞卿、汤仰高等沪甬巨商,集资 45 万银两组建浙江省第一家纱厂——通久源纺纱织布局。该厂集轧花、纺纱、织布于一体,并以纺纱为主,因此亦称为通久源纱厂。该厂于 1896 年 6 月正式投产,拥有 3 台柔钢锅炉,1.1 万枚纱锭,230 台布机和 11048 个抽纱筒,用工规模达到 1200 人,全天分两班 24 小时开工,当时每星期即可出纱 34525 枚。当时《捷报》对建厂时的景象有过这样的描述:"一支大烟囱耸立在那里,和城市的宝塔一样引人注目,强大的机器还在安装,前途充满希望,将成为与洋布为敌的有力竞争者。"

　　为节约生产成本,进一步提升盈利水平,该厂采取了多种措施。一是大量雇用女工,由于机器生产有效解放了劳力,人工操作环节变得简单易学,女工皆能胜任,而女工工资远低于男工,由此大幅降低人工成本;二是实施废料再利用,用轧花工艺产生的大量棉籽进行榨油,大大提高原料的利用率,增加了利润。

　　此外,严信厚依仗势力,买通清政府工商部,弄来一项特权,每年向清政府缴纳 7000 元"厘税",免除了每担 7 钱(关平银)的关税,可以无须领取"子口税单",直接通过浙海关出口。于是"龙门"牌棉纱畅销宁波、绍兴、温州、

---

　　① 谢振声:《宁波工业化的起点:通久源轧花厂》,《宁波职业技术学院学报》2009 年第 1 期。

福建各地，每年获利甚丰，厂内设备也陆续增加，几年后又添加了 6000 枚纱锭。①

经过蓬勃发展，通久源轧花厂一度成为浙江民族工业著名"三通"（另两家为杭州通益公纱厂和萧山通惠公纱厂）的龙头老大，对当时浙江经济的发展起到了很好的引领和示范作用。在此基础上，严信厚还积极开拓其他产业，1904 在纺纱厂的厂址上建立了中国最早的以蒸汽为动力的面粉厂，即通久源面粉厂。该厂初期投资 10 万元，年产面粉近百吨，因面粉质量优良具有很好的市场销路。

但后来由于市场上洋纱越来越多，国产纱的竞争力越来越弱，加上自然灾害频发，原料来源短缺，通久源轧花厂发展一度受到影响。1917 年 3 月，通久源轧花厂因清花间起火，全厂遭焚。通久源本想复厂，后来严信厚的儿子严渔三认为复厂还不如卖掉合算，于是以 24 万元的高价将工厂地皮卖给了和丰纱厂，该厂的历史也就此终结。

通久源轧花厂虽然最终惨淡收尾，但其后续影响却极其深远。在其带动下，20 世纪初宁波掀起了一股民族工业的投资热潮。1900—1912 年，宁波先后成立了通利源榨油厂、正大火柴厂、立新针织厂、厚丰布厂、明丰玻璃厂等 18 家工厂。"三支半烟囱"中除永耀电力公司外，其余三家发展都与通久源轧花厂有直接或间接的联系。

二、和丰纱厂

宁波和丰纱厂的创始人戴瑞卿原为通久源轧花厂的股东，后因与严家发生利害冲突，准备脱离通久源另立门户。当时恰逢日俄战争，布销大畅，纱利大增，戴瑞卿意欲创立纱厂，而此时宁波招商局总办顾元琛竭力提倡"抵制外溢之利，供给内地之用，以养地方食力之民"的主张，两人一拍即合。1905 年召集周熊甫、郑岳生等 463 户为股东，通过发行股票的方式集资银元 60 万元，组成"和丰纺织股份有限公司"。股份分 6000 股，戴瑞卿 1 人占 1000 股，为最大的股东，并被推为总经理。②

---

①　宁波市民建、工商联史料组：《宁波和丰纱厂的创建与演变》，政协宁波市委员会网站，文史资料（第三辑），http://www.nbzx.gov.cn/art/2006/11/27/art_9747_429391.html，2006-11-27。

②　宁波市民建、工商联史料组：《宁波和丰纱厂的创建与演变》，政协宁波市委员会网站，文史资料（第三辑），http://www.nbzx.gov.cn/art/2006/11/27/art_9747_429391.html，2006-11-27。

该厂于1907年正式投产,厂址设在宁波江东冰厂跟,厂基面积80多亩,建筑面积12630平方米,其中车间占5684平方米,纱锭为11200枚。楼下为轧花、清花、筒纱等一、二道并粗工序车间。楼上为三道粗纱、摇纱、细纱、打包工序车间,同时还高薪聘请了日本技师做技术指导。由于所产"荷蜂""金财神"牌棉纱质量匀称、色泽洁白,堪与日本"兰鱼"牌纱相媲美,行销省内及天津、青岛、牛庄各埠。虽然产品销售形势一片大好,但迫于沉重的关税,开厂第一年仍亏损了33000多元,后由顾元琛出面,向清政府提出减轻捐税的要求,和丰纱厂才逐渐扭亏为盈。

紧接着官利负担越来越成为和丰纱厂发展的障碍,官利是近代中国股份制企业普遍实行的一种具有中国特色的分配制度,又称官息,是与红利相对应的称呼。清末的中国股份制企业,官利一般固定,而且不管企业是否盈利,都必须保证支付,这在和丰纱厂成立初期是一笔巨大的开支。1907—1911年,和丰纱厂共付官息295100元,占该厂原料以外总支出的30%,盈利基本落入股东之手,对生产规模的再扩大极为不利。①

最终,高昂的官息使工厂陷于困境,经理励长华提出辞职。大股东顾元琛继任经理职务。初任经理时,顾元琛及时对企业内部的经营管理加以整顿,开源节流,同时在既不触犯《商律》又不侵犯股东权益的前提下,向股东发卖了40万银元的公债券,暂时摆脱了资金困难。

1911—1912年,和丰纱厂经历了天灾人祸的双重考验。一方面,自然灾害造成棉花歉收,原材料价格随之大幅上涨;另一方面,武昌起义爆发,军阀割据,社会动荡造成产品滞销。其间,工厂停车四个月,开了三个月的单班,生产停滞造成周转资金再次趋紧。为挽救危局,顾元琛果断实施扩大规模的战略。1913年,顾元琛募借15万元,添锭5600枚,1914年再添800枚,使该厂钞锭总数达到23200枚,其后三年工厂再次实现盈利33万元,并全部增作公司的股份金。规模的扩大使工厂发展逆势上扬,和丰纱厂一举成为当时浙江最大的纱厂。②

1917年,通久源轧花厂因清花间起火,全厂遭焚。和丰纱厂借机以24

---

① 丛嵬:《近代浙江民族工业发展的宝贵见证——清末宁波和丰纱厂老股票的历史解读》,《文物春秋》2013年第1期。

② 宁波市民建、工商联史料组:《宁波和丰纱厂的创建与演变》,政协宁波市委员会网站,文史资料(第三辑),http://www.nbzx.gov.cn/art/2006/11/27/art_9747_429391.html,2006-11-27。

万元的高价将通久源连同以前用来"包围"和丰的90亩地皮一起买了下来。这笔费用是以股东的红利购买的。这一年对股东不发红利现金,改发产业证券,每股为40元。此时,和丰纱厂的规模再次猛增,成为宁波当地著名"三支半烟囱"的其中一支。

1919年,第一次世界大战爆发,洋货倾销随之减少,加之五四运动掀起了抵制日货的热潮,国产纱获得了难得的发展机遇。国产纱的价格迅速高涨,成本每包150元的棉纱可卖200元,净赚50元。在高额利润的刺激下,和丰纱厂日夜开工,全年棉纱产量由2万多包增至3万包。仅1919年这一年,就获净利140多万元。1920年增至150万元以上,这与和丰纱厂前十年(1907—1917)的总盈利50多万元相较,可谓是空前的暴利。

在此大好形势下,和丰纱厂欲成立"和丰第二厂"。该计划虽然因英国设备断供而夭折,但当时建造了新街房、南栈房和121间公房,还买了30多亩土地,作为扩建之用。这样,全厂的地皮共增加到390多亩,一跃成为当时全国拥有地皮最多的纱厂。

1921年,顾元琛因病辞职,由卢志清任经理。此后的几年,由于洋纱再次泛滥,该厂盈利锐减,1926—1927年,一度亏蚀了35万元。当时局势动荡,统税和营业税负担加重,亏损情况日益严重,直至1932年,仅上半年就亏蚀44万元。[①]

1933年,工厂负债额已高达80万元。为避免更大损失,董事会决定对和丰纱厂宣告清理。时任监察人的俞佐宸在此时力挽狂澜,临危受命担任和丰纱厂总经理。他先以厂基作抵押,先后向中国垦业银行宁波分行贷款280万元,同时将该厂资本总额减为90万元,分作6000股,暂时保证了流动资金。

随后俞佐宸进行了一系列大刀阔斧的改革。一是裁减工人和冗员。1931年全厂有2013名工人,1933年裁减至1500名;二是一再减低留用员工薪俸,自己带头减薪,并要求全体职员减薪,分担企业面临的困难;三是停工或开单班,减少因生产过剩、销路凝滞而带来的损失;四是卖掉厂内多余的机器和设备,如8台并线机、4台筒子机,得款38000余元,添作厂内用途;五是严格原料、物料的进出制度,继续实施物料购置的"投标"办法,以杜流弊。

---

① 宁波市民建、工商联史料组:《宁波和丰纱厂的创建与演变》,政协宁波市委员会网站,文史资料(第三辑),http://www.nbzx.gov.cn/art/2006/11/27/art_9747_429391.html,2006-11-27。

1936年下半年产品销路好转,盈利增加。1937年,和丰纱厂乘势向上海大隆机器厂添购细纱车7部,增加纱锭2800枚,使该厂的纱锭总数达到26000枚。这是该厂历史上纱锭总数的最高峰。

抗日战争初期,宁波成为与上海租界区联系的主要港口,许多物资通过宁波转运内地,因此经济出现了短暂的畸形繁荣。当时全国物资供应紧张,尤其是棉纱、棉布等生活必需品更为短缺,和丰纱厂迅猛发展,光1937年一年就获利120万元以上,并还清了垦业银行的厂基抵押款。但好景不长,1941年,宁波沦陷,和丰纱厂由于引擎车间失火,工场全部焚毁,就此停工。①

直至1946年5月,和丰纱厂才恢复生产,仍由俞佐宸担任董事长兼总经理,全厂纱锭为5600枚(第二年加添400枚),工人为530名,日产棉纱23件,产品仍使用"荷蜂""金财神"的牌子。然时值内战,物价暴涨,人们热衷投机,不愿投资实业,和丰纱厂只能依靠银行贷款维持生存,一直到解放后才有所改观。

三、太丰面粉厂

太丰面粉厂前身是立丰面粉厂。立丰面粉厂于1931年由戴瑞卿等创办,厂址设在甬江南岸的东胜路。当时宁波由于不是产麦区,因此生产所需小麦大部分依靠进口,成本较高。但与此同时,宁波人喜食大米,对面粉本身需求量就较小,加上上海等周边地区面粉竞销,立丰面粉厂销路不畅,只能抑价促销,盈利水平大大受损。此外,由于前期股东筹集资金全部用于购置厂房设备,流动资金只能依赖银钱业,利息颇高,加之期货投资失误、自然灾害损失等多重原因,开业一年就欠债90万元,宣告倒闭。

立丰面粉厂倒闭后,金廷荪、杜月笙、俞佐庭等13人筹资30万元盘活了原机器和厂房,于1934年开始筹建太丰面粉厂,董事长为金廷荪,经理为洪宸笙,协理为胡星桥。1935年7月,正式投产营业,全厂职工为90余人,并拥有磨粉车14部和附属机器,以及264匹马力和132匹马力的柴油引擎各一部。产品商标依旧沿用原先的"牧童牌",销售方式也仍由面粉批发商

---

① 宁波市民建、工商联史料组:《宁波和丰纱厂的创建与演变》,政协宁波市委员会网站,文史资料(第三辑),http://www.nbzx.gov.cn/art/2006/11/27/art_9747_429391.html,2006-11-27。

代销,售价亦按上海面粉交易所牌价。①

　　建厂初期太丰面粉厂面临了与立丰面粉厂一样的困境,产品销路不畅,供过于求。到第二年年底为止,亏损已达 10 余万元。1937 年,抗战正式拉开序幕,海运封锁,上海等周边地区的面粉不能运至宁波,面粉销路开始好转。加之当时上海面粉交易所停办,该厂拥有自主定价权,因此逐渐扭亏为盈。1941 年第一季度,鉴于该厂盈利较多,红利分配后结余 14 万元作为增资,同时另招新股 6 万元,合计资本改为 50 万元。②

　　宁波沦陷后,在日伪的胁迫下,太丰面粉厂被迫复工,但仅开一部车,每天只生产一两百包面粉。抗战胜利后,经理洪宸笙返甬,太丰面粉厂全面复工。其时上海国民党当局下令,沪埠面粉禁运出口,宁波面粉市场由太丰厂独家占领,销路大旺。而福州、厦门、泉州、台湾等处客商也纷纷来甬上门订购。于是太丰厂每天开工 12 小时,并规定加班的 4 小时发给双倍工钱。

　　随后,国民党发动内战,滥发纸币,通货膨胀,物价猛涨,面粉价格每包亦涨至法币 2680 万元,后来虽改用金圆券,但旋即贬值。最后,各处市场乃自动改用银元计值。太丰面粉厂由于经营得当,经常保存一定数量的实物存货,有效避免了物价波动造成的损失,安然度过了这场危机。

第四节　本章小结

　　宁波近代民族工业亦是民国时期中国民族工业的缩影。随着鸦片战争的爆发和清政府《南京条约》的签订,宁波在 1844 年成为五口通商口岸之一,正式开埠。此后,洋务运动提出了"师夷长技以制夷"的主张,工商业者纷纷引进国外先进生产设备和技术,为近代实业的发展奠定了坚实基础。而 1887 年严信厚创办通久源轧花厂,则成为宁波近代民族工业发展的起点。

　　民国初期,第一次世界大战爆发,欧美等资本主义国家减少了对中国的商品出口,为宁波民族工业的崛起提供了广阔的市场空间,加之"抵制洋货,

---

　　①　周志耀:《太丰面粉厂》,政协宁波市委员会网站,文史资料(第六辑),http://www.nbzx.gov.cn/art/2007/1/9/art_9744_429677.html,2007-01-09。

　　②　周志耀:《太丰面粉厂》,政协宁波市委员会网站,文史资料(第六辑),http://www.nbzx.gov.cn/art/2007/1/9/art_9744_429677.html,2007-01-09。

支持国货"的爱国主义热情高涨,以及南京临时政府、北洋政府的政策支持,宁波掀起了投资设厂的热潮,并逐渐形成了以轻工业为主体的工业格局。前文对宁波主要的工业进行概述,包括轻工业、手工业和机械工业。

宁波轻工业中最繁荣的当数棉纺织业,当时由于受大环境影响,洋纱洋布进口急剧下降,导致国内纱价暴涨,工商业者看到了其中的丰厚利润,纷纷创办棉纱厂,例如前面提到的比较有影响力的通久源轧花厂与和丰纱厂。与纺纱业相伴随的是棉纺织业和面粉食品行业的发展,宁波的棉纺织产品和面粉食品畅销浙江及周边地区。

宁波地区的手工业主要以草编业和草席业最为突出,其生产主要以家庭小作坊形式运作,遍及宁波的城市和乡村地区。鼎盛时期,宁波生产的草帽和草席除供应本地和国内市场,还远销海外,足见手工业在当时宁波经济发展中的重要地位。尤其是草帽的出口尤为显著,宁波成为中国出口草帽的主要原产地。

宁波的机械工业发展规模相对落后于轻工业和手工业。宁波本地工厂对机器设备的需求主要集中在设备维修方面,以机器维修工厂为主。除了五金行业的发展,当时的电力行业也有了一定规模的扩大。宁波工商业者为满足市场对照明用电的需求,先后在宁波城市和周边各县地区创办一批电力和电气公司。

尽管近代宁波的民族工业有了初步的发展,但主要以轻工业为主,其机械化水平较低,具体表现在相当部分工厂仍依赖手工操作。但值得一提的是,我们发现宁波近代民营企业制度开始发生演化,企业管理制度开始从古典模式向股份制模式转变。这种企业制度模式的变化为民族工业的发展提供了强大的资本保障,亦是当时企业管理制度顺应经济社会发展要求而采取的创新与改革。回顾宁波近代民族工业的发展,我们还发现,上海对宁波近代民族工业的发展起着至关重要的作用。上海既是宁波民族工业产品的销售地和原材料的采购市场,同时上海工商业者也对宁波近代民族工业的发展提供了资金、技术以及管理经验等多方面的支持,可谓是近代宁波民族工业发展的坚实后盾。关于民营企业如何在社会大环境下寻求融资支持以满足发展的需要,本书将在下一章节进行详细叙述。

第三章　民国时期宁波民营企业融资渠道

第一节　社团制度逻辑融资——钱庄

一、钱庄的定义

钱庄是较早的一种信用机构。在清末民国时期的宁波,钱庄是具有强大势力的非常重要的金融机构。施伯珩认为钱庄是"有无限公司之性质,以独资或合伙组织,均依自己之信用,吸收社会一方之资金而贷诸他方,以调剂金融界之需要与供给,及以货币为交易之企业也"①。但是刘梅英②却认为这个定义具有局限性,它只表达了钱庄作为联系资金供给和需求方的金融中介作用,只能用于形容 20 世纪 30 年代以前的钱庄情况。后期的钱庄经营模式已经跟现代的私营银行没有本质上的区别。它也跟私营银行一样采取公司制的形式来经营存贷款业务,作为一种金融机构也大体适用于私营银行所适用的法律制度。沈雷春也认为钱庄的主要功能为"一方面收集社会中剩余之资金,另一方面散放之于资金缺乏者,借以调剂资金之供求"③。

---

① 施伯珩:《钱庄学》,上海商业珠算学社 1931 年版,第 2 页。
② 刘梅英:《民间金融机构与政府:上海钱庄研究(1843—1953)》,中国社会科学出版社 2013 年版,第 8 页。
③ 沈雷春:《中国金融年鉴》,文海出版社有限公司 1939 年版,第 4 页。

二、钱庄的产生和宁波钱庄

目前学术界对于钱庄究竟起源于何时,尚未达成共识。关于钱庄的起源主要有三种观点。一种观点是彭信威、洪葭管和张国辉等人认为的中国钱庄源于明代万历年间①,判断依据是《金瓶梅》《南都繁会景物图卷》等明代的小说、文献中对钱庄的描述和某些反映。但是叶世昌和施伯珩却认为钱庄应该产生于清朝初年②。他们认为明代确实出现了钱铺,但是钱铺与钱庄本身应该有所区别,钱铺的产生并不意味着钱庄的产生。他们认为钱铺的产生要早于钱庄,而官方的文献记载中,钱铺的涵盖面要广于钱庄,除了包括钱庄,还包括了一些不是钱庄的钱铺,早期的钱铺并不是真正意义上的钱庄。施伯珩所描述的钱庄起源的四种途径(一是源于甬商之借;二是源于殷实富户之外库;三是源于山西票号;四是源于现兑店)均是以清朝初年的钱庄为起点的。然而,近代学者比较广泛的观点认为钱庄产生于明末清初年间。他们并没有根据历史文献和资料中是否出现钱庄一词来判断钱庄的产生时间,而是试图依据钱庄的业务来追溯钱庄的起源。我们也赞同钱铺是钱庄的前身,钱庄应该起源于钱铺。"至于后来改称钱庄,应该是经营范围的扩大,营业规模扩大增加的产物。"③陈明光从钱庄的金融功能的演变角度出发,认为"大约在明末清初,以货币兑换、放款、存款等为业务的钱庄便兴起了"④。潘子豪也从钱庄职能演变的角度出发进行研究⑤。但是以上种种最终还是因为文献缺乏明确记载且着眼点有所不同而没有统一的结论。根据学者们对于钱庄起源的描述和研究,虽然不能准确定义钱庄的起源时间,但是大致可以判断钱庄应该产生于明末清初年间。

虽然目前学者对于钱庄产生的准确时间存在争议,但是比较一致的观点是钱庄起源于银钱的货币兑换业。了解中国的货币,有助于理清钱庄发展的源头以及为什么钱庄可以独立于典当和其他放贷机构成为一个全新的

---

① 彭信威:《中国货币史》,上海人民出版社 1965 年版,第 515—516 页;洪葭管:《中国金融史》,西南财经大学出版社 2001 年版,第 80 页;张国辉:《晚清钱庄与票号研究》,中华书局 1989 年版,第 1 页。

② 叶世昌:《从钱铺到钱庄的产生》,《学术月刊》1990 年第 5 期;施伯珩:《钱庄学》,上海商业珠算学社 1931 年版,第 5—6 页。

③ 陈铨亚:《中国本土商业银行的截面:宁波钱庄》,浙江大学出版社 2010 年版,第 27 页。

④ 陈明光:《钱庄史》,上海文艺出版社 1997 年版,第 5—28 页。

⑤ 潘子豪:《中国钱庄概要》,文海出版社有限公司 1973 年版,第 9—12 页。

独立的金融机构,并对历史上社会经济的发展产生较大的影响。

我国是一个有着悠久历史和古老文明的国家。我国也是世界上最早使用货币的国家之一,使用货币的历史长达 5000 年之久。早在 5000 多年以前,我们的祖先就已经因为手工业和农业的分工与产品交换而发展了一般等价物,继而发展成为货币。先秦货币包括最古老的贝币、商代后期用青铜冶炼技术制成的青铜仿贝,以及春秋战国时期流通的各种形式的金属货币等。秦始皇统一中国之后,由于商品经济的快速发展,开始逐渐形成了历史上第一个完整的货币体系。公元前 210 年,秦始皇颁布的货币法"以秦币同天下之币",是历史上的第一次货币制度改革。它规定废除各国的旧钱,通行秦国圆形方孔的"半两钱",开始我国古代货币由杂乱形状向规范形状的重大转变。[1] 秦币的这种圆形方孔的"半两钱"形制沿用了 2000 多年,一直到民国初期。自圆形方孔的秦币出现以来,我国就逐渐形成了一套自身特有的货币体系。

到了汉初,由于各郡国自由铸钱,钱币相对混乱。钱币的铸造不从商品流通的需要出发,而多以各郡主的喜好而变化币制,造成货币制度一度混乱。但是当时的铸币工艺却达到了空前的水平。公元前 113 年,汉武帝为了改变货币制度混乱的局面,将铸币权收归中央,由上林三关统一铸造新币"五铢钱"[2]。这是钱币发展史上第一次将货币标准化,也产生了历史上第一个国家造币厂。"五铢钱"由于轻重适宜、大小合适,亦被称为"长寿钱",一直沿用到隋朝。

三国时期和南北朝时期由于经济和社会的动荡混乱,各国均自铸钱币,出现了货币的不统一和不连续的局面。但这个时期金银的使用逐渐广泛,白银成为主要货币。

隋朝是政局相对稳定的时期,经济的繁荣和社会的发展促进了货币多元化发展。至公元 621 年,唐高祖李渊改革货币制度,废除历代的钱币,沿用 700多年的"五铢钱"退出历史的舞台,开始通行"开元通宝"钱。"开元通宝"钱是中国最早的通宝钱,它的出现又一次翻开了中国钱币发展的新历史篇章,流行了 1300 多年,一直沿用到辛亥革命后的"民国通宝"。

到了宋代,由于商品经济的日益发展,货币的流通量开始增加。而钱币在宋代无论是数量还是工艺都达到了新的历史高度。两宋共有 18 位皇帝,

---

① 方洁:《浅谈中国古代货币演变与经济社会发展》,《青海金融》2006 年第 7 期。

② 方洁:《浅谈中国古代货币演变与经济社会发展》,《青海金融》2006 年第 7 期。

其中16位皇帝改了55次年号,共铸币45种年号钱和6种非年号钱,其铸工精良,书法优美。[1] 北宋以铜钱为主,南宋以铁钱为主。后来为了解决铸钱币铜料紧缺的问题和铁钱的流通不便,印制了中国历史上最早的纸币"交子"以代替铜币铁钱的地位。由金属货币向纸币过渡,这是古代货币史的第三次重大改革。

虽然两宋时期的金属货币向纸币发行制度的改革是历史上的一大创举,但是真正把纸币制度推向顶峰的却是元朝。元朝是中国历史上第一个由少数民族统治者建立的王朝。元朝的货币制度受到前朝唐宋的影响,元世祖入主中原之后规定中央政府是唯一发行纸币的机构,禁止金属币金银和铜钱的流通,大力推行纸币和维护所发行纸币的信用,并制定货币流通的钞法,实现了纸币的全面流通。

随着商品经济的进一步发展和对货币需求的日趋增加,明朝大力推行以钞为主、钱为辅的货币制度,继续由中央政府统一印制和发行货币,纸币的发行也达到了前所未有的统一性。但是到了明代中期,由于当时货币流通制度的不完善,宝钞出现不断贬值的现象。政府为了应对民间不愿用钞,私下进行金银铜钱交易的现象,不得不解除银禁,在隆庆年间白银成为合法货币。于是,银两成为本位货币,形成了大额用白银、小额用钱的货币流通模式。傅镜冰考察了明清时期外国白银对中国的输入,认为大量白银输入是推动明朝货币实行银本位的原因。[2] 赵轶峰也赞同当时美洲和日本的白银大量流入中国给明代货币白银化创造了物质条件。[3]

清朝的商品经济有了进一步的发展,国内和国际贸易成交量不断扩大,社会经济出现了上升的趋势。清朝借鉴前朝的货币制度改革经验,一方面,对于纸币持谨慎态度,对纸币废而不用。而另一方面,由于长期的积累,白银在数量上有了新的突破,可以与社会经济相吻合。因此,清朝政府采用以银钱平行本位的币制,币材以银、铜为主,包括银两、铜钱和外国银元。市场上银钱、银两的成色和金银之间均有了换算的比价[4],白银在货币流通中有

---

① 方洁:《浅谈中国古代货币演变与经济社会发展》,《青海金融》2006年第7期。

② 傅镜冰:《明清两代外银输入中国考》,《中行月刊》1933年第6期。

③ 赵轶峰:《试论明代货币制度的演变及其历史影响》,《东北师大学报》(哲学社会科学版)1985年第4期。

④ 王革平:《清朝货币制度的弊端及其与现代货币制度的不同》,《黑龙江史志》2012年第19期。

了更重要的地位。在光绪二十六年,清朝政府吸取西方先进的纸币经验,从英国购置铸币机器,建造造币厂,开始了用机器制造货币的时代,成为中国货币历史上又一个新的里程碑。

辛亥革命爆发,清政府统治被推翻之后,1914年,北洋政府公布《国币条例》开始实行银本位的货币制度。但是由于当时社会依然存在传统的银两,当新发行的国币银元进入市场之后,国内一度出现"两元并用"的局面。这种两元并用的货币制度给社会经济的贸易发展带来了不必要的麻烦,商人经商往往需要银元和银两同时准备,这就造成大量资金的占用和闲置,大大降低了商人现金的流通率,民间开始出现"废两改元"的呼声。在1921年的天津银行公会中,发表了《陈请政府废两改元意见》:"吾国银两旧制,为世诟病久矣。将欲整理币制,调剂金融,必以废除银两为先决问题。……诚以银两一日不废,则银元即为一种贸易商品。币厂视为营业。外商因以操纵。……故银两一事,实为我国财政上之一大弊害。亟应早日废除。"[①]1933年,国民政府实施"废两改元"的政策。1935年施行法币政策,"由政府特许银行中中交农四家银行垄断货币发行权,结束了清末以来各银行自主发钞的混乱局面"[②]。

当银钱作为商业贸易的支付手段以后,随着商品生产、商品交换和商品流通的高速发展,为了满足批发商和零售门店对于银两使用与兑换的需求,市场上开始出现专门经营银钱兑换的银钱兑换业者。"银钱兑换业者利用不同币种材质、成色、比价及其变化,以及各地交通落后、行使货币习惯不同、某些币种的季节性需要(如春节期间各家各户需要大量铜元用作压岁钱和零星开支)等,贩运倒卖,操纵价格,谋取厚利。"[③]随着银钱兑换业务的日益频繁和扩展,早先从事银钱兑换的钱桌、钱摊和钱铺等开始独立出来专门经营兑换业务,逐渐发展和演变成以存放款与兑换为核心业务的钱庄。

早在康熙六年(1667),慈溪、余姚人已经开始在北京等地创建银号和钱庄,例如北京著名的"四恒"(恒利、恒兴、恒和、恒源)就多由宁波商人经营投资,堪称信用最著,流通亦广。[④] 在乾隆十五年(1750)之后的100多年时间

---

①　陈度:《中国近代币制问题汇编》,学海出版社1972年版,第42页。

②　陈铨亚:《中国本土商业银行的截面:宁波钱庄》,浙江大学出版社2010年版,第26页。

③　刘克祥:《近代农村地区钱庄业的起源和兴衰》,《中国经济史研究》2008年第1期。

④　陈夔龙:《梦蕉亭杂记卷一》,北京古籍出版社1995年版,第15页。

里,宁波钱庄因其资金雄厚,除了宁波本地大力发展钱庄,很多钱商还在全国各地,例如上海,开始兴办钱庄。① 鸦片战争之后,道光二十二年(1842)清政府签订中英《南京条约》,同意开放广州、厦门、福州、宁波、上海为通商口岸,即"五口通商"。1844 年 1 月 1 日,宁波港正式开埠,成为外国商船云集的港口。② 当时的宁波商人开始将商贸从宁波本地往上海转移,这种情况的发生主要受到两方面的影响。一方面是由于太平天国运动在浙东的战事导致政局和社会的动荡不安;另一方面由于上海开埠通商,其自身优越的通商条件促使上海对外贸易日趋繁荣。据记载:"自上海发达,交通日便,外人云集,宁波之商业,遂移至上海,故向以宁波为根据以从事外国贸易之宁波商,亦渐次移至上海。"③虽然宁波商人将商业贸易逐渐转移至上海,但是宁波本地自开埠之后,由于外国洋行纷纷进入宁波从事商贸活动,宁波的外贸交易活动较开埠之前日趋频繁,促使当时的宁波钱庄有了进一步发展,在宁波商人与外国洋行的交易过程中发挥了重要的金融功能。19 世纪 70 年代到 20世纪 30 年代,宁波钱庄业空前繁荣,钱庄大多集中在江厦街一带,无论数量、资本量还是经营业务范围都达到了顶峰时期。

三、钱庄的主要经营和监管架构

(一)钱庄主要经营活动

1. 存款

钱庄本身是金融中介机构,向社会吸收闲置资金,贷款给需要的商家客户进行周转。因此存款的规模决定了钱庄的业务量大小。存款分浮存、长存和同业存款。浮存不分单位、个人,随存随取,存息照"日拆"酌减一分到五厘,相当于现在的活期存款;长存数额较大、利息较高,相当于现在的定期存款;同业存款按"日拆"计息,相当于现在的同业拆借。

宁波钱庄存款主要有三个来源。一是股东存款。开设钱庄的多是大家族或殷实富户,如方家所设钱庄中,仅瑞康一家就有股东存款 100 多万④,股东存款因具有资本性质,因此在各类存款中最后受偿。二是家族性公共基

① 王苏英:《近代宁波钱庄业的发展历程及其经营特色》,《浙江万里学院学报》2006 年第 3 期。

② 宁波档案网:《开埠后的宁波港》,http://www.dangan.ningbo.gov.cn/dandtyc-zgjyxm/200712/t20071219_5952.html,2007-12-19。

③ 杨荫杭:《上海商帮贸易之大势》,《商务官报》1906 年第 12 期,第 3 页。

④ 茅普亭:《宁波钱业史》,《宁波工商史话》(第一辑),1987 年,第 11 页。

金。由于国家社会保障体系较为薄弱,大家普遍建立家族性慈善、救济、祭祀类基金,称为"祀户会",存于信任的钱庄,20 世纪 10 年代宁波整个祀户会基金加零星存款规模达到 2000 万元,占钱庄存款总额的约 50%。[①] 三是地方政府的财政收入。资金由地方政府保管不仅费时费力,而且增添了贪污挪用的风险,因此宁波地方政府最早将国库交于钱庄经理,在开放通商后关税收付业务也交由钱庄代理。

此外,宁波钱庄还存在一定比例的普通存款。最初出于安全、信誉等方面的原因,只能通过熟人介绍,钱庄一般不接受陌生人存款。其后,随着与银行竞争加剧,才逐渐向一般市民开放。钱庄偏好商号的账户存款,为争取开户,钱庄通常会派跑街上门兜揽,并许以开户商号一定的授信额度。而针对民间小额储蓄,除房屋储蓄或"烟囱款"[②]等较大资金外,一般不予受理。

2. 放款

钱庄与银行相似,利差是收入的最主要来源,因此放款也就成为其主要业务。放款利率由钱业公会统一规定,放款期限可分为长期、短期和浮欠。长期放款主要是外埠放款,最长不超过半年,称"六对",发放时间一般是二三月份发放,八九月份收回,八九月份发放,次年二三月份收回;短期放款基本为本埠放款,一般为两个月或三个月,称"二对""三对";浮欠指透支形式的活期放款,放款额度视借款人信用而定,透支也有期限,钱庄一段时间内会要求客户清零,不能清偿的视为信用不良。

放款对象以商业为主,另有传统加工业以及渔业等。民国二十年时宁波钱庄放款糖业约 200 万元,渔业、药业各约 300 万元。当时由于民族工业开始兴起,也存在一小部分工业放款,主要集中在和丰、恒丰等几家纱厂、染织厂,共约 300 万～400 万元。[③] 此外,还有一个主要放款对象是典当业。典当业以钱庄低息借款为资金来源,以典押方式借款给出典人,收取较钱庄高的利息。当时钱庄对典当业的放款约在 100 万元。

钱庄放款大部分是信用放款,即放款不需要担保人。为规避信用风险,跑街们会每天打听行情,搜集借款客户的有关动态信息,以此了解客户的资本实力、社会关系、人品信誉等情况,作为判断其信用的依据。钱庄建立在传统熟人社会基础上,信誉尤显重要,道德约束也就在信用放款时发挥着极

① 蔡芷卿、马厓民:《鄞县通志·食货志》,鄞县通志馆 1936 年版,第 26 页。
② 段光清:《镜湖自撰年谱》,中华书局 1960 年版,第 204 页。
③ 宁波金融志编纂委员会:《宁波金融志》(第一卷),中华书局 1996 年版,第 104 页。

其重要的作用。

3. 汇款

随着宁波帮向全国各地发展,钱庄汇款业务逐渐增多,成为一大中间业务收入来源。当时汇款通过钱庄的代理行来完成,方式分票汇、信汇和电汇。票汇就是汇款人将款交给钱庄,由钱庄开具回执凭证,同时将汇票寄给目的地代理钱庄,代理钱庄通知收款人取款;信汇是汇款人交款给钱庄后,写信给收款人,告知钱庄已收到汇款并通知目的地代理钱庄,收款人持信向交款地的代理钱庄取款,代理钱庄如接到交款的通知即行付款;电汇是清光绪末年发展起来的一种汇兑方式,凡遇有紧急需款,即可交由钱庄电汇,钱庄拍发电报有自编密码,其日期、平包、数目,均能以一两字代替,颇为简捷,然而汇费昂贵。

宁波钱庄直接通汇的除所属各县外,仅限于上海、苏州、金华和杭嘉湖一带,其余各地多通过上海转汇。钱庄的汇费习惯上称为汇水,由于沪、甬两地汇款多,"沪汇"的汇水升降视每日上午供求情况而定。1935年,每百元平均六角六分,夏历二月升水最大,四月开始逐步下降,九月起因外埠放款收回,也会出现"贴水"。[①]

4. 庄票

宁波钱庄早在清乾隆年间就已开发庄票业务,段光清提到"民间日用,亦只到钱店多写零星钱票,以应零用,倒比用钱方便,免较钱色也"[②],表明那时庄票已在宁波金融市场上非常流行,作用基本等同于现金。庄票之所以能快速流通,主要取决于三大优势:一是免去搬运现金的不便,确保安全;二是延迟支付货款,达到短期融资目的;三是"免较钱色",避免假币等混入。

庄票有标准格式,且开发、使用、验证有严格规定,一般会通过外加暗记密码防止伪造、变造。与现代的银行票据一样,庄票具有认票不认人的特性,持票人只要所持庄票真实,不管其来历如何,受益人是谁,钱庄都必须予以付款。

庄票有即期和远期之分。即期庄票为见票即付,票面注明"即发"或"即付"字样,持票人向钱庄出示庄票(注票),确认无误后钱庄必须无条件付款,并在票面加注付款日期,一般为三天;远期庄票一般会在票面上注明见票后多少天付款等字样,当持票人向钱庄注票时,钱庄会在票面注明支付日期,

① 宁波金融志编纂委员会:《宁波金融志》(第一卷),中华书局1996年版,第106页。

② 段光清:《镜湖自撰年谱》,中华书局1960年版,第122页。

一般为五天到十五天不等,到期后持票人再来取款。

5. 宁波钱庄经营基础——过账制度

过账制度相当于现代银行的结算制度,为宁波首创。徐寄安 1932 年《过账须知》中提到,"考过账制度之起源,盖在逊清咸丰年间……东南乃有钱荒之患,东南沿海商业,宁波实执牛耳,钱荒之患,当为殊甚,乃谋增加货币效用之办法,过账制度遂应运而生"①。它的产生摆脱了现金交易的束缚,不仅使结算便捷化,而且使全社会的货币供应量大大增加,因此成为宁波钱庄迅速在全国形成影响力的最重要原因。

过账一般在交换所完成,只有大同行钱庄才能成为交换所的会员,小同行要想参与,只能依靠大同行中的某一家进行代理,称为认家头。过账程序分为三个阶段,记账阶段、过账阶段和收付确认阶段。以最基本的过账方式——账簿过账为例,钱业的大同行会将"记账簿"发给客户,交易完成时付款方会将付款钱庄告知收款方,双方各自将货款金额以及往来钱庄名记于簿内,并在傍晚交至各自的开户钱庄,钱庄会将所有账簿所列款项过账至各钱庄名下,次晨经各钱庄核对无误,分别在客户账簿加盖图章,表示入账完毕后交还客户。除账簿过账外,还有经折过账、庄票过账、信札过账等方式,过账办法与账簿过账基本类似。

由于记账时难免出现收付颠倒、金额错误、漏记漏摘、庄名混淆等差错,因此过账时对错账有较为完善的补救措施。如过出钱庄找不到收款人,钱庄照例不通知账户,而是将款项暂时保留,作为宕账处理,以待日后过进庄家前来核对;如过进钱庄没有收到款项,庄方会在该笔应收而未收的账簿戳上一个"查"字,以便进一步对未落实的款项予以查证。

过账制度对宁波金融市场发展发挥了基础性作用,造成了极其深远的影响。

首先,过账制度扩大了同业拆借市场。同业拆借即同业之间相互借贷的行为,其一定程度上能降低结算准备金水平,在提高资金使用效率方面发挥着重要作用。实行过账制度前,宁波同业拆借行为并不普遍。实行过账制度以后,同行钱庄结算头寸不足时,往往通过打公单方式,同业拆借市场因此得到极大发展。为适应同业拆借市场的快速发展需要,宁波钱庄较早实行按日计息,称为"日拆",日拆升降依据当日的银根松紧水平,各项存、放款在"日拆"挂牌的基础上进行增减,按月扯平,经钱庄集会公议确定"盘

---

① 黄鉴晖:《中国银行业史》,山西经济出版社 1994 年版,第 14 页。

价",各钱庄据以执行。

其次,过账制度引发现水问题。现水即客户从钱庄提取现金时所要支付的折扣。现水值取决于市场现金量的多少,洋少则现升,洋多则现降。宁波钱庄实行过账制度后,货币供应量大大增加。而在市场货币需求量稳定的情况下,转账催生的货币供应量会造成现金大量流失,造成现水上涨。高企的现水会减少居民的实际收入,极易引发社会动荡。宁波钱业会馆碑记中记载,"吾又闻咸丰之际,滇铜道阻。东南患钱荒,吾郡尤甚。市中流通之钱值大减,当见钱之半。乡民众之汹汹谋为乱,数月乃平"。

最后,过账制度催生空盘市场。由于过账制度引发现水问题,催生出宁波特有的以现水涨落为投资对象的空盘市场。宁波空盘市场最早出现在 19 世纪 60 年代,当时的《申报》中提到,"甬江之所谓空盘者,即汇划银数以赌输赢也,咸丰年间曾有此风,后奉顾子山观察之"。至 19 世纪 70 年代,空盘买卖在宁波市场已非常流行。由于空盘买卖是投机行为,产生诸多社会问题,曾一度遭到地方政府的禁止。但空盘市场具有一定的套期保值功能,能减少商家交易时因现水问题造成的损失,因此后期渐趋合法化。

(二)钱庄监管构架

1. 内部监管架构

宁波钱庄基本采用科层制结构,具体分为经理、副手、三肩、账房、信房、银房、长头、栈司等职,其中经理负责全权打理钱庄业务,是整个钱庄运作的核心,其余岗位各司其职,分工明确。由于钱庄早期多采用无限责任合伙人制度,"有名望的股东,作为企业出面人,占有一股,也有四分之一、四分之二的,其余属不出面而无声望的股实股东,即所谓隐名合伙"①。而股东一般不参与钱业日常管理,经理外聘居多,造成钱庄所有权与经营权的分离。为规避经理的道德风险,钱庄设立了系统的内部监管机制。

一是股份激励机制。经理除领取约 50 元月薪外,还拥有一定比例的分红。钱庄盈利一般按三年一次分红,或作 16 股、17 股分红。除股东 10 股外,经理至少可得一股,其余分给各职员。股份激励把经理的利益与股东的利益紧密联系起来,极大提升了经理积极性。

二是内部人员监督机制。"宁波钱业也为股东的亲戚或有权势的顾客

---

① 茅普亭:《宁波钱业史》,《宁波工商史话》(第一辑),1987 年,第 12 页。

的亲戚在钱庄的管理部门专门预留一个或多个位置,这些人称为三肩。"①通过设立三肩,股东可以实时了解钱庄经营的动态信息,对经理的日常管理起到监督作用。

三是财务报账制度。股东平时一般不大过问业务,但到年终结账后,会要求经理在正月初头向股东呈交"红单"。股东查阅"红单"后,视哪一家盈利最多,当"岁饭"时就请这家经理坐首席,股东亲自执壶斟酒,以示勖勉,由此进一步鞭策经理对钱庄的管理行为。

四是"家文化"的道德约束。钱庄经理大多是学徒出身。1946 年鄞县钱业同业公会理监事 32 人,小学及以下学历的 23 人,这些人都是学徒出身。②进入钱庄当学徒需要保证人,多为亲友介绍、换子培养等。无论是学徒培养,还是经理聘任,都深受血缘、亲缘、地缘、业缘等泛家族网络的影响,经理的日常行为也因此受到"家文化"的道德制约。

2. 行业监管机制

宁波钱庄一大显著特征即同行制度,是指按业务交易性质对不同类型与业务特征的钱庄组织进行区别划分。宁波钱庄组织结构一般分为大、小同行和现兑庄。大同行钱庄平时不营货币兑换,重在划拨清算和存、放业务,并把持同业公会,左右钱业市场,统揽过账制度,故又称汇划钱庄;小同行除存、放款外,兼营货币兑换等业务,入公会,进入钱业市场,但在钱市交易买卖和实施过账办法中须认定一两家大同行往来、委托办理。而未入公会的称现兑庄,专做银钱兑换和货币买卖,也兼营其他业务,多由烟杂点兼办,叫烟纸现兑。

宁波钱业同业公会发展历史悠久,最早称钱业会商处,会员皆为大同行,小同行则成立永久会;1928 年正式改组为宁波钱业同业公会,小同行仍被排斥在外;1931 年更名为鄞县钱业同业公会,大、小同行均可成为会员,小同行的永久会随即解散;1941 年汪伪时期组建宁波银钱业同业公会;1946年又改名为鄞县钱商业同业公会。大同行是钱业同业公会的核心,具有严格的准入标准,提出申请后须得到两家原为大同行钱庄的推荐,再经过其他

---

① Susan Mann Jones. Finance in Ningpo：The "Ch'ien Chuang", 1750-1880. In W. E. Willmott. Economic Organization in Chinese Society. Stanford，California：Stanford University Press,1974.

② 《浙江省鄞县钱商业同业公会当选委员名册》,宁波档案馆档案,旧 14-1-53,1946 年。

大同行钱庄的资格考核和评议,包括资本、信用度、风险控制、业务量等。

钱业同业公会虽然几经变迁,但其基本职能一直没变,归纳起来主要有六方面:一是清算划拨每日宁波城内各钱庄客户的转账情况;二是确定现水的标准;三是确定空盘交易行情;四是进行货币兑换交易;五是确定规元行情;六是确定同业拆借利率与存贷利率水平。通过制定章程,对会员的具体业务做出详细规定,对会员行为产生一定约束力,起到稳定金融市场、规范行业竞争的作用。但这种约束力也并不是绝对的,如《申报》1874 年 7 月 16日报道存款利率这样重大的关系同业利益的事项并没有被钱业很好执行,就说明了这一点。

3. 政府监管机制

当时政府对钱庄发展基本持放任态度,只有当钱庄面临危机时临时扮演救火者的角色。如 1935 年宁波钱庄发生挤兑风潮,钱庄公会自感无力,只能求助于政府。鄞县政府采用临时紧急限制措施,宣布钱业过账仍照常进行,并规定客户提现以百元为限,不得超过。总商会也公布一系列措施:各庄多单不得超过 15 万元,超过部分由司日分拆欠单各庄,债务由同业共同负责;若钱业公会认为某钱庄缺单过多,得随时调查其拆单数目,必要时令其股东垫款;本地各银行暂时停止接收钱业过账存款;向中国、中央、交通三银行共同借款 200 万元等。

政府金融监管的缺失,造成钱庄自身存在的资本与风险资产的比例过高、流动性比例过低、准备金制度缺失、贷款结构不透明、信用程度过度膨胀、资产结构不匹配、贷款集中度过高等问题愈加突出,最终导致钱庄的没落。

四、宁波商帮与钱庄的相辅相成

(一)宁波商帮与早期钱庄

最早涉足钱庄业的宁波商帮是十七房郑氏。十七房郑氏经商历史很早,起码在明代已有经商活动记载。明代正德三年(1508)镇海(当时称定海)大旱,"禾黍无收,民采蕨聊生不给,至鬻男女以食"。十七房商人郑冲输粟而授嘉奖[①]。十七房郑文麒明代嘉靖初年(1526)经商致富,捐例贡,授登仕郎,续封文林郎。[②] 清代郑世昌(1644—1728)在康熙中叶已"承父命,外出

---

① 明嘉靖《定海县志·人物》,1942 年。
② 明嘉靖《定海县志·人物》,1942 年。

经商"。他们父子在北京东四大街开设"四恒银号"。据陈夔龙《梦蕉亭杂记》载:"四恒者,恒兴、恒利、恒和、恒源,均系甬商经纪,开设京都已有二百余年,信用最著,流通亦广。""四恒银号"当时是京师著名店铺,京中大宗商务,如木厂、洋货庄、山西票号、粮食铺、典当铺都向四恒借贷银两。由此可见,早在300多年前,十七房郑氏就已开始涉足金融业。

而说到与钱庄业的渊源,就不得不提到郑德标。乾隆五十三年(1788),郑氏第二个商业家族的开拓者郑维嘉卒,21岁的郑德标便独立承担起宁波的生意,"内理琐屑,外权奇赢,蓄积余羡,以浸为蛟川巨室"。郑德标除继续经营鱼盐批发外,还办起了钱庄,实行转账制。嘉庆二十二年(1817)因"岁歉,发仓储,以赈饿者。又于萧山养济堂施寒衣数百袭,其他舍棺椁、立义冢、建梁、治道……诸义举",援例授官正五品奉直大夫。中年后(道光初年),郑德标不再主政,将宁波的钱庄交由四子郑勖(1780—1863)来管理。

此后,郑氏十七房在钱庄业进一步发展。郑振麟咸丰年间(1851—1861)在上海崇明北宝镇独资开设宝山银楼,资本1000两银子,是崇明最早、资金最雄厚的银楼,1938年崇明沦陷后歇业。1918年郑佐如独资在沪创立"庆和钱庄",庄址在河南路永宁里,资本2万两。

(二)宁波商帮与鼎盛期的钱庄

清乾隆年间,上海钱业颇具规模,与山西票号一样在金融界拥有"执牛耳"地位。宁波商帮很早就涉足上海钱业,并长期处于领先地位。据《上海钱庄史料》记载,1858年,上海城区和租界约有120家钱庄,其中50家为小钱庄,资本仅500到1000两;8~10家为大钱庄,资本一般都有三五万两;其余的钱庄,资本在5000到10000两左右。而这些大钱庄大多为宁波商人所开设。19世纪下半叶到20世纪初,上海拥有4家以上钱庄的9个钱业资本家集团,宁波籍就有镇海方家、李家、叶家,慈溪董家以及宁波秦家5个,占到一半以上。

镇海方家,创始人为方介堂,发家于糖业和丝业。而宁波帮钱庄在上海的开山鼻祖为方性斋,其先在南市设南履和,后在北市租界设北履和,从此对钱庄投资一发不可收。在后人方选青、方季杨、方椒伯、方稼苏的继承和发展下,方家在上海陆续设立了同裕、延康、五康、允康、钧康、寿康等钱庄。1927年,上海南北市共有汇划钱庄74家,方家投资的钱庄有10家之多,名动一方,为钱业巨擘。此外,方家钱庄还积极向外地拓展,19世纪70年代在汉口开设同康钱庄,在杭州开设庚和、豫和、广和等钱庄,在宁波开设敦裕、益康、瑞康、元亨等钱庄,各地共投资钱庄四五十家,延续一百年,为宁波帮钱业家族里最具生命力的家族。其所有的"六和二元"八家钱庄,辛亥(1911)年间亏损 400 万元,仍能安全度汛,可见实力雄厚。方家钱庄经理人多为余姚人,如谢纶辉、陈笙郊、屠云峰等。

镇海李家,创始人为李也亭,发家于沙船业,当时独资开设大沙船号,盛时达沙船十余号,并自购黄浦滩地建造久大码头,可称为航运金融的开创者。致富后向金融业发展,李家开设慎余、崇余、立余三家钱庄,经理分别为余姚郑朗斋、慈溪袁聪清、林联荪,皆早期上海钱业领袖人物。李也亭去世后,其孙辈继承祖业,虽开始涉足地产业,但影响力最大的还是钱业。1903年,其孙李眉清设同余钱庄,聘余姚人邵燕山为经理。1905 年其侄孙李泳裳设会余钱庄,经理楼恂如,后又设恒兴钱庄。1906 年其孙李如山设仑余钱庄,经理沈如山。1919 年起,李泳裳又与同乡合股投资设立渭源、敦余、恒巽三家钱庄,1933 年设同庆钱庄。汪伪时期,其孙李祖莱设立福莱、聚丰、大森钱庄,在宁波设立天益、元益、彝生、彝家四家钱庄。李家前后在沪、甬两地共开设钱庄十五六家。

镇海叶家,创始人为叶澄衷,发家于五金业。其开设的老顺记及南顺记五金店,营业遍布长江沿岸及天津、烟台等地,被称为五金大王。亡故后,其子子承父业投资钱庄业,在上海投资的钱庄有承大、瑞大、志大、余大、升大、宏大、大庆等,其中承大、瑞大、志大、余大四庄系与湖州许家合作。在宁波投资有志大、承大、和庆、义生、恒裕、正余六家钱庄,在杭州投资和庆、元大两大钱庄,在安徽芜湖设有怡大钱庄。

慈溪董家,创始人为董棣林,初经营药材生意,其子耿轩、友梅因沙船业发家,在上海开设大生沙船号,全盛时有 110 号,往来南北贩运土产。其后代董仲甫于 1878 年在上海开设泰吉钱庄,随后又在各地投资多家钱庄,上海有晋大、会大、泰大钱庄,杭州有阜生、阜康二钱庄,汉口有同大钱庄,宁波有祥余、瑞余、恒裕、正余等钱庄。

宁波秦家,创始人为秦君安,经营颜料生意,第一次世界大战时因德国产靛青原料断档,价格暴涨而发迹。其在上海投资的钱庄有恒兴、恒隆、永聚、恒大等,在宁波投资的钱庄有晋恒、复恒、鼎恒、泰源等,在汉口投资有裕源银号。

上述五大钱业集团家族,鼎盛时期在上海金融界、实业界都具有相当大的影响力,可谓是当时宁波帮的领袖人物。他们的一大特点是很少独资设立钱庄,而是在多家钱庄拥有股份,称为联枝钱庄。每一家族联枝钱庄的字号大致都有一字相同,如余字号的慎余、崇余、立余、同余钱庄基本为镇海李家的联枝钱庄,恒字号的恒隆、恒大、恒巽等为宁波秦家的联枝钱庄,康字及"六和二元"为镇海方家联枝钱庄,大字号联枝钱庄则基本以镇海叶家为主。此外,一些家族由于与五大钱业集团有裙带关系,在上海钱业也有一定的实力,比较典型的有严康懋、俞佐庭等。

严康懋由于与宁波秦家的创始人秦君安关系密切,秦家发达后,钱业生意交由其打理,遂投身钱业。严康懋投资的钱庄,上海有秦家的恒隆、永聚、恒祥等,宁波有信源、衍源、永源、五源等,杭州有寅源、崇源、益源等,兰溪有瑞孚、宝泰、源亨钱庄,金华有裕亨慎钱庄,汉口有裕源银号。

俞佐庭原来在镇海李家开办的慎余钱庄当学徒,得到李泳裳的提携推荐,后去上海恒祥钱庄任账房。1916年回宁波任李家天益、慎德钱庄经理。1926年再赴上海为中易信托公司银行部经理。1927年回宁波担任财政局长,宁波总商会会长。后又在恒巽钱庄任经理,为上海钱业公会常委,其后发起成立天津垦业银行,横跨银钱两业,为宁波帮金融业转型的代表人物之一。其在上海投资的钱庄有恒巽、恒祥钱庄,在宁波投资有天益、泰源等六家钱庄。

(三)宁波商帮与没落期的钱庄

鸦片战争后,西方资本主义国家纷纷在中国开设洋行兼营融资业务,同时也引进西方现代化的银行进行金融活动,上海开埠当年就有外国洋行11家,1846年增加到25家,到1852年时增加到41家。[①] 银行的迅猛发展使钱庄逐渐衰弱。李鸿章的得力干将盛宣怀看到外国银行在华的活跃情况,认识到中国旧有的钱庄、票号已不能适应对外开放之需,必须开始转型,自办银行了。盛宣怀在其奏稿中说:"西人聚举国之财,为通商惠工之本,综其枢纽,皆在银行。中国亟宜仿办,毋任外人银行专我大利。"他认为自办银行可以"通华商之气脉,杜洋商之扶持"[②]。1897年国内首家华资银行中国通商银行成立,而其发起人和实际创办人之一正是宁波帮商人严信厚。

严信厚早年在宁波鼓楼前一家叫恒业的小钱店当学徒,17岁时经同乡人介绍,到上海小东门的宝成银楼当职员。1882年,相仿当时著名的"红顶商人"创办源丰润钱庄,该钱庄成为南帮票号,兼具钱庄、票号的特点,设在

---

① 张国辉:《晚清钱庄和票号研究》,社会科学文献出版社2007年版,第48页。

② 王遂今:《宁波帮"开山祖师"严信厚》,《民国春秋》1994年第2期。

上海的总号等同汇划钱庄,同时在北方的分支号又与票号一样。源丰润创设时分号 17 处,经营存放汇兑及清王公大臣的存款(这是票号经营的一个重点),一时业务鼎盛,称雄南北。当时币制十分复杂,各地通用银两又成色互异,汇兑行市任凭票号操纵,加上交通迟滞,所出汇票往往时隔数月持票人方来兑取,源丰润借此自然大获其利。

严信厚作为中国通商银行的发起人之一,与张振勋,还有同为宁波帮的叶澄衷、朱葆三共同投资数十万两作为股金。银行筹备期间,又曾向盛宣怀提出建议:以他所办的源丰润钱庄为基础来组建银行,认为当时源丰润业务不错,分号也多,组建银行较易。银行成立后,严信厚积极推荐、延聘宁波帮中人来担任华大班(华经理),第一任华大班是陈淦(笙郊),原任宁波帮镇海方氏家族所有的延康钱庄经理,又是北市钱业公会首创人;第二任华大班是谢纶辉,原任方氏家族的承裕钱庄经理,钱业公会董事。当时中国通商银行实权,事实上掌握在严信厚和华大班之手。可见宁波帮在推动钱庄向银行转型方面做出过积极贡献。

(四)宁波帮精神对钱庄发展的积极作用

宁波帮与钱庄相辅相成,宁波帮的发展得益于钱庄,而钱庄又是宁波帮的重要舞台。美国学者苏珊·蔓恩·琼斯指出:"上海的宁波帮的含义在 19世纪 60 年代时,已经不仅指一般性的同业集团,而且也包括行业性的钱庄业。"①

宁波帮与徽商、晋商等并称为中国"十大商帮"。徽商、晋商曾盛极一时,但最终均纷纷走向衰亡。徽商最后的辉煌胡雪岩因与洋商进行商战,囤积大量生丝最终倒闭,所经营的阜康钱庄,一夕间沦于破产;晋商的票号影响力曾一度盖过宁波钱庄,但由于其走的是官商结合的路子,依赖国库为之吞吐吸纳、接济,清王朝的终结即宣告了它的败亡。与此同时,宁波帮和其经营的钱庄却经受住了时间的考验,多年不衰,这主要与宁波帮所具备的诚信、务实、协作的精神密不可分。

一是注重诚信为本。宁波帮的成功不单单依靠其勇于开拓、善于冒险的精神,更重要的是诚信为本的理念。他们知道"信用经商",懂得信誉就是资本。宁波帮的信用在钱庄的庄票业务上就可见一斑。以最典型的宁波渔业为例,早在 19 世纪 50 年代,宁波渔业就已经基本建立全行业性的过账

---

① 张仲礼:《中国近代经济史论著选译》,上海社会科学院出版社 1987 年版,第 443 页。

结算制度,渔船在海上的生活补给不直接支付现金,而是通用宁波钱庄签发的庄票。"其票流行市上,信用卓著,几与银行钞票相等。"①当时宁波钱庄开出的庄票因信用度高而通行上海及各商埠。19世纪80年代,宁波城里全部22家大同行钱庄都与上海、杭州、绍兴钱庄有庄票业务联系。②可见"诚信为本"的精神是宁波人在上海执掌钱业多年不衰的重要原因之一。

二是注重务实作风。与晋商将清政府作为其优质放款对象、徽商胡雪岩运用分号筹集资金囤积生丝进行投机不同,宁波帮做事更加务实。宁波钱庄大多在商言商,与官府沆瀣的少,放款对象多为中小企业,以分担坏账风险,同时在机构设置上基本排除分号模式,各个钱庄独立运作,以便将风险进行隔离,不至于蔓延至全盘。另外,宁波帮坚守"不做自己不熟识的事"的基本行为准则,放款基本限于熟人的圈子,以确保全面了解客户的信用情况,不因扩大贷款规模而盲目触碰陌生人圈子,因此钱庄经营相对稳健,抗风险能力较强。

三是注重团结协作。宁波帮不同于徽商胡雪岩单打独斗,集中财力打造一家规模大有影响的分行制钱庄,而普遍注重团结协作,钱庄创建多采用合伙制形式。而事实证明,这种合伙制是当时社会环境的最优选择。③首先,合伙制钱庄由于股东多,资金来源有保障,当遇到流动性支付风险时又往往会因利益攸关而同舟共济,因此在业界信用度相对较高;其次,钱庄贷款多为信用贷款,股东推荐是甄别客户信用的重要手段,股东多,高信用度的客户也就相对较多;最后,合伙制钱庄更易形成合作为主、竞争为辅的和谐市场氛围,在头寸调剂、信息交流、资金汇划、行业风险评估等方面提供便利。

五、民国时期宁波钱庄

民国时期是指从清朝政府灭亡到中华人民共和国成立的一段历史时期。从1912年孙中山宣誓就职,到袁世凯任临时大总统的北洋政府时期,再到国共内战和日本侵华的训政时期,均使当时社会和经济发展承担了较大的政治风险。由于受到政治和经济动荡大环境的影响,钱庄自身经营存在问题,民国时期的钱庄经历了从繁华走向萧条的阶段。

①　蔡芷卿、马厓民:《鄞县通志·食货志》,鄞县通志馆1936年版,第85页。
②　张国辉:《晚清钱庄和票号研究》,中华书局1989年版,第69页。
③　陈铨亚:《中国本土商业银行的截面:宁波钱庄》,浙江大学出版社2010年版,第46—47页。

(一)全盛时期(1912—1935)

自 19 世纪 70 年代以来到 20 世纪 30 年代,可以说是宁波钱庄业的全盛时期。这一时期的宁波钱庄无论在新增钱庄数量还是资本量上都处于空前的增长阶段。《鄞县通志》的记载"方其盛时,势力直凌驾沪汉各埠"和"甬市钱庄握经济之总枢纽,占社会最重要的地位"①等语句都表明当时宁波金融以钱庄为枢纽,钱庄在当时金融业中具有举足轻重和不可替代的地位。当时的宁波钱庄具有钱庄数量多、资本实力雄厚和放贷数额较大三大特点。

钱庄数量多 对于全盛时期的钱庄数量,在部分历史文献和地方志中都会提起。根据历史资料和参考文献记录,图 3-1 描述了钱庄在民国全盛时期的数量。要说记载最早最详细的关于民国时期钱庄数量的资料,应该是《申报》在 1920 年 2 月 28 日记载的 1919 年宁波钱庄大小名单及其盈利状况。资料显示,1919 年宁波地区共有钱庄 57 家,其中大同行 29 家,小同行 28 家。1920 年,宁波拥有钱庄 56 家,1926 年共有 62 家,其中大同行 28 家,小同行 34 家②,而到了 1931 年钱庄数量增加到 70 家,另有现兑钱庄 90 家③,其中 70 家大小钱庄中有 67 家开设在江厦一带。1932 年,宁波城区共有钱庄 146 家④。宁波江厦一带曾是中国东南一带唯一的金融中心。根据《中国实业志(浙江省)》记载,20 世纪 30 年代浙江全省计有钱庄 632 家,而宁波地区就有多达 225 家(其中鄞县 115 家,慈溪 11 家,奉化 27 家,镇海 11 家,定海 32 家,象山 6 家,余姚 23 家),占全省钱庄数的 35.6%。⑤ "走遍天下,不如宁波江厦"正是描述了彼时宁波金融业的繁荣景象。又由于当时宁波地区钱庄业多聚集于江厦街一带,从而使江厦街名声远扬。相比当时的商业银行和典当,钱庄毋庸置疑已经成为宁波整个金融的龙头老大。甚至有人这样形容宁波那时的金融业情况:"宁波金融重心集中钱业,银行在商业上除些微存款外,实无发展营业之可能。"⑥很明显,当时的钱庄以其独

---

① 蔡芷卿、马厓民:《鄞县通志·食货志》,鄞县通志馆 1936 年版,第 274 页。

② 陈铨亚:《中国本土商业银行的截面:宁波钱庄》,浙江大学出版社 2010 年版,第 130 页。

③ 宁波金融志编纂委员会:《宁波金融志》(第一卷),中华书局 1996 年版,第 79—88 页。

④ 蔡芷卿、马厓民:《鄞县通志·食货志》,鄞县通志馆 1936 年版,第 107—118 页。

⑤ 据实业部国际贸易局:《中国实业志(浙江省)》(壬编),1933 年,第 14—17 页图表统计。

⑥ 宁波金融志编纂委员会:《宁波金融志》(第一卷),中华书局 1996 年版,第 190 页。

特的信用放款为主的营利模式和创新便捷的以过账制度为依托的经营模式,在金融市场运作中具有充分的灵活性和主导地位,并非其他银行等金融机构所能企及。

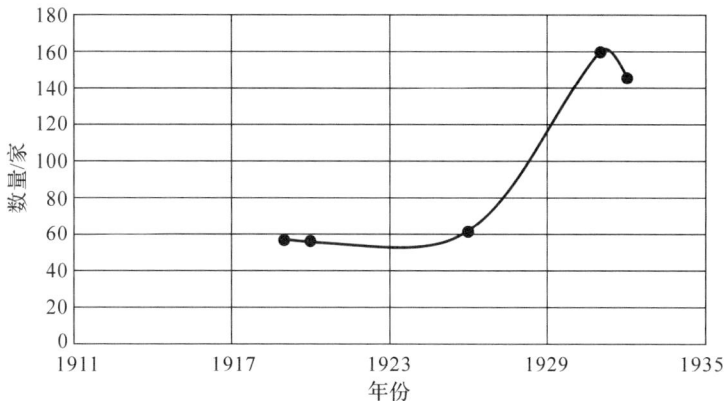

图 3-1 钱庄在民国全盛时期的数目

资料来源:宁波金融志编纂委员会:《宁波金融志》(第一卷),中华书局 1996 年版,第 79—88 页。

资本实力雄厚 全盛时期的宁波钱庄除了在数量上年年攀高之外,在资本实力上也是首屈一指。图 3-2 根据收集到的参考文献中提及的钱庄资本情况,描述了在民国全盛时期宁波大小同行的资本数目。1919 年,根据《申报》记载的 57 家宁波大小同行共计资本 140.2 万元,平均每家大同行 2.76 万元,小同行 0.86 万元。1920 年《宁波金融志》(第一卷)记录的钱庄资本为 106.3 万元。根据鄞县政府统计数据,在民国二十年(1931)宁波本地钱庄业 41 家大同行拥有资本 257.75 万元,28 家小同行资本达到 76.9 万元,城区的 91 家现兑钱庄也拥有资本量 85.16 万元[1],其势力远远超过沪、汉各埠。根据 1933 年《中国实业志(浙江省)》统计数据显示,浙江省钱庄资本总额有 856 万元,而宁波就拥有资本 428 万元,占浙江全省钱庄业资本总数的 50%,营业额更是达到 807.3 万元,占浙江全省钱庄业营业总额的 15.2%,各项指标均高居浙江全省第一。[2]《鄞县通志》也记载 1932 年钱庄

---

① 陈铨亚:《中国本土商业银行的截面:宁波钱庄》,浙江大学出版社 2010 年版,第 131—136 页。

② 据实业部国际贸易局:《中国实业志(浙江省)》(壬编),1933 年,第 14—17 页图表统计。

资本占到了宁波全部商业资本的 32%。[1] 在吸收存款能力方面,钱庄的实力更是其他商业银行不能企及。1933 年末,宁波所有商业银行的存款总额也不过 658 万元。[2] 而 1935 年钱业大风潮前夕,36 家大同行钱庄的存款依然有 4000 万～5000 万元,超过当时银行业存款近 10 倍。[3] 茅普亭曾这样描述:"因此宁波钱庄实力,以三十家大同行计,每家存款一百万计,即达三千万,加上小同行、现兑行,全行的存款总额应当在五六千万元左右,这是宁波钱业的极盛时期。"[4] 由此可见,民国时期宁波钱庄的资本实力之雄厚,在 1935 年以前的整个金融行业中处于核心地位。

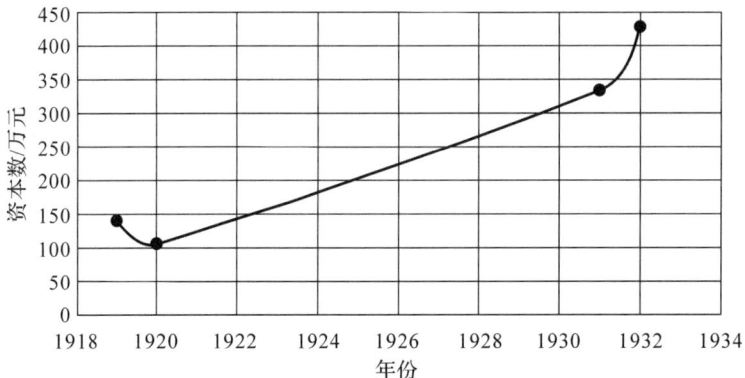

图 3-2　民国全盛时期宁波大小同行的资本数目

资料来源:宁波金融志编纂委员会:《宁波金融志》(第一卷),中华书局 1996 年版,第79—88 页。

放贷数额较大　民国时期宁波钱庄的主营业务包括:存款,信用放贷及抵押贷款,抵押往来透支,买卖规银和汇兑各路银两或银元等。放贷是当时钱庄重要的营利途径之一。从事采购运销丝茶、陶器和木材等农副产品及机械、棉布和石油等进口商品的商户是民国时期钱庄主要的放贷对象。[5] 相比现在比较流行的抵押贷款,信用贷款在民国时期一直处绝对重要地位,是主要的钱庄放款方式。信用贷款即商人向钱庄借款仅凭个人信用,既无

---

[1]　蔡芷卿、马厓民:《鄞县通志·食货志》,鄞县通志馆 1936 年版,第 69 页。

[2]　陈铨亚:《中国本土商业银行的截面:宁波钱庄》,浙江大学出版社 2010 年版,第 137 页。

[3]　宁波金融志编纂委员会:《宁波金融志》(第一卷),中华书局 1996 年版,第 102 页。

[4]　茅普亭:《宁波钱业史》,《宁波工商史话》(第一辑),1987 年,第 11 页。

[5]　宁波金融志编纂委员会:《宁波金融志》(第一卷),中华书局 1996 年版,第 102 页。

物保也无人保。这一现象的产生取决于宁波商人从事商业活动力以信为本，注重信用的特征。在民国时期，宁波各行业商人将能否从钱庄通过信用融资作为其地位、声誉和鉴别衡量对方商人信用的一个标准。之所以在当时可以采用信用放贷形式主要是因为各行业资金收付均通过钱庄过账，钱庄对商户的资金动向、业务往来乃至市场行情都得以了解和掌握。这使钱庄对商户放贷风险的评估能加以准确把握。钱庄放款期限有长期和短期之分，但即使是长期也只有六个月时间，至于短期则是三个月或者两个月。放款的利率主要由钱业公会定期公议，称为"议盘"。1936 年每千元利息 56元，合计月息 9.33‰。[①] 但是放款如提前归还，需征得钱庄同意，而钱庄也可根据自身资金情况随时协商收回放款。钱庄的放贷对象除了工业企业和商业企业，还放贷给钱庄和银行用于同行的拆借。1931 年，钱庄在宁波地区的放贷约 3000 万～4000 万元，主要集中在糖业、渔业和药业以及纺织业。以恒丰印染厂为例，向复恒、棠源、信源、恒春等 40 余家钱庄贷款四五十万元。[②] 宁波钱庄除了向本地工商企业放款外，还将大量的资本投向上海、汉口等贸易市场发达地区。1918 年宁波钱庄全部贷款余额 2300 万元，到了 20世纪 30 年代达 4000 万元，其中，对外地贷款约占 30％。[③] 也就是说，宁波钱庄不但能够满足当地工商业发展的需求，还能够将资金放贷于其他贸易发达地区。宁波钱庄以信用放款为主，主要将资金放款于相熟的商人，但是之所以会有相当部分的本地资金放贷于外地，主要是与当时宁波帮在上海、汉口等地的快速崛起有关。宁波商人在宁波本地以本地商号的名义借款，但是将所借资金用于满足外地的事业发展和投资。

（二）从繁荣走向萧条（1935—1949）

钱庄经历半个多世纪的繁华岁月之后，由于受到国内政局不稳和世界经济不景气的影响，在 1935 年整个钱庄行业的经营陷入了危机。

首先是"一二·九"运动的发生。1931 年日本帝国主义发动武装侵占东北的"九一八事变"严重导致了我国的民族危机，抗日救国深入人心。在1935 年 12 月 9 日，"一二·九"运动在北平爆发，北平学生的义举得到全国学生的响应和支持，推动了抗日民主运动走向新高潮，全国上下沉浸在反日

---

① 宁波金融志编纂委员会：《宁波金融志》（第一卷），中华书局 1996 年版，第 103 页。

② 王珊纯：《宁波印染织厂发展始末》，《宁波文史资料》（第 15 辑），1994 年。

③ 陈铨亚：《中国本土商业银行的截面：宁波钱庄》，浙江大学出版社 2010 年版，第 138 页。

救国的爱国运动中。政治运动的大规模开展必然会影响到工业企业和商业的生产和经营,从而导致整个社会的经济处于停滞不前的地步。

其次是当时整个中国的经济受到世界性经济危机的波及。在 1929 年美国实施白银政策之后开始了一系列收购白银的政策措施,这使国际市场上的白银价格骤然上升,1935 年 5 月的银价比 1933 年的翻了一番。① 国内大量白银的输出导致银元流通陷入困境,国内银根骤紧,通货膨胀严重,工商业企业纷纷陷入财政困难而不得不结业和倒闭,世界性的金融危机开始波及国内的经济发展,引发了国内的白银危机。大量工商业企业的倒闭加速了钱庄坏账率进一步提升,钱庄业资产风险管理的难度进一步加大,1935年发生的钱业提存风潮意味着整个钱庄行业的发展进入了困难时期。自1935 年钱业风暴之后,在短短的两个月时间里,宁波就有 12 家大同行、19家小同行和 9 家现兑庄倒闭。一时之间人心惶惶,大量钱庄储户纷纷提款。几家有实力的钱庄,例如敦裕、益康、瑞康、天益、元益、恒孚等,也都是依靠股东大量资金的投入来填补资金的空缺而得以幸存。②

1941 年 4 月开始宁波各地陆续沦陷之后,本地的工商业企业正常生产和经营遭受日军严重掠夺摧残,大批的工业企业,即使是较大的工厂也面临缩小经营规模、停产或者倒闭的局面。宁波地区的银行为了保全经营大多撤迁内地或至上海租界。宁波本地的钱庄行业也遭受严重打击,很多大同行纷纷停业,即使一些零星新拼凑建立起来的钱庄也由于自身资金实力微薄,而无法正常开展金融业务,只是依靠经营沪甬间汇款来谋取汇费和套用汇款资金,以及联络"单邦""捐客"贩卖日用杂货。③ 到了 1942 年,根据伪中央储备银行宁波支行对城区钱庄进行的调查,当时宁波城区共有钱庄 50家,其中钱庄 41 家,银号、银公司 9 家。④ 这些钱庄大多是宁波沦陷后新设立的,即使是在民国时期甚至同治、光绪年间成立的老字号钱庄和 1935 年钱业风暴之后复业与新设的钱庄,也大多停业清理或翻盘转让。1945 年抗战胜利之后,国民政府颁布《收复区商业银行复员办法》,允许因抗战爆发而

① 钟祥财:《20 世纪 30 年代的金融危机》,http://www.cnfinance.cn/magzi/2010-03/12-7402.html,2010-03-12。

② 虞逸仲:《从钱业会馆谈宁波的金融历史》,《中国钱币论文集》2002 年第四辑,第438 页。

③ 宁波市地方志编纂委员会:《宁波市志》,中华书局 1995 年版,第 1590 页。

④ 宁波金融志编纂委员会:《宁波金融志》(第一卷),中华书局 1996 年版,第 89 页。

停止营业或移撤后方的金融机构,在经过财政部核准之后于原设地方复业。[1] 当时具有复业资格的钱庄共有 63 家,经当局审批开业的钱庄有 31 家。虽然当时为了保障根据地的经济发展,浙东银行发行了"抗币",部分沦陷前的银行和钱庄也相继复业,但是由于当时金融处于高度垄断状态,外加当时金融市场混乱和通货膨胀情况严重,这些银行和钱庄也并非像以前一样经营正常的金融业务,而是大多经营投机买卖和"拆票"业务,代客发高利贷等。到了 1949 年新中国成立,军事管制委员会开始接管金融机构,限期收兑金圆券,打击投机倒把,禁止金银、外汇买卖和计价流通。[2] 随着当时中国人民银行发行人民币和利率的降低,以及国家金融监管的加强,钱庄业务日益萎缩。到了 1950 年上半年,钱庄相继停业或者成立联合放款处和实行公私合营,进行社会主义改造。到此为止,钱庄正式退出金融行业的历史舞台。

第二节　市场制度逻辑融资——典当

一、典当业的定义及特征

(一)典当的定义

目前关于典当的普遍认知和法律解释很不相同,差异颇大。如《美国百科全书》指出:"典当是以个人财产向典当商质押借贷,当户偿还约定的费用后可回赎当物。"美国《印第安纳州典当业法》规定:"典当意指个人财产由典当商占有作为贷款担保。"英国第一部典当法《1872 年典当商法》规定:"典当指典当商以财物或者动产作押放贷。"《大英百科全书》则说:"典当即典当商接受家庭用具或者个人财物作押向当户贷款。"我国香港地区《当押商条例》规定:"当押商指经营贷出款项的业务的人,并以当押取得的物品作为抵押。"

尽管理论界对典当的确切含义尚存争议,但都基本认同典当的本质属性就是以物换钱这一观点。因此,笔者认为:典当是以特定物品或者财产权利质押的形式,向典当机构借贷的特殊融资方式。它专指当户将一定的标

---

[1] 宁波金融志编纂委员会:《宁波金融志》(第一卷),中华书局 1996 年版,第 91 页。

[2] 宁波市地方志编纂委员会:《宁波市志》,中华书局 1995 年版,第 1590—1591 页。

的移交典当机构占有换取当金的行为;当户有权在一定的当期内向典当机构偿还当金本息及其他合理费用后赎回原当物;但过期不赎成为死当,典当机构则获得该当物的所有权或以该当物变价而优先受偿。

(二)典当的特征

一是以"质押"为基础。典当最早以人为质,如《左传》云:"周郑交质,王子狐为质于郑,郑公子忽为质于周。"再如,鲁哀公八年,鲁国要求吴国以王子为人质,"吴之许之,以王子姑曹当之而后止"。元代专门叙述西汉的讲史话本《前汉书平话》中也有:"且教你老父权为质当,不依此事或漏泄。先斩你父,后诛全家老小。"随着社会生产力的不断发展,社会产品日趋增多,人们逐渐将"以人为质"过渡到"以物为质"的文明阶段。虽然质押的内容发生了变化,但典当业以质押为基础的核心一直未变。"质押"使得典当行放贷无需以信用为条件,只注重当户所持典当标的的合法性及价值,既节省了审核客户信用程度的成本,同时减少了对客户贷款用途的限制,有利于扩大客源,这也是典当相比其他融资渠道最大的优势。

二是服务对象为社会贫苦阶层。每个社会都有一定的贫富分化现象出现。如地主、官僚、商人,他们有可靠的货币来源,不需要或很少通过典当融资;而其他人群则由于生活贫困,手头拮据,往往对于典当行有着一定的依赖性。中国有句俗语:"典当者,穷人之后门。"这是对典当行本质最形象的刻画。唐白居易有诗云:"典桑卖地纳官租,明年衣食将何如?"《琵琶记》中也有:"婆婆,奴自有些金珠,解当充粮米。"清太宗时(1627—1636),人们每逢出征打仗时,常常"卖牛买马,典衣治装",弄得"家私荡"。典当行将社会贫苦阶层作为主要服务对象,有别于钱庄,对当时的融资体系是一个重要补充。

二、典当业的起源

典当在中国产生最早见诸文字记载的是《后汉书》的描述:东汉(25—220)末年黄巾起义,甘陵相刘虞奉命攻打幽州,与部将公孙瓒发生矛盾。"虞所赍赏,典当胡夷,瓒数抄夺之。"即刘原打算把受赏之财质押外族,却被公孙劫掠。这是历史上将"典当"二字最早连用的一次,是把典当活动作为一种社会经济活动加以记载。它表明,典当在中国至迟兴起于汉是可能的,中国是典当行为产生最早的国家之一,距今已有1800年的历史。

典当行或称当铺在中国产生于南北朝时期,是佛教寺院的一大贡献。《南史·甄法崇传》载:宋(420—479)江陵令甄法崇孙彬(时届南宋),"尝以一束苎就州长沙寺库质钱,后赎苎还,于苎束中得五两金,以手巾裹之。彬得,送还寺库"。这里提到的寺库,有可能就是寺院经营的专门当铺,但更可能是寺院普通仓库兼营典当。另在《南齐书》中有:"渊薿,澄以钱万一千,就招提寺赎太祖所赐渊白貂坐褥,坏作裘及缨,又赎渊介帻犀导及渊常所乘黄牛。"总之,佛寺兼营典当或经营专门的典当机构,在中国至迟起源于南朝齐,距今已有 1500 年的历史。

典当形成行业则始于南朝。中国著名历史学家范文澜先生便持此说。他曾指出:"后世典当业,从南朝佛寺开始。"随着南朝佛寺典当经营活动的兴起和普及,一个专门从事以物质押借贷的行业——典当业逐渐形成。不过,南北朝时期的典当业还处于萌芽阶段,尚属于寺院经济的一个重要组成部分。直到唐代,中国典当业才真正跳出仅为佛寺独家经营的狭小圈子,成为整个社会十分走俏和蓬勃发展的古代金融业。

早在隋、唐时期,宁波就有典当,历经宋、元、明、清,久盛不衰,是宁波金融业的鼻祖。早期,除自有资本外,一些社会团体、宗教慈善机构和富有者多将资金投向典当,以母权子,进行生息,实为公开坐庄的高利贷机构。当时,不称典当而叫质库,其所发钱票信用卓著,流通广泛,颇受社会欢迎,所开当票也往往被作为通兑货单,反复转让,买卖于市。钱庄业兴起后,金融虽以钱庄为中坚,然因往来对象不同,各有所重,各得其所,典当仍居相当地位。

清康熙时(1662—1722),为缓和社会矛盾,鼓励富室开设典当,对典当实行轻赋税政策,由户部颁布的《则例》规定每当只许缴纳正税银二两半至五两半。咸丰年间(1851—1861),太平军起义,加之外患日深,于正税外加"帖捐",一次收缴,领帖有效时间照牙帖办法,20 年、10 年、5 年不等。光绪三年(1877),仍沿旧制,鄞县城乡 23 家典当共缴纳税银 115 两,另收杂费每当 12 钱。由于长期受政府的支持,典当业得到了空前发展。清同治十年(1871),鄞县城乡仅有典当 23 家,到民国四年(1915),鄞县典当增至 32 家,宁属其他各县(除定海县,包括今余姚、宁海两县)36 家,全宁波共计 68 家。[①]

民国四年(1915)发生了一场典当行业的大风波。起因始于石桥下慎和当运用存款资金买卖外货获利,为谋扩大资本,与钱庄争夺存款,用优厚利息吸引商人竞相往来,曾汇集巨资投入上海丝业和向南洋贩卖粮食等货物,

---

①　宁波金融志编纂委员会:《宁波金融志》(第一卷),中华书局 1996 年版,第 62—63 页。

后因丝价暴跌,船只出险,亏损殆尽。① 消息传开后,债权人争相提取存款,索取债款,当铺一夜间突告倒闭。该事件迅速波及同业,迫使各当改组添本,其中多有盘产让股,更换业主,一批新兴资产阶级和买办人物开始涉足典当业。为承袭典当业的历史,以免影响正常营业,原招牌大多未动,仅加注记号,典当家数虽然未减,但营业额却大不如前。此外,那时政府当局和各路军阀争相发行公债,并以资本为依据向商号分摊。典当业资本大,认购多。随后,由于公债交易价格一再下挫,宏兴、同大、惠生等很多当铺因此受累,先后停业,直接影响到典当业的历史信誉。

20 世纪 30 年代,因外货倾销,手工业和民族工业破产,农村萧条,市场疲软,银根紧迫,物价下跌,典当满货无从出脱,按当本七折斩售,也难于脱手。到民国二十一年(1932),满期当物平均贯头下跌一角半,次年典当营业额锐减,只能依靠前期积累维持经营,随后当价逐年降低,全市典当大多亏损,加之那时宁波盗窃盛行,典当逐渐沦为销赃工具,政府因此发禁令对典当进行管制,对典当的发展形成进一步冲击。1935 年,钱业风潮爆发导致钱庄贷款紧缩,典当业资金来源受限,被迫收缩业务,部分典当也因此停业倒闭。

抗战开始,典当业由于当物笨重,搬迁困难,加之地处交通要道,在日军空袭中损失惨重。民国三十年(1941)宁波沦陷前,仅有裕和、生泰等 7 家典当幸存。宁波沦陷后,各当皆只取不当,依靠变卖生财度日,四乡小当则全部停业。日伪统治时期,民不聊生,求当对象增多,复泰、仁成等 6 家典当复业,但由于社会不宁、常被敲诈勒索等原因,经营困难,随开随关。

抗战胜利后,宁波典当陆续增资复业。民国三十六年(1947),国民政府颁布典当业管理新规,将资本不到 100 万元的称为押当,超过 100 万元的称为典当,最低资本额由各地政府自行决定,但不得少于 30 万元。由于物价上涨,货币贬值,浙江省政府在此基础上调高了增资标准。最后全市城区 22 家典当资本总额为 1.53 亿元,平均每当 700 万元,资本值仅为战前的 3%～4%,且各当经营大多亏本。民国三十七年(1948),全国发行金圆券,典当业管理规则予以修订,规定押当资本不得低于金圆券 5000 元,典当资本不得低于金圆券 30000 元,很多典当业主无利可图,不愿增资,年底遂全部停业。②

三、典当的主营业务

---

① 宁波金融志编纂委员会:《宁波金融志》(第一卷),中华书局 1996 年版,第 63 页。

② 宁波金融志编纂委员会:《宁波金融志》(第一卷),中华书局 1996 年版,第 62—63 页。

（一）收当

当物一般分为估衣、首饰、铜锡、钟表和杂货等五类，其中最为常见的是估衣和首饰。估衣典当按季节有所不同，春天农民和城市贫民多将冬衣、帐席送当，冬天时又多将夏衣如裙、汗衫送当，所以当铺中一般春夏多冬衣、秋冬多夏衣。首饰多出现在大都市，而且当户基本为富商大贾或达官贵人。①

当户提货来当，须提前验看并估价，这其中有极高的技术含量。据清后期《当行杂记》载"变物之时古，评物之高低，知物之土产地道、成全制造"，即查验当物不仅要看当物的价值，更重要的是看当物的真假。当铺对当物估价极为谨慎，一般当物由柜员定价，但遇金银珠宝等贵重物品，就需有经验的掌柜鉴别定夺。当物估价因物而异，一般金银珠宝估价最高，衣服皮货次之，木器家具、粗笨物品估价最低。但不论什么物品，都不能当原值，如衣服、钟表等一般为原值的 30%～40%。此外，当铺通常还会故意贬低当物价值，以便在出售当物时谋取暴利。

当物估价确认并入账后，柜员将当票和现钱交给当户。当票是典当交易的书面凭证，主要记载当铺的名称和类型、当票的字号、当户和经手柜员的姓名、当物的种类名称、数量及当赎时间、当本、利息等内容，以便当户日后凭票赎当。当票字体怪癖，旁人难以辨认。规模最大、历史最久的惠安、丰长两当，以《千字文》中的"天地玄黄，宇宙洪荒……"作为一月一字的当票字号，到 1930 年时已轮到第二遍的一半多。各当铺规定赎当时"认票不认人"，因此当票一旦丢失，补票手续较为繁杂。②

典当行收到当物，办妥相关手续，便将当物编号入码上架。当铺为避免发生误差，影响声誉，对抵押品保管尤为严格。每件抵押品都有三个号签，一个贴在包皮外，一个在包皮内，一个在物品内（如衣服口袋等），三个号签一一对应，很难发生差错。为避免当物在保管期间发生损毁，当铺采取了一系列防护措施，如堵鼠洞、放鼠药、捉蟑螂、放樟脑，及时晾晒以防霉变等。

（二）赎当

当户在典当后的规定期限（满当期）内，可赎取当物。宁波各当铺的满当期一般为 18 个月，逾期未取赎的，可延期 2 个月，如仍未来赎当，就成为"绝当"，故有"十八不来娶，二十要赖亲"之说。

---

①　李维庆：《近现代中国典当业之研究》，2009 年南开大学博士学位论文，第 54 页。

②　宁波金融志编纂委员会：《宁波金融志》（第一卷），中华书局 1996 年版，第 70 页。

赎当一般分为三个步骤。一是核验当票,站柜接到当票后,要仔细核对字头、号数,问清当户姓名,并在当票上批注。二是收清款项,柜员凭当票所载利息、利率等信息,算清本金、利息及相关费用,由当户予以支付。宁波典当一般按月计息,不足一个月或超过一个月的零星天数按一个月计算,利率则一般稳定在月息一分半至二分左右,即每千元每月利息 15～20 元。此外,依情况另收栈租、挂失、存箱等费,存箱费约为当价的 1%,挂失费亦为1%左右。三是提取当物,学徒根据收讫当票编号、当物品种、数量等信息,到库房查取当物,同时在挂号簿上盖"取出"印,入账后将当物交还当户,赎当程序就此完成。

(三)绝当

当物超过当期不赎,称为"绝当",当户就此失去取赎的权利,当物由当铺自行处理,抵还原当本和利息。满货处理前,当铺一般会先开出一张绝当物品的清单,对物品的号码、类别、当额等予以记载,经与存架簿进行核对后,方可出库待售。满当之物或招商拍卖,或自行出售,通常多售给提庄业,售价由提庄业公会于每年春季召集会议,确定行情,称为"贯头",一般按典当账面当价增 20%～30%,称为"贯二、贯三",如按原当价脱售,其行情称为"一角",提庄业揽售后再分门别类售给各行业。对金银珠宝、铜、锡器等贵重物品,亦有随时通过银楼、珠宝商、铜锡业等分头自行脱售,称之"寻头寸"。①

四、宁波典当内部机构设置及同业组织

(一)内部机构设置

经营模式方面,合伙经营的典当在一店之内常分成数号,同当不同记,每号分立账册,各司取赎,单独核算,自负盈亏。例如天、地两号,瑞、昌、祥三号等。在当日分配上视投资多寡不一,或按日轮流,或各 10 天、半月,或"三七""四六"开,以合成 30 天为则。

职位分工方面,总上、副总上负责交际应酬、筹划资金,总理全当内外事务,总上以下分为内外两部。外部有正、副看,银房或票房,取房或牌房等职。其中,正、副看负责评估押品价格,决定收当与否;银房或票房负责开发当票,收付款项;取房或牌房负责收受、整理当物,办理取赎手续。内部有楼头或楼二、楼三及账房等职,其中楼头或楼二、楼三负责当物保管和一当日常事务,账房掌管总清等账簿。此外,还有栈司和学徒,负责搬运货物,守门

---

① 宁波金融志编纂委员会:《宁波金融志》(第一卷),中华书局 1996 年版,第 70 页。

巡夜,打杂补缺,听候差遣。

人员数量方面,按照"因人设职"的总原则,不同资本规模、不同业务量的当铺职员数量不尽相同。一般为 10 余人,大当设有总上、副总上各 1 人,正、副看 2 至 3 人,银房或票房 1 至 2 人,取房或牌房 2 至 3 人,楼头或楼二、楼三 2 至 3 人,账房 1 至 2 人,此外,还有栈司和学徒若干。①

人员选聘方面,总上一般由东家自任,分成数号的典当由每号设一总上,也有数号兼一总上。正副看、楼头、账房由典当公聘,其余职员由各东家分配任用。其中,多有股东亲戚,既是伙计,又是东家,俗称"伙东"。典当在选人时,事先对员工的个性、特长有过深入了解,并根据其特点安排相应的工作岗位,做到人适其事;在用人时,根据工作和岗位特性适时调整人员结构,实现"事事有人管,人人都管事",有效防止"无事找事"的组织风险,做到事得其人。②

宁波典当从业人员工资微薄,早期仅数元、十数元不等,经理一职也不过二三十元,膳宿由店供应。此外,根据营业状况,存箱费(当物保管费)、没货余金(满当未赎物品拍卖处理所得),除去原来当额及利息以后的剩余部分,可按照职位大小、工资高低进行分配,构成了员工的额外收入,这部分收入常高出工资数倍,因此成为典当职工的主要收入。民国十九年(1930),以营业额最高的丰长、惠安两当为例,包括工资、大小费、膳食等在内,典当业从业人员全月收入大致如下:总上 100 元,副总上和正看 80 元,副看、楼头60 元,取房、账房 50 元,票房、楼二 40 元,银房、牌房、楼三 25 元,其余衣房、栈司、学徒为 10～20 元。

(二)同业组织

民国四年(1915)6 月,浙江省成立典业协会,在各旧府设事务所,宁波为其中之一,宁属各县设干事一员,司理所在县境内入会各典事务。后在宁波事务所基础上成立鄞县典当业公会,日常事务由各当指派"司年"轮流负责,后改选成立委员会,由袁端甫担任主席。民国二十四年(1935),委员会改选,由陈月舫继任主席,袁端甫出任宁波总商会会长。民国三十五年(1946),执行委员会改称理监事会,理事长为吴仲虞。

典当业同业公会除对当业业规,诸如当期当息、当物处理以及其他重要

---

① 宁波金融志编纂委员会:《宁波金融志》(第一卷),中华书局 1996 年版,第 69 页。

② 李维庆:《近现代中国典当业之研究》,2009 年南开大学博士学位论文,第 78 页。

事项的制订和修正外,还负责出面调停典当业的事故纠纷。为便于工作开展,后期还聘请社会名流担任顾问。尤其是民国十五年(1926),国民革命军兴师北伐,造成宁波一带局势动荡。为避免质押物资受损,典当业同业公会及时采取措施:一是协同总商会向军阀部队送财帛,以求保全市容,避免巷战;二是组织开"公当",选择城隍庙后殿集中营业。每天上午营业半天,收当物随时分散保管,取赎时隔日集中领货。市区各当加入者 21 家,每天有 3 家当铺轮流值班,负责处理业务。公当费用开支由各当分摊,日常勤杂事务由当时公会"司年"负责。该举措对保持当时典当业的稳定起到了极其重要的作用。

典当业同业公会还比较重视同仁福利。民国九年(1920)创立"集议会",至民国十九年(1930),经同业议定在"集议会"基础上成立"宁波当业同仁寿险储蓄会",所有当业同仁一律入会,每人每年交纳储金 2 元,交满 10 年而出险者,发给恤金 120 元。后经复议,按年增交 2 元,交纳 1 年后如出险,发给恤金 130 元,2 年出险发 140 元,以此类推,以交满 10 年发给 200 元为上限。正因如此,典当业从业人员对同业公会比较信赖,凝聚力也较强。[①]

五、宁波工商业者与典当行

宁波商帮是在外地经商的宁波商人聚集起来成立的同乡性、行业性互助组织,其组成的银业资本集团主要面向民营企业,尤其是宁波籍人士创办的本土企业。典当行对于宁波工商业者的融资作用相比钱庄来讲是微乎其微。我们认为这主要是由于典当自身业务发展的客观性所确定的。

首先,典当行具有质押的特征。而质押在降低信用审核成本和减少对客户贷款用途的限制的同时也降低了融资额度。民国时期社会动荡的大背景下,在外地投资经营的宁波帮商人从事的业务多具有高风险、高收益的特征,投机性强,固定资本有限,却需要大量成本,还款的最佳有效保证为个人信用。而钱庄业务多为信用贷款,股东推荐是甄别客户的重要手段,宁波帮商人成立的钱庄作为圈内人之间的投融资,其互助性和自助性有效地提高了还款的可能性。但是典当行的质押要求限制了宁波帮典当业务的规模和发展。

其次,典当业服务对象多为社会贫苦阶层,所涉及的资金规模也远远不及钱庄。宁波商帮具有互助性和自助性,其银业多面向宁波籍商人的经商

---

① 宁波金融志编纂委员会:《宁波金融志》(第一卷),中华书局 1996 年版,第 74—76 页。

需求,商人和企业等多依靠钱庄、银行等可靠的货币来源,甚至建立长期稳定的借贷关系,而非小额典当满足一时之需。

也就是说,宁波帮银行业者在典当业没有看到大的符合其要求的商机,典当业的资本实力也无法满足宁波工商业者的大额信用融资需求。这也解释了为什么典当行不是宁波商人主要的融资渠道,在近代典当业鲜少看到宁波帮的身影。

第三节　市场制度逻辑融资——银行

一、银行的定义

银行一词,源于意大利语 Banca,其原义是长凳、椅子,是最早的市场上货币兑换商的营业用具。英语转化为 Bank,意为存钱的柜子。中国关于"银行"的提法最早见于太平天国洪仁玕的《资政新篇》:"兴银行。倘有百万家财者……或三四富民共请立,或一人请立,均无不可也。"[①]

二、银行的起源与宁波银行发展历史

最早的银行业发源于西欧古代社会的货币兑换业。最初货币兑换商只是为商人兑换货币,后来发展到为商人保管货币、收付现金、办理结算和汇款,但不支付利息,而且收取保管费和手续费。随着工商业的发展,货币兑换商的业务进一步发展,他们手中聚集了大量资金。货币兑换商为了谋取更多的利润,利用手中聚集的货币发放贷款以取得利息时,货币兑换业就发展成为银行了。[②]

近代银行则产生于中世纪的意大利,1407 年在威尼斯成立了最早的银行。其后,荷兰在阿姆斯特丹、德国在汉堡、英国在伦敦也相继设立了银行。18 世纪末至 19 世纪初,银行得到了普遍发展。[③]

中国出现近代化的银行始于鸦片战争之后。一般认为,1847 年在上海开设分行的英国丽如银行是中国近代最早的银行。而 19 世纪后期在中国

---

①　艾力云:《论洪仁玕》,《近代史研究》1981 年第 1 期。

②　黄鑑晖:《论我国银行业的起源及其发展的阶段性》,《山西财经学院学报》1982 年第 4 期。

③　辛洪涛:《对主流银行形成理论的反思》,《贵州财经学院学报》2007 年第 6 期。

活跃的外国银行或中外合资银行有英国的汇丰银行、惠通银行、中华汇理银行,法国的法兰西银行、东方汇理银行,德国的德华银行,以及俄国的华俄道胜银行等。①

中国人自己开办的第一家银行是中国通商银行,由清末实业家盛宣怀于1897年在上海创办,利用他任督办的招商局和电报局投资,同时组织其他官僚包括李鸿章等人入股,其组织管理和营业规则均参照外商银行(主要是英国汇丰银行),设立董事会,在全国各地开设分行。该行成立之初,就被清廷许可发行银钱、银两两种货币,还获得代收库银、整理币制之权。在官方的中央银行设立之后,该行才转为纯粹的商业银行。②

中国官办银行的历史则应从1905年成立的户部银行算起。户部银行是经清朝军机大臣奕劻奏请,慈禧太后批准成立的。清政府授予其铸造银元、发行纸币和经管国库的权力,成为清末实质上的中央银行。1908年,户部银行更名为大清银行。民国时代,大清银行更名为中国银行,继续承担中央银行的职责。③

宁波银行的发展,如同中国银行业的发展史一样,也是先有外国银行,后有民族资本银行。起初,宁波在上海的一些洋行仅为当地的外国银行做代理。其后,鉴于宁波在对外贸易中的特殊地位,外国银行纷纷将触角延伸至宁波。19世纪末20世纪初,英、法、美、德等国相继在宁波设立了宝隆、花旗、永兴等洋行十余家,主要致力洋货倾销,同时兼营汇兑和保险业务。④

清光绪二十四年(1898),我国第一家民族资本银行——中国通商银行在宁波设立兑换处,负责推广发行和兑换钞券。光绪三十四年(1908),宁波帮在上海成立四明商业储蓄银行,次年在宁波设立分行,宁波自此有了第一家民族资本银行。宣统三年(1911),大清银行在宁波设分号,同年辛亥革命爆发,改组为中华银行宁波分行。民国二年(1913),中华银行宁波分行更名为中华商业银行宁波分行。民国三年(1914),浙江银行和中国银行在宁波设立分行,中华商业银行宁波分行停业。民国四年(1915),浙江银行宁波分行改组为浙江地方实业银行宁波分行。民国五年(1916),中国银行在余姚

---

① 王忠民、尹全洲:《1845—1997年中国外资银行制度之变迁》,《改革》1998年第S1期。

② 洪葭管:《第一家华资银行——中国通商银行》,《中国金融》1987年第7期。

③ 张国辉:《二十世纪初期的中国钱庄和票号》,《中国经济史研究》1986年第1期。

④ 宁波金融志编纂委员会:《宁波金融志》(第一卷),中华书局1996年版,第156页。

设汇兑所,民国九年(1920),又在市区设江厦办事处。至此,宁波市区仅有四明、浙江地方实业和中国 3 家银行,所属各县基本仍被钱庄、银号占据,银行数量寥寥无几。①

第一次世界大战爆发后,宁波进入了难得的政治经济稳定期,一批民族工业开始崛起,银行业随之迅速发展。民国十年至二十三年(1921—1934),宁波增设了 12 家银行,并在市区和各县设立了 12 家分支机构,而此时钱庄业却开始衰弱。民国二十三年(1934),浙东商业银行成立,拉开了钱庄向银行转型的序幕。民国二十四年至二十六年(1935—1937),受钱业风暴的冲击,宁波钱庄纷纷停业倒闭,官商办银行趁此时机纷纷设立分支机构,在原有银行增设 26 个分支机构的基础上,又新设了中国农民银行宁波支行和惇叙商业银行宁波办事处等。②

民国二十六年至三十年(1937—1941),抗日战争爆发,宁波凭借与上海租界的交通便利,出现了短暂的畸形繁荣,在此期间新设了江西裕民银行、中贸银行、嵊县农工银行的办事处和通讯处。此外,浙江地方银行、农民银行也在余姚周巷、丈亭,鄞县凤岙,镇海大碶及奉化溪口等地分设了基层机构。民国三十年(1941),宁波沦陷,所有银行全部停业撤离,取而代之的是日伪横滨正金银行和中央储备银行,主要用于帮助搜兑法币,为敌伪军政机关办理经费收支划汇,以及对银钱业进行管理控制。③

民国三十四年(1945),抗日战争胜利,原战争期间撤离的银行先后复业,并新成立鄞县县银行。次年,依据浙江省政府"以救济农村,发展生存,稍及商业化经营,与地方合作社团互相促进"的宗旨,宁波所属各县县银行普遍建立。此外,鄞县、宁海等县的一些集镇甚至还出现了县银行分支机构。④

三、主要经营业务

(一)存款

1. 单位存款

早期,宁波银行单位存款多局限于机关、团体,而工商企业存款则基本

---

① 宁波金融志编纂委员会:《宁波金融志》(第一卷),中华书局 1996 年版,第 156—157 页。
② 宁波金融志编纂委员会:《宁波金融志》(第一卷),中华书局 1996 年版,第 157 页。
③ 宁波金融志编纂委员会:《宁波金融志》(第一卷),中华书局 1996 年版,第 158 页。
④ 宁波金融志编纂委员会:《宁波金融志》(第一卷),中华书局 1996 年版,第 158 页。

由钱庄所把持,因此存款规模发展速度缓慢。以中国银行为例,民国三年(1914)开业时年末存款余额仅 10 万元(包括储蓄存款),至民国八年(1919),存款余额增至 107 万元,规模仅及一家普通钱庄。进入 20 世纪 30年代,钱庄业受风潮冲击信用萎缩,工商企业纷纷将存款由钱庄转存至银行,宁波各银行存款渐增。民国二十五年(1936)末宁波银行业存款余额已增至 3300 万元。当时,各银行为争夺存款,将存款划分为活、定期,并逐步拉开两者档次。一些军政机关、社会团体以及工商企业出于避免风险、增加利息收入等原因,纷纷将大额存款转作定期。民国三年(1914),定期存款仅占存款总额的 0.4%,但到民国二十五年(1936),该比例已迅速上升至55.4%。抗日战争期间,宁波银行存款业务陷于停滞。抗战胜利后,银行虽相继复业,但受恶性通货膨胀的影响,存款趋于枯竭,截至民国三十八年(1949)5 月下旬,整个银行业存款折合旧制人民币仅数千元。[①]

2. 个人储蓄存款

宁波银行业的个人储蓄业务由来已久,早在光绪三十四年(1908),清廷颁布《储蓄银行则例》时,宁波帮就创立了"四明商业储蓄银行",专营储蓄业务。民国建立后,宁波银行逐渐增多,虽未专门以储蓄银行标名,然大多数都兼营储蓄业务。民国二十一年(1932)之前,由于钱庄业较为发达,宁波各银行的储蓄存款规模增长缓慢,当时银行既无储蓄部,也未独立对储蓄业务进行计算考核。此后,随着钱庄业渐趋衰弱,各银行借机内辟储蓄部,外设办事处,集中推广储蓄业务。此外,为强化吸储能力,各银行将储蓄分为整存整取、零存整取、存本付息等多种方式,每种存取方式许以不同利息,通过细分储户类别迅速提高储蓄市场占有率。以中国银行为例,该行旬日之间储户激增 4000 余户,储蓄存款额猛增 200 余万元。抗日战争期间,银行储蓄由原先的自由存储变成强制摊派,一方面国民政府为摆脱财政困境,颁布《节约建国储蓄条例》,宁波所属各县均普遍成立节约建国储蓄劝储委员会支会,要求商人和富裕农民强制储蓄;另一方面日伪通过伪中央储备银行等,通过在各县推销"特别储蓄券"等进行吸储。抗战胜利后,国民政府虽强制推销储券,但因物价上涨、法币贬值,各银行储蓄存款仍摆脱不了枯竭的命运。[②]

① 宁波金融志编纂委员会:《宁波金融志》(第一卷),中华书局 1996 年版,第 179—182 页。

② 宁波金融志编纂委员会:《宁波金融志》(第一卷),中华书局 1996 年版,第 187—190 页。

3. 存款准备金

存款准备金制度始于抗日战争时期,之前《银行法》中虽有所提及,然长期处于搁置。直至民国二十九年(1940),财政部颁布《非常时期管理银行暂行办法》,明确提出各金融机构须将普通存款中的 20％作为准备金,并转存至中央银行。宁波沦陷后,日伪则要求将各钱庄中若干比例的存款存入日本横滨正金银行或中央储备银行。抗战胜利后,国民政府依然延续存款准备金制度,初期允许债券等按 7 折进行抵冲,后由于货币贬值、隐匿虚报等原因,取消债券抵缴办法,一律要求现金缴付。民国三十七年(1948),鄞县政府依照相关法律制度,将存款准备金更名为保证准备金。准备金缴存比率定为活期存款 12％,定期存款 8％,并要求全数以现金缴存,储蓄存款部分每月调整一次。此后,因改革币制,允许按金圆券 7 折抵缴准备金。后随着金圆券崩溃,存款准备金制度也随之瓦解。①

(二)放款

宁波银行初期放款数量十分微薄,且基本仅用于钱庄业融通的临时拆借款。究其原因,一是宁波各银行多属分支机构,其资本由总行统一调配,放款资金只能局限于现有的存款,数量有限,且当时银行习惯于将存款用于购置证券和转存总行保息;二是当时宁波商人习惯于信用放款,对银行抵押放款模式不太适应,因此放款业务主要集中在钱庄。②

民国二十年(1931)后,钱庄业开始衰落,各行各业对银行放款的需求量与日俱增。但是,银行对放款业务普遍持谨慎观望态度。农业方面,民国二十三年发生大旱,宁波农业生产面临困难,紧急求助于银行放款,但最终获得的银行贷款数量十分有限,难以满足救济农业危机的需要,导致出现了农民下田无种、渔民出海无本的惨淡景象。相比农业,工商业获得贷款更为艰难。民国二十五年(1936),宁波工商业贷款总计不过 700 万元左右,相当于过去钱庄贷款的十分之一。③

抗日战争期间,放款业务随着银行的撤离全面收缩,直至战后才开始恢复。但当时银行贷款主要还是集中在农渔业。民国三十五年(1946),宁波农业银行所放农业方面的贷款就达到近 12 亿元,占到当时全市银行放款总额的四分之一强。此外,当时国民政府还核准拨付宁波渔贷资金 5.5 亿元。

---

① 宁波金融志编纂委员会:《宁波金融志》(第一卷),中华书局 1996 年版,第 182—183 页。

② 宁波金融志编纂委员会:《宁波金融志》(第一卷),中华书局 1996 年版,第 190—191 页。

③ 宁波金融志编纂委员会:《宁波金融志》(第一卷),中华书局 1996 年版,第 191—192 页。

而工商企业由于受物价上涨的影响,生产销售困难,不仅银行贷款数量有限,而且还面临贷款期限过长、商业银行收取暗息、官办银行不愿放贷的不利局面,最终导致一些厂商只能被迫求助于高利贷。①

民国三十六年(1947),国民政府采取了货币紧缩政策,对官办银行贷款进行严格控制,除部分农渔业贷款外,其他贷款一律停发。此外,对于商业银行和钱庄的拆借款,各官办银行也一概终止。至民国三十七年(1948)5月,财政部通令浙江省银行暂停拆放同业,宁波各银行放贷业务全部停滞。②

(三)其他业务

除存放款业务外,民国时期宁波银行还经营汇兑、货币发行、金库业务、仓栈业务以及票据交换等,本文仅对汇兑以及货币发行业务作一简要介绍。

1. 汇兑

宁波银行早期汇款需通过钱庄进行周转,因此汇款数十分稀少。随着存汇业务的拓展,汇款方式发展成信汇、票汇、电汇等多个种类,汇出款业务开始增多,但汇入款业务却仍被钱庄统揽。直至20世纪30年代,钱庄业日趋萧条,银行争相开展汇兑业务,中国、交通、四明等银行为拉拢业务,均规定汇入款免收汇费。民国二十四年(1935),银行全面掌控存汇业务,中国、中央、交通三行重新订立了国内汇兑征费办法。抗日战争时期,汇兑业务全面陷于停顿。战后,汇兑金额随货币贬值而暴涨。民国三十七年至三十八年(1948—1949),国民政府严格限制汇款,除政府款项和少量电、票汇外,其他汇款业务全部消失。③

2. 货币发行

早在清光绪二十四年(1898),由宁波帮人士成立的中国通商银行在宁波设立兑换处,推广发行银两券和银元券,开启了宁波银行发行货币的先河。此后的近40年,不管是官办银行还是商业银行,凡经批准均享有货币发行权。民国二十二年(1933),宁波市面上流通较多的有中国、交通、四明、垦业等银行发行的银行券,此外还有中国实业、浙江地方等银行的钞券。直到民国二十四年(1935),国民政府实施法币,规定中央、中国、交通三行钞券为法定货币,其他各银行一律终止发行货币。同时,依据《辅币条例》,浙江

① 宁波金融志编纂委员会:《宁波金融志》(第一卷),中华书局1996年版,第192—194页。
② 宁波金融志编纂委员会:《宁波金融志》(第一卷),中华书局1996年版,第194页。
③ 宁波金融志编纂委员会:《宁波金融志》(第一卷),中华书局1996年版,第196—198页。

地方银行有权发行辅币券。自此,宁波市面上流通的货币开始归为统一。①

四、内部管理

宁波银行管理制度比较健全,在机构设置、人员管理以及财务会计等方面均按总行要求订立了翔实的章程和制度办法。

机构设置方面,宁波各银行内部基本设有文书、营业、会计、出纳、信储五科(系)。另外,个别银行因业务需要在此基础上做出适度调整,如惇叙银行等几家小银行将信储科分设为信托、储蓄两部,鄞县县银行专设汇兑科,中央银行另有国库系和票据交换系。②

人员组成方面,各银行分为行员和工役(练习生)两类。官办银行的行员多由上级银行调遣、委派,部分由当地考试录用或私人引荐,商业银行的行员除经理人聘请当地著名人士担任外,其余大多通过私人引荐。此外,工役(练习生)在各银行占有相当大的比重。其中,官办银行以工役为主,而商业银行则以练习生居多。③

行员福利方面,各银行除提供行员基本工资和住宿外,养老退休、医疗保健、子女教育补助等制度也较为完善。各行设有年度考核,并根据考核结果在薪酬方面给予一定奖惩措施。行员如年度考核合格,可晋升加俸,一般加一级,最多以四级为限。以民国四年(1915)中国银行宁波分行为例,该行一等股员职位俸禄从一级的 75 银元逐级递减至四级的 60 银元。当时几家大银行的行员福利要远高于小银行。④

财务会计方面,初期采用单式现金记账法,20 世纪 30 年代前后除惇叙等个别商业银行参照钱庄采用旧时簿记外,其余银行均采用权责发生制的复式记账方法,但各银行科目、设置不一。一直到战后,统一设置会计科目,并依据实际业务增加科目数量。各行还被统一要求编制资产负债表、损益计划书、营业实际状况报告表,逐一编写财产目录。⑤

营业时间方面,依照民国二十年(1931)旧银行法,除星期日、法定纪念日、营业地例假日、银行结账日外,其余均为银行的对外营业日。每日营业

---

①　宁波金融志编纂委员会:《宁波金融志》(第一卷),中华书局 1996 年版,第 198—200 页。
②　宁波金融志编纂委员会:《宁波金融志》(第一卷),中华书局 1996 年版,第 209 页。
③　宁波金融志编纂委员会:《宁波金融志》(第一卷),中华书局 1996 年版,第 210 页。
④　宁波金融志编纂委员会:《宁波金融志》(第一卷),中华书局 1996 年版,第 211 页。
⑤　宁波金融志编纂委员会:《宁波金融志》(第一卷),中华书局 1996 年版,第 213 页。

时间定为上午 9 时至 12 时,下午 1 时至 4 时。[1]

五、同业公会

由于宁波银行多属沪、杭两地银行的分支机构,各行业务开展均各自依照总行的指令进行,因此地方同业公会组织基本上形同虚设。直至民国三十五年(1946),中央、中国、交通等 7 行组织银行业大会,才成立了真正意义上的银行业同业公会,定名为"浙江省鄞县银行商业同业公会"。公会设理事长 1 人,为四明银行的俞佐宸,常务理事 2 人,理事 6 人,候补理事 4 人,另设监事 3 人,候补监事 1 人。会议章程规定理监事任期四年,每两年改选半数,不得连任。但由于人员调动,民国三十七年(1948)即提前召开了第二届会员代表会,对公会的理监事重新改选。[2]

银行业同业公会的具体职责在会章中有明确规定,即推行政府法令,规范同业营业,与钱庄业和议存放款利率等,以调剂金融。然而由于人员频繁调动、组织松散等多种原因,原先会章规定的绝大部分事项均未付诸实施。同业公会的日常工作仅局限在政府、中央银行文件和通知的承转,以及统一公告休假时间。

六、宁波商帮与银行

宁波商帮与银行的关系源远流长,其在中国近代落后的钱庄业到先进的银行业转变过程中,起到了中流砥柱的作用。在中国近代银行业中,宁波帮占据重要地位。1934 年《浙江兴业银行调查报告》载:"全国商业资本以上海居首位,上海商业资本以银行居首位,银行资本以宁波人居首位。"

(一)在中国近代钱庄业到银行业的转变过程中,宁波帮的开拓精神起到的作用举足轻重

19 世纪末,外资银行在钱业地位超然,为了改变外资银行独占银行业、本土钱庄成为附庸的局面,宁波帮商人发扬进取意识和创新精神,自主创办本土银行,这是中国现代银行业的发端。宁波帮商人严信厚、朱葆三、叶澄衷于 1897 年开拓性地发起筹办了中国第一家银行——中国通商银行。此后,宁波人先后创办了四明银行等一批商办银行,不断创新金融服务。[3]

---

[1] 宁波金融志编纂委员会:《宁波金融志》(第一卷),中华书局 1996 年版,第 213 页。
[2] 宁波金融志编纂委员会:《宁波金融志》(第一卷),中华书局 1996 年版,第 214—215 页。
[3] 张跃、孙善根:《论宁波帮精神——宁波帮精神的一种历史诠释》,《宁波职业技术学院学报》2008 年第 4 期。

1908年旅沪宁波人虞洽卿、朱葆三、李云书等集资创办第一家中国商办银行——四明银行,资本150万元。中国银行、交通银行、南三行(浙江兴业银行、浙江实业银行、上海商业储蓄银行)等①实力较强的银行中,除上海商业储蓄银行外,宁波帮都有很大的权力和地位。慈溪商人董今吾先后筹办了东陆银行、明华银行,后与天益钱庄经理镇海人俞佐庭合伙,将宁波本地钱庄的长期放款转为大部分股本,组织成立了中国垦业银行,并获得钞票发行权。1935年《全国银行年鉴》载:"全国共有民营银行102家,资本11751万元,其中同宁波帮有关的为48家,资本5310万元,分别占47.1%和45.2%。"②据1941年统计,宁波帮在上海开设有银行17家。③

除了创办银行,宁波帮商人还积极将钱庄转型为银行。1919年豫源钱庄改组为拥有完善的金融运转机制的正明银行。④

图3-1 中国通商银行5元纸币
图片来源:钱俊:《百年宁波帮 拳拳赤子心——记宁波帮和宁波帮博物馆》,《图书与情报》2014年第1期。

利用原有的钱庄基础、熟悉金融业务及人事关系,宁波帮积极向近代银行业转化渗透,掌握实权。同时在银行业有了一批有影响力的代言人。1918年上海银行公会成立,宁波人宋汉章担任第一任会长。⑤ 宁波人陈圣郊为中国通商银行第一任总经理,赵朴斋、张宝楚、庄尔芎、冯泽夫、袁联清、李墨君及谢纶辉等宁波人先后兼任通商银行。⑥ 胡稚芗任中国银行上海分行首席副理,镇海人盛竹书任上海银行公会会长、交通银行上海分行经理、浙江兴业银行常务董事,慈溪人秦润卿曾担任中国银

---

① 钱俊:《百年宁波帮 拳拳赤子心——记宁波帮和宁波帮博物馆》,《图书与情报》2014年第1期。

② 戴光中:《"宁波帮"精神》,《商周刊》2012年第10期。

③ 姜斌:《旧时上海商业中的帮口》,《民国春秋》1994年第5期。

④ 周静芬、张孟耸:《宁波帮传统优势行业的转型——鸦片战争后宁波帮近代化的标志之二》,《浙江师大学报》(社会科学版)1996年第6期。

⑤ 孙善根、李政:《近代宁波帮形成的历史因素及其作用》,《档案与史学》1997年第4期。

⑥ 乐承耀:《宁波帮研究八十年历史的回顾(之一)》,《宁波职业技术学院学报》2005年第1期。

行监事、交通银行上海分行经理和中国垦业银行董事长。① 另外,李寿山、孙
衡甫、李云书、俞佐庭等在各银行任实职。② 宁波帮在银行业与钱庄之间存
在密不可分的关系。上述银行家大多出身钱庄,宁波帮的代表人物秦润卿、
谢纶辉、孙衡甫、刘鸿生、俞佐庭同时担任钱庄经理和银行总经理。③

宁波帮不仅在外地银行业成就卓著,而且在家乡延生性发展,设立了近
代银行分支机构。1921 年设立的中国通商银行宁波分行是该行在上海以外
设立的第一家分行,至 1930 年储蓄存款即从 4 万元增至 10 万元。1909 年
四明银行宁波分行的设立为宁波民族资本银行之始。1933 年该行拥有存款
100 万元,居宁波各大银行之首。此后,以宁波帮为主投资经营的交通银行、
浙江兴业银行、中国银行、浙江实业银行、宁波实业银行、惇叙商业储蓄银
行、中南银行、中国垦业银行、中央银行、中华银行、浙江地方银行、华孚银
行、中汇银行、中华劝工银行等 20 多家银行纷纷在宁波设立分行。1934 年
旅沪宁波人金廷荪、金润泉、俞佐宸等人在宁波筹建了颇具实力的浙东商业
银行。这些银行分行的进入推动了宁波近代银行机构的转型,并在资金上
支持了当地民营企业的发展。④⑤

(二)宁波帮在近代银行业的重要地位经久不衰与宁波帮的团结精
神分不开

宁波同乡会组织是宁波帮保持内部联系和整合内部力量的重要互助组
织,"甬俗民情朴厚,素敦恤睦之谊"。1908 年四明银行遭遇挤兑风潮,在甬
商的合力下安然度过。同乡钱庄、商店代为收兑四明钞票维持钞信,甚至同
乡职工也用现洋自动收兑。⑥ 在外资银行和洋行的倾轧下,四明银行多次化
险为夷,在沪宁波帮的联合互助精神是主因。《上海县志》载:"四明银行'兑

① 周静芬、张孟耸:《宁波帮传统优势行业的转型——鸦片战争后宁波帮近代化的标志之二》,《浙江师大学报》(社会科学版)1996 年第 6 期。

② 陈梅龙、沈月红:《宁波商帮与晋商、徽商、粤商比较析论》,《宁波大学学报》2007 年第 5 期。

③ 乐承耀:《宁波帮研究八十年历史的回顾(之一)》,《宁波职业技术学院学报》2005 年第 1 期。

④ 孔伟:《试论宁波帮与近代宁波经济社会的发展》,《宁波经济》(三江论坛)2010 年第 7 期。

⑤ 孙善根:《宁波帮与宁波的早期现代化》,《宁波职业技术学院学报》2005 年第 6 期。

⑥ 陶云飞:《宁波帮的成功之道对当代宁波经济发展的借鉴意义》,《中共宁波市委党校学报》2002 年第 5 期。

现、提存,赖以平定者,俱甬商之力'。"①

（三）宁波帮银行业与工商业相互为用

宁波帮有很强的市场意识和先进的管理意识,注重经营的多元化、集团化和资本结构多元化,积极展开银行业和工商业的结合。宁波帮开办银行的资金很大一部分来源于实业所得,而创办实业的资金依赖于自己投资或者创办的银行。②

宁波帮银行业活跃于中国近代经济,并对本帮工商企业十分照顾。浙江兴业银行以振兴民族工商业为宗旨。其对定海人"火柴大王"刘鸿生的大中华火柴公司等十几个企业贷款达 500 万元,是刘眼中"我们自己的银行"。慈溪人陈万运、沈九成的"三友"也多次获得浙江兴业银行融资,单次贷款高达 200 万元。四明银行的宗旨是扩大商业经营和为兴办新企业融通资金。创办人之一虞洽卿的"三北"就是在四明银行的资金支持下,称霸长江下游和沿海航运业。③

工商业尤其是需要巨额资金的进出口贸易、房地产、新式百货等行业,对银行贷款的依赖性极强,宁波商帮民营经济在近代的快速发展与宁波帮银行业的大力支持密不可分。工商业与银行业相互为用,是宁波商帮在中国近代一枝独秀、经久不衰的重要因素。④

第四节　从社团逻辑到市场逻辑的演变

一、社团逻辑主导（1912—1935）

随着近代民族工业的发展,1935 年以前的宁波工商业的主要融资渠道为传统的钱庄。之所以这种社团逻辑的融资制度能够在当时广泛应用和流

---

① 陈屾祥、余雪华、卢美芬:《试论"宁波帮"与宁波同乡会组织》,《宁波大学学报》(人文科学版)2000 年第 3 期。

② 顾海兵、余翔、嵇俊杰:《宁波帮的发展及宁波人文特点研究》,《宁波职业技术学院学报》2008 年第 1 期。

③ 周静芬、张孟耸:《宁波帮传统优势行业的转型——鸦片战争后宁波帮近代化的标志之二》,《浙江师大学报》(社会科学版)1996 年第 6 期。

④ 陈梅龙、沈月红:《宁波商帮与晋商、徽商、粤商比较析论》,《宁波大学学报》2007 年第 5 期。

传,我们认为得益于以下三方面。

首先,从前面的叙述可以看出,宁波工商业的发展和融资模式的展开离不开宁波商帮的商业文化。明清之际,一帮宁波手工业劳动者和工商业者背井离乡,到同宁波相邻的上海经商和闯荡。当时的宁波帮远不及山西商帮和广东商帮在上海的势力。但是,宁波商人具有开拓创新的精神,随着越来越多的宁波人移居上海经商,这些在上海的宁波人逐渐按照行业形成团体,即宁波帮。宁波帮的正式形成始于 19 世纪 60 年代,最初的四明公所的成立可以认为是宁波帮初步形成的标志。一直到 19 世纪末和 20 世纪初,宁波商人在上海工商界的地位开始赶超山西帮和广东帮,形成一股强大的势力。① 孙善根和李英②认为同乡团结是使宁波帮得以经久不衰的重要条件。近代宁波人重乡谊、讲团结的精神使宁波帮形成强大的社会网络和凝聚力。正是宁波商人这种同乡团结和扶助的意识,不但帮助宁波商人在动荡的环境中夹缝生存和发展,还为钱庄的运营和崛起奠定了坚实的基础。正是在这种社会大背景的前提下,近代宁波工商业者形成以社团逻辑为主导的融资模式。

其次,钱庄的制度创新——过账制度。正如前面所提到的,钱庄的过账制度使原先流通领域的货币从市场中退出来,摆脱了现金交易的束缚,提高了货币结算业务的便捷性。过账制度的最大优点在于通过金融制度的创新,利用信用机制来改善市场上货币流通不足的窘况,使原本处于流通领域的货币能够退出流通领域,在成为商业资本的同时又不影响社会经济和金融的正常运行。③ 也就是说,宁波钱庄的金融制度创新帮助宁波商帮克服了资源匮乏的不利条件,为原始资本的积累奠定了基础,也刺激了宁波工商业者商业贸易规模的发展。

最后,便是经济大环境。钱庄在宁波工商业者的融资中广泛应用离不开当时社会经济大环境的策应。民国时期的宁波民营企业融资方式受到金融制度的约束,金融市场上能够提供给工商业者的融资渠道和选择是有限的。典当业主要针对贫下中农群体,而民国时期的商业银行大多为

---

① 葛国培:《"宁波帮"的形成初探》,《宁波师院学报》1990 年第 2 期。

② 孙善根、李英:《四明公所与近代上海"宁波帮"》,《中共宁波市委党校学报》2000 年第 6 期。

③ 郑备军、陈铨亚:《宁波钱庄的制度创新与宁波帮的崛起》,《浙江学刊》2011 年第 5 期。

外资银行。宁波地区的商业银行数量寥寥无几,仅有的几家也大多是上海等地商业银行的分行。而这些商业银行的资本主要由总行统一调配,放款的资金数量有限,基本只用于钱庄业的临时钱款拆借。相比银行和典当这两种融资渠道,依赖信用放款的钱庄更加适合宁波工商业者。依赖社团和组织关系的钱庄融资模式更能够满足金融市场上工商业者对于资金的需求。

二、社团逻辑向市场逻辑转变(1935—1949)

自1935年"钱业风暴"之后,受经济大环境的影响,宁波大量工商业者面临停产和倒闭的困境。在经济下行压力日益严重的情况下,宁波钱庄的经营也深陷困境,借出的资本难以回收,手上的流动资金又出现短缺。最后,宁波一些工商业者无法再像往常一样从钱庄处顺利取得贷款,而不得不寻求其他融资途径。但是,机遇与挑战总是并存。随着钱庄在金融行业地位的削弱,近代商业银行却如雨后春笋般快速成长,一些工商业者开始尝试从商业银行取得资金。根据《宁波市志》①的记载,抗日战争爆发以后,宁波地区工商业外部借贷有三分之二来自商业银行,而剩下的三分之一则属于传统的钱庄。这也就是说,宁波工商业者的融资渠道从1935年以前依赖于人与人之间社会关系和信任的社团逻辑逐渐转变成为依赖于抵押物的市场逻辑。但是,我们不得不指出,虽然钱庄业开始衰落,各行各业对银行放款的需求量与日俱增,但是银行对放款业务普遍持谨慎观望态度,工商业者能够从银行取得的贷款数量依然是有限的。必须予以正视的是,宁波工商业者在"钱业风暴"之后对于钱庄的需求依然处于下降的趋势,而对于商业银行融资的需求出现规模扩大的现象。我们将宁波民营企业融资模式从社团逻辑向市场逻辑转变的原因归结为以下两点。

第一,钱庄的业务跟不上宁波工商业者规模的扩张。随着工商业者贸易的日益频繁和规模的扩大,商人的贸易从原先的以宁波本埠为据点,逐渐向长江三角洲、长江中上游、京津地区以及黄河中上游地区扩张,遍布全国各地。②而钱庄行业依赖于社团和人与人之间信用的放款模式比较适用于小范围或者特定的区域。例如,以前的宁波商人在宁波本地经商,钱业经营者比较容易知晓放款客户的信用和资产情况。但是随着工商业者贸易的扩

---

① 宁波市地方志编纂委员会:《宁波市志》,中华书局1995年版,第1604页。
② 孙善根、李政:《近代宁波帮形成的历史因素及其作用》,《档案与史学》1997年第4期。

大,钱庄业者对于放款客户的信用和个人信息的掌握存在一定难度,放款者和借款者之间的信息不对称程度进一步提升,钱业发展经营模式存在较高的风险。

第二,钱庄的衰落还受到1935年"钱业风暴"的波及。当年的金融风暴波及宁波各个行业,宁波的钱庄业也不能独善其身。此外,钱庄的经营和放贷模式不像典当和商业银行采用抵押物放款,加之当时商业和金融制度的缺失,以及商业道德受到金融风暴的影响而出现恶化现象,钱庄行业的商业运行承担较高的风险。传统的钱庄业不得不面对业务下滑的现实,而积极的钱庄经营者为了适应新的经济形势,其经营业务开始向近代商业银行渗透,更有些钱庄利用原有的钱业基础向各银行进行渗透,掌握实权。① 也有一些宁波商人将钱庄直接发展成银行,继续活跃于近代经济的舞台中。

第五节 本章小结

本章主要描述了民国时期宁波民营企业的几种融资渠道,其中,代表社团逻辑的钱庄是宁波民营企业早期最主要的融资渠道。钱庄的起源来自银钱的货币兑换,钱庄的过账制度对宁波金融市场的发展发挥了基础性作用,也对宁波民营企业的发展有极其深远的意义。首先钱庄的过账制度扩大了同业拆借业务,并且摆脱了现金交易的束缚,不但一定程度上降低了结算准备金水平,还提高了资金的使用效率。其次,钱庄在1935年以前能够成为主要融资渠道的另一个因素得益于宁波商帮和钱庄两者之间相辅相成的关系。宁波商人重乡谊、讲团结的精神使得宁波商帮形成强大的社会网络和凝聚力,为近代宁波工商业者形成以社团逻辑为主导的融资模式奠定基础。最后,当时社会相对约束的金融制度也造就了钱庄的崛起。

但1935年之后,随着"钱业风暴"的爆发,宁波钱庄开始走向下坡路,深陷困境,大批工商业面临破产倒闭的窘境,无法再像往常一样从钱庄获得贷款,不得不寻求其他融资渠道。随着钱庄的没落,宁波近代商业银行却在夹缝中快速成长,这也为宁波工商业提供了新的融资渠道。这标志着,宁波民营企业的融资渠道从社团逻辑向市场逻辑发生转变。制度逻辑的转变,一

---

① 周静芬、张孟耸:《宁波帮传统优势行业的转型——鸦片战争后宁波帮近代化的标志之二》,《浙江师大学报》(社会科学版)1996年第6期。

方面是由于随着宁波工商业规模的扩大,地域已经不再局限于宁波地区,向长江三角洲、长江中上游、京津地区等扩张,遍布全国,以社团和人与人之间信用为基础的社团逻辑融资模式逐渐变得不再适用;另一方面,钱庄自身的发展在"钱业风暴"中受到重挫,很难短时间内恢复到以前繁荣的景象。钱庄的经营者为了适应新的经济形势,其经营业务也开始向近代商业银行渗透。

第二篇：制度逻辑消失时期

1949—1978年

宁波杂咏

明·杨守陈

山巅带海涯,竹树映禾麻。

雪挺猫头笋,雷惊雀嘴茶。

瑞香金作叶,茉莉玉为葩。

六月杨梅熟,城西烂紫霞。

作者简介:杨守陈,字维新,号晋庵,鄞县(今鄞州区)人。景泰二年
(1451)进士,选翰林庶吉士,授编修,迁侍讲学士、右侍郎。卒谥文懿。

第四章　计划经济时期宁波民营企业发展概况

第一节　计划经济时期民营企业发展的国家政策

1949 年新中国成立初期到 1978 年中共十一届三中全会召开之间的计划经济期间,我国政府对于民营经济的政策总体经历了两个阶段。新中国成立初期(1949—1952),对民营经济采取的主要是利用和限制并举的国家政策,鼓励民营经济的发展,从而恢复千疮百孔的民族经济,弥补中国经济跳过资本主义阶段直接进入社会主义的空白,同时积极将民营经济成分转换为多种形式的国家资本主义,为之后的社会主义改造奠定基础。这之后一直到 1978 年,主要是对民族工商业的社会主义改造。由此带来民营经济断层,民营经济基本消弭,个体工商业顽强求生。个体经济的持续存在是 20 世纪 80 年代十一届三中全会放开民营经济政策之后,民营经济迅速崛起的温床。

一、新中国成立初期利用与限制并举和民营经济的恢复发展(1949—1952)

新中国成立初期到 20 世纪 50 年代中期,为了复兴历经战乱、满目疮痍的民族经济,改变生产力落后、发展不平衡的局面,国家支持民营经济的发展,认可民营经济对于恢复生产、发展经济的积极作用,对民营经济的定位是国有经济及合作社经济的有益补充,采取利用和限制并举的方针,将民营经济引导到有利于国计民生的方向。

1949 年 9 月 29 日,中国人民政治协商会议第一届全体会议通过的《共同纲领》以临时宪法的形式确定了新中国成立初国家对于民营经济的态度和方针。该《纲领》规定中华人民共和国经济建设的根本方针是以公私兼顾,劳资两制,城乡互助,内外交流的政策,达到发展生产,繁荣经济的目的。[①] 第 30 条规定"凡有利于国计民生的私营经济事业,人民政府应鼓励其经营的积极性,并扶助其发展"。该条有选择地确立了民营经济的法律地位。第 3 条明确指出国家"保护工人、农民、小资产阶级和民族资产阶级的经济利益及其私有财产",明确了民营经济产权的合法性。

除了上述法规,国家出台了两大民营经济行政法规,规范民营经济关系。1950 年 12 月 30 日和 1954 年 9 月 2 日,政务院分别通过《私营企业暂行条例》和《公私合营工业企业暂行条例》两大民营经济条例。此外,政务院财政经济委员会于 1950 年 7 月 15 日、12 月 22 日和 1951 年 3 月 30 日公布了《关于私营企业股东有限责任问题的指示》《私营企业重估财产调整资本办法》和《私营企业暂行条例施行办法》等行政政策。[②]

相对宽容的国家政策激发了广大民营经济从业者的积极性,带来了新中国成立初期民营经济的大发展,顺利完成了民主革命的遗留任务。国民经济获得了初步恢复和发展,社会主义经济快速增长。[③]

表 4-1　1952 年资本主义工业和私营商业增长率

资本主义工业增长率(1952 年相对 1949 年)		私营商业增长率(1952 年相对 1950 年)	
户数	21.4%	户数	6.97%
职工人数	25.1%	从业人数	2.24%
总产值	54.2%	零售额	18.6%

资料来源:黄淑婷《中国共产党民营经济政策演变研究》,《前沿》2011 年第 5 期。

二、对民族工商业的社会主义改造和民营经济断层(1953—1978)

20 世纪 50 年代中期至 1978 年十一届三中全会以前,由于频繁的政治

---

① 张远新:《建国后我党对个体私营经济政策的演变及其历史经验》,《社会主义研究》2003 年第 3 期。

② 陈柳裕:《建国以来民营经济法制的发展进程及其演变轨迹》,《浙江工商大学学报》2006 年第 2 期。

③ 黄淑婷:《中国共产党民营经济政策演变研究》,《前沿》2011 年第 5 期。

运动和"斗私批修"的社会政治风气,民营经济在政策上被否定,几乎彻底消弭。随着对民族工商业社会主义改造的完成,民营经济逐步被消灭,直接针对民营经济的法律制度也失去了存在的价值。但是由于民营经济适合我国落后的、多层次的生产力水平的发展要求,民营经济蛰伏于表象之下,随时表现出重新活跃的迹象。作为 20 世纪 80 年代民营经济发展温床的个体经济,更是顽强地生根在中国经济里。[①]

(一)民族工商业的社会主义三大改造和缓和期

1953 年国民经济初步恢复以后,随着国际国内形势的变化,以毛泽东为首的党中央提出了过渡时期总路线,国家工业化和对农业、手工业、资本主义工商业的社会主义改造开始,以期建立一大二公的单一社会主义公有制经济,政策上逐渐不允许存在民营经济。通过将民营经济转化为各种形式的国家资本主义的方式,从个别企业的公私合营扩展到全行业的公私合营,到 1956 年社会主义改造基本完成时,私营工商业几乎全部转为公私合营的形式,民营经济成分基本消失,仅有一些个体经济,我国民营经济出现断层。[②]在支持民营经济的发展之外,国家还出台了政策限制民营企业的发展,并利用其对于整体经济的积极作用加快社会主义改造。1953 年出台的《中华人民共和国发展国民经济的第一个五年计划》指出,五年内要基本将资本主义工商业吸收入国家资本主义,为社会主义改造的进行打好基础。并提出了民族工商业社会主义改造两步走的计划,将资本主义转变为国家资本主义,最终达到社会主义。[③]

三大改造基本完成,社会主义公有制经济建立之后,出现了一批"地下工厂""地下商店",对经济的进一步研究使得党和国家领导人对民营经济的地位和作用有了飞跃性的认识。毛泽东说"可以消灭了资本主义,又搞资本主义",他认为可以根据社会需要设立和发展"地下工厂",甚至允许"雇工"。[④] 1954 年,《中华人民共和国宪法》出台,对民营经济做出了一系列保障

① 陈柳裕:《建国以来民营经济法制的发展进程及其演变轨迹》,《浙江工商大学学报》2006 年第 2 期。
② 吴婷:《建国 60 年来党的民营经济政策探索之路》,《福建党史月刊》2009 年第 22 期。
③ 郑修敏、许晓明:《中国民营经济发展的历史与未来》,《江西社会科学》2009 年第 6 期。
④ 黄淑婷:《中国共产党民营经济政策演变研究》,《前沿》2011 年第 5 期。

(见表 4-2)。除此之外,到了 1956 年 2 月,国务院出台《关于目前私营工商业和手工业的社会主义改造中若干事项的决定》,对私营工商业和手工业的经营做出规定的同时,也肯定了它们的合法地位。

表 4-2 《中华人民共和国宪法》(1954 年)有关民营经济的保障措施

第 5 条	中华人民共和国的生产资料所有制包括个体劳动者所有制和资本家所有制
第 8 条	国家依照法律保护农民的土地所有权和其他生产资料所有权
第 9 条	国家依照法律保护手工业者和其他非农业的个体劳动者的生产资料所有权
第 10 条	国家依照法律保护资本家的生产资料所有权和其他资本所有权

1956 年党的八大以后,国家开始重视个体工商业的恢复和发展。到 1957 年年底,全国城镇个体工商业从业人员增加至 104 万人。[①] 1958 年,中共中央发布《关于继续加强对残存的私营工业、个体手工业和对小商小贩进行社会主义改造的指示》,1961 年推出《关于城乡手工业若干政策的规定(试行草案)》,都对个体经济的发展做出了规定。连同 1955 年全国人大常委会第二十四次会议通过的《农业生产合作社示范章程草案》、1956 年第一届全国人大法案委员会全体会议通过的《高级农业生产合作社示范章程》和 1962 年中共八届十中全会通过的《农村人民公社工作条例修正草案》这一系列对农业生产合作社和农村人民公社中个体经济的规定,共同构成了没有民营经济的民营经济政策体系,为 20 世纪 80 年代民营经济的崛起奠定了基础。[②]

(二)民族工商业的断层期

缓和期仅仅昙花一现,"左"的思想逐渐盛行,急躁冒进的"大跃进"时期(1958)来临,同时三年自然灾害(1959—1961)给经济带来了巨大冲击,尤其是之后极"左"的"文革"十年(1966—1976)到来,国家对民营经济的态度再度逆转,对残存的个体、私营工商业的政策非常严厉,民营经济再度出现断层。直至 1978 年十一届三中全会前,全国个体经济只有 14 万户,私营经济则彻底消失。这一政策也带来了极为严重的后果,1978 年工农业生产面临

---

① 郑修敏、许晓明:《中国民营经济发展的历史与未来》,《江西社会科学》2009 年第6 期。

② 陈柳裕:《建国以来民营经济法制的发展进程及其演变轨迹》,《浙江工商大学学报》2006 年第 2 期。

停滞,经济比例严重失调,社会主义建设陷入巨大困境。[①]

第二节 宁波民营企业发展概况

1949 年 5 月 25 日,《宁波新报》刊登关于中国人民解放军解放宁波的报道,意味着经历抗日战争和内战的宁波人民开始迎来了新的生活。1949 年 6 月 24 日,宁波市人民政府正式成立。宁波的民族工商业意味着要开启全新的篇章。本节关于宁波民营企业发展概况的描述集中在解放后到改革开放前这一时期。我们根据这一时期的经济和社会历史发展以及当时国家关于民营经济政策的特点,将宁波民营企业发展概况的描述分为两个阶段:民营经济恢复发展时期(1949—1952)、民族工商业的社会主义三大改造和民营经济断层时期(1953—1978)。

一、民营经济恢复发展时期(1949—1952)

在新中国成立初期这个特定的历史环境中,根据毛泽东在党的七届二中全会上的报告和《中国人民政治协商会议共同纲领》的规定,宁波当时经济的一个重要任务,就是恢复、发展包括民营经济在内的国民经济。这一时期的宁波民营经济发展呈现以下三个特点。

(一)宁波政府支持民营经济的恢复和生产

宁波解放之后,各行各业百废待兴,党和政府立即着手国民经济的恢复工作。国民经济恢复时期,我国的新民主主义经济由五种经济成分组成:居于主导地位的社会主义国有经济、合作社经济、农民和手工业者个体经济、私人资本主义经济和国家资本主义经济。[②] 国民经济开始出现计划经济体制的雏形,以国家所有制为主,发展个体农民经济,利用和限制民族资本主义经济。

1949—1952 年期间,宁波政府贯彻中共中央、中共人民政府在过渡时期的总路线,对国民经济的恢复工作进行统一部署,开始进行大规模建设,将发展城市经济列入市人民政府各个时期的工作计划中。按照"公私兼顾、劳资两

[①] 黄淑婷:《中国共产党民营经济政策演变研究》,《前沿》2011 年第 5 期。

[②] 汪海波:《国民经济恢复时期恢复、发展工业的基本经验》,《中国社会科学院研究生院学报》1995 年第 1 期。

用"的方针,积极扶持和恢复私营经济,并利用私营经济克服困难、恢复生产,重建宁波的社会经济秩序。国民经济恢复时期,宁波政府对私营经济的政策主要是宣传和贯彻党的保护民族工商业的基本政策,并动员鼓励私营企业复工和复业,帮助私营工商业者恢复生产和坚持生产。三年的国民经济恢复时期,国家和宁波政府在清除帝国主义在华的经济势力,接收城市官僚资本后,宁波政府开设一批国营企业,并帮助一些私营工商业企业克服困难、恢复生产。[①]

宁波政府为支持私营经济发展还采取了一系列措施。例如,对私营工业除继续供应原料,收购成本外,还加工订货、收购私营工厂产品、包销和委托加工等。[②] 此外,对于私营企业的扶持还包括资金扶持,中国人民银行宁波支行为帮助有利于国计民生的工商企业和贫下中农恢复生产,给予资金支持和发放贷款。[③] 也就是说,在建立国有经济为主体的公有制的过程中,宁波政府关于利用民族资本,扶持个体经济的宣传和方针为宁波私营经济的发展营造了一个良好的生产和恢复发展的环境。

但是,这里不得不指出的是,尽管国家方针和宁波政府都试图支持私营经济的生产恢复和发展来帮助国民经济恢复,但是由于当时宁波刚刚解放,各方面的工作还没有完全展开,宁波当地政府对于私营经济的扶持工作也主要以宣传和贯彻党中央的保护民族工商业的政策为主,而针对当时私营经济恢复发展过程中遇到的实际困境,并没有出台有针对性的扶持政策。外加解放初期,各项工业和基础产业设施由于长期战争遭到严重破坏,城乡商品市场甚是萧条,国民经济发展疲软,人民生活困难等诸多问题严重,政府对于民营经济恢复生产的实质帮助是有限的。

1950—1953 年期间,政府对私营工业主要实行加工订货、统购包销工业产品范围和农产品收购,使私营工业的生产和经营纳入国家计划的轨道。例如,私营工业按照国家的合同规定数量、规格和质量进行加工,以及国家向私营工业订购产品,同时对于关乎国计民生的产品以法令形式强行规定,由国营商业部门统一收购。也就是说,在国民经济恢复阶段,国家虽然扶持私营经济的发展,但是国家对于私营工商业依然采取计划的方式,从私营经济的原材料采购和产品销售到私营工业企业的日常经营均需要根据国家的计划进行。虽然私营工商业的经营受到国家计划的影响,但是这一阶段的

---

① 宁波市地方志编纂委员会:《宁波市志》,中华书局出版社 1995 年版,第 330 页。
② 宁波市地方志编纂委员会:《宁波市志》,中华书局出版社 1995 年版,第 331 页。
③ 宁波金融志编纂委员会:《宁波金融志》(第二卷),方志出版社 2006 年版,第 223 页。

私营经济并没有从本质上改变所有制形式,即私有制。

(二)民营经济恢复生产初见成效

在党中央的恢复国民经济的总方针指导下,新中国成立初期的宁波政府一方面发展以公有制为主体的工商业,另一方面利用和鼓励私营工商企业恢复生产。基于宁波市政府对工商业的调整,1949—1952 年全市工业企业数增长速度加快,一些民营企业在此期间申请新开和恢复生产。一些鼓励恢复私营工商业恢复生产的措施使得私营工商业在新中国成立初期有了一定的恢复。据统计[①],在新中国成立后的第二年,即 1950 年的 9 月到 12 月,申请新开业的私营商户有 1354 户,其中,在 10 月份申请数量高达 510 家。到 1951 年 7 月底,约有 7829 户工商企业登记,总资本额 1790.84 万元。办理重估的私营企业约有 1160 户,确定资本的有 6669 户,重估增值额 1305.99 万元[②]。在工业企业方面,由图 4-3 可见,1949 年宁波大市范围内工业企业单位数有 3572 家,到了 1951 年增长到 4670 家。由此可见,在鼓励私营工商业恢复生产的政策下,宁波地区在中国成立初期基本控制住了工商业企业数目大幅下滑的趋势,私营经济的生产初见成效,有了恢复迹象。

(三)民营经济发展以城乡个体经济为主

在政府的支持和帮助下,宁波的民营经济恢复发展有了一定的成效,民营经济的发展主要以城乡个体经济为主。1950 年宁波老市区有个体手工业 3849 户,从业人员 6408 人,到 1953 年个体手工业有 3011 户,其中从业人员 13122 人,私营工商业 14124 户,其中从业人员 30117 人。[③] 私营工业的个体手工业占绝对优势。图 4-3、图 4-4 和图 4-5 展示了宁波大市范围内,从 1949—1952 年期间按照所有制划分工业企业数量、年末从业人数和工业总产值。从工业企业的数量方面来看,个体手工业单位数量占到全市总工业企业数量的 86％以上,而全民所有制工业单位数量只占到 10％左右。但是从工业企业的年末从业人数方面来看,全民所有制工业占主导地位,约占到全市工业总从业人数的 75％,而个体手工业者从业人数约占到 24％。类似的情况也可以从图 4-5 看出,全民所有制工业在全市工业总产值中占主导地位。

---

① 宁波市地方志编纂委员会:《宁波市志》,中华书局出版社 1995 年版,第 331 页。

② 宁波市地方志编纂委员会:《宁波市志》,中华书局出版社 1995 年版,第 485 页。

③ 林崇建、沈小贤、张华等:《混合所有制经济:宁波的实践与探索》,宁波出版社 2007 年版,第 109 页。

　　我们认为,出现这种现象是由当时个体手工业自身特点决定的。从事个体手工业的劳动者大多为城乡的个体工商业者,这些工商业者分散在宁波城乡的各个地区以从事小规模的手工业来维持生计。虽然个体手工业的数量远远大于全民所有制工业,但是由于每家个体工业的从业人数和生产规模都远远小于全民所有制工业,其最终的从业人员数量和工业总产值必然低于其他所有制工业。这也意味着,当时的个体手工业呈现小而散的特点。

　　综上所述,宁波政府在新中国成立初期利用政策的实施对私营经济的扶持为宁波当地经济的恢复提供了物质保障。宁波政府利用私营工业的生产,使当地的工业品种由 1950 年的 6 种扩大到 1953 年的 301 种,农副产品收购值增加 8 倍,使国营商业掌握了重要工业品货源,保证了国家建设和人民需要。[①] 除此之外,私营经济生产的恢复和发展不但为国民经济的恢复创造了物质基础,还增加政府财政收入,维持国民经济恢复时期的财政收支平衡。私营经济的恢复和发展,尤其是个体手工业的恢复,更是解决了当时百姓就业的问题,促进了城乡物资交流,繁荣了市场,构建了稳定的市场环境。

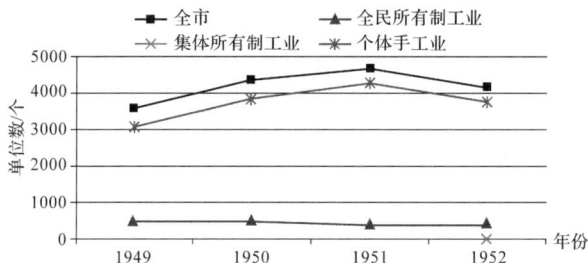

图 4-3　工业企业单位数按所有制分

资料来源:宁波市统计局:《宁波市国民经济统计资料(1949—1979)》,1980 年。

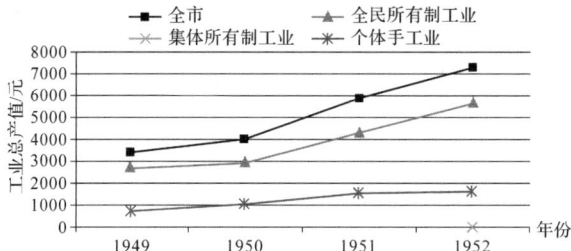

图 4-4　工业总产值按所有制分

资料来源:宁波市统计局:《宁波市国民经济统计资料(1949—1979)》,1980 年。

---

①　宁波市地方志编纂委员会:《宁波市志》,中华书局 1995 年版,第 349 页。

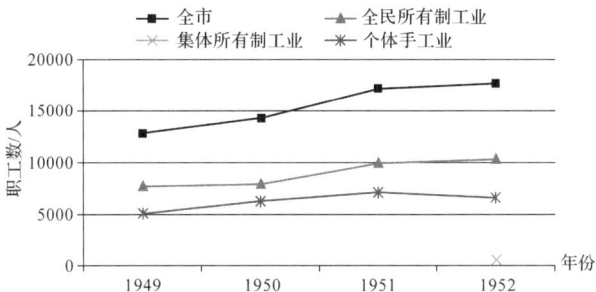

图 4-5　工业企业年末人数按所有制分

资料来源：宁波市统计局：《宁波市国民经济统计资料(1949—1979)》，1980 年。

二、资本主义工商业社会主义改造和断层时期(1953—1978)

宁波经济经历了国民经济恢复时期后，与中国大部分城市一样，其民营经济在 20 世纪 50 年代中期开始经历社会主义三大改造时期和民营经济的断层时期。

(一)资本主义工商业社会主义改造时期(1953—1956)

社会主义三大改造是指我国对农业、手工业和资本主义工商业生产资料私有制的社会主义改造。其实质是指将原本私有制的生产资料转变为社会主义公有制。三大改造不但在政治上确立了我国社会主义的基本制度，还在经济上正式确立了我国社会主义计划经济的体制，标志着我国正式进入社会主义初级阶段。其具体内容，首先由于土地改革后的小农经济不能满足当时工业发展和对粮食的需求，为改造小农经济现状，通过合作化道路，把农民个体经济转变为社会主义集体经济，其具体形式从农业互助组、初级农业生产合作社到高级农业生产合作社；其次，考虑到个体手工业规模小和生产效率低下的问题，试图将个体手工业者组织起来，通过合作化道路，把个体手工业转变为社会主义集体所有制，其具体发展形式从手工业生产合作小组、手工业供销合作社到手工生产合作社；最后，当时政治层面认为民族资本主义具有两面性，为了消灭资本主义私有制，通过国家资本主义的形式，将民族资本主义逐步转变为社会主义公有制，将国营经济发展为控制国家经济命脉的主要经济体制。社会主义三大改造标志着整个所有制结构开始趋向单一化和公有化。①

---

① 林崇建、沈小贤、张华等：《混合所有制经济：宁波的实践与探索》，宁波出版社 2007 年版，第 109 页。

　　这里不得不重点提出与民族资本主义改造密切相关的公私合营政策。1954 年 9 月 2 日,政务院通过《公私合营工业企业暂行条例》,这标志着宁波民营经济的演变从解放初期的改造到被消灭,其所有制结构开始走向僵化。条约规定根据国家的需要、企业改造的可能和资本家的自愿对资本主义企业实行公私合营。

　　解放初期,政府对私营企业采取计划生产和销售的管理,到 1953 年以后,宁波地区的社会主义三大改造的重点是以私营工商业为重点,在私营企业中增加公有股份,进行公私合营。宁波地区私营工业的公私合营从最初的个别企业公私合营阶段,到扩展公私合营阶段以及全行业公私合营阶段。1953 年 9 月 1 日,通运、宁穿长途汽车运输公司实行公私合营,是宁波首先实行公私合营的企业。① 1953 年 11 月 16 日,中共宁波市委第五次代表会议对宁波市工商企业实行社会主义改造做出决定。自此,一批宁波社会主义公司企业进行公私合营,例如 1953 年 12 月,民国时期老牌的民族工业永耀电力公司、和丰纱厂、万信一厂、万信二厂、冷藏公司进行公私合营。此时,全市粮食、食油、棉花和棉布等重要物品先后实行统购统销和派购,禁止私商、小贩自由买卖和贩运,老市区专业市场先后关闭或者由国营商业部门接办。②

　　1954—1956 年期间属于扩展公私合营阶段,陆续有一批民族工商企业进行公私合营。1954 年,恒丰布厂、四明电话公司进行公私合营。老市区对绸缎、五金器材、钟表眼镜和南北货等 30 个行业的 290 户商户、824 家个体批发商采取"留、转、包"办法实行社会主义改造。③ 图 4-6 呈现了 1954—1955 年期间宁波老市区进行公私合营的工业企业户数,从最初的 7 户增加到 1955 年的 205 户。也就是说,宁波市的公私合营范围已经从最初的个别工商业扩展到一批或者某些行业工商企业的公私合营。

　　1956 年 1 月宁波市迎来资本主义工商业社会主义改造高潮。当年 1 月 15 日,中共宁波市委召开常委会和办公会议对私营工商业实行全行业公私合营问题进行研究。随后,接踵而至的一系列私营工商界骨干会议、工商界家属大会等会议均对私营工商业公私合营的问题进行思想发动。私营工商业公私合营的问题迅速遍布各行各业。1956 年 1 月 19 日,宁波市人民委员

---

　　① 孙建红:《宁波民营企业制度演变的历史考察》,《中国经济史研究》2011 年第 2 期。
　　② 宁波市地方志编纂委员会:《宁波市志》,中华书局 1995 年版,第 349 页。
　　③ 宁波市地方志编纂委员会:《宁波市志》,中华书局 1995 年版,第 350 页。

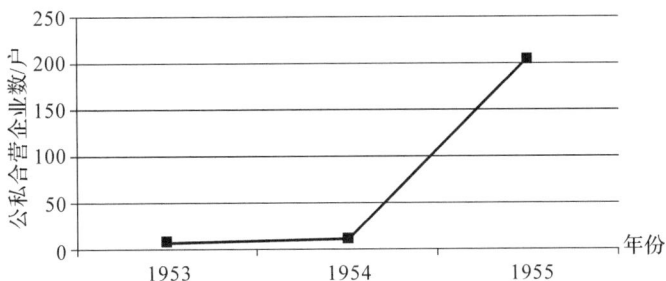

图 4-6　宁波老市区工业企业公私合营户数

资料来源:宁波市地方志编纂委员会:《宁波市志》,中华书局 1995 年版,第 349—350 页。

会召开"批准全市私营工商业全部实行公私合营大会",意味着宁波老市区的资本主义工商业全面完成社会主义改造。图 4-8 显示了 1956 年老市区私营工业、私营商业、私营饮食业和私营服务业社会主义改造的初步结果。所有的私营工业已经全部完成社会主义改造,87.2％的企业实行公私合营,12.7％的工业走合作化道路,极少部分的转为国营企业;而对于私营商业、私营饮食业和私营服务业,分别有 61.7％、60.1％和 30.2％的企业尚未完成改造,已经完成了改造的私营企业大部分实行公私合营或者走合作化道路。

在全市全行业实行公私合营之后,国家对公私合营中私股采取定息制度,统一规定年息为五厘。[1] 当时,宁波全市公私合营企业私股股额有 1503 万元,期限为 7 年(后又延续 3 年)。[2] 所有公私合营后的企业经营和生产资料均由国家统一调配,拥有私股的工商业者除了获取定息外,不再额外具有企业行政和管理职权,并逐步改造为自食其力的劳动者。也就是说,那些转换为国营企业的工商企业其管理和所有权都归国家所有,而属于公私合营后的企业除了其所有权归国家所有外,主要由地方政府进行日常管理和经营。这表明,该阶段的民营企业已经从占主体到微不足道,从新中国成立初期的被利用改造演变到被消灭,其所有制结构走向僵化。[3] 完成资本主义工商业社会主义改造后的国家生产资料所有制从原先的国营、合作、民族资本主义、国家资本主义和个体五种经济成分,转变为国营、集体、个体劳动者三

---

　　[1]　Wei Yuwa, Comparative Corporate Governance: A Chinese Perspective, Netherlands: Kluwer Law International, 2003, p.94.

　　[2]　宁波市地方志编纂委员会:《宁波市志》,中华书局 1995 年版, 第 352 页。

　　[3]　林崇建、沈小贤、张华等:《混合所有制经济:宁波的实践与探索》,宁波出版社 2007 年版,第 109 页。

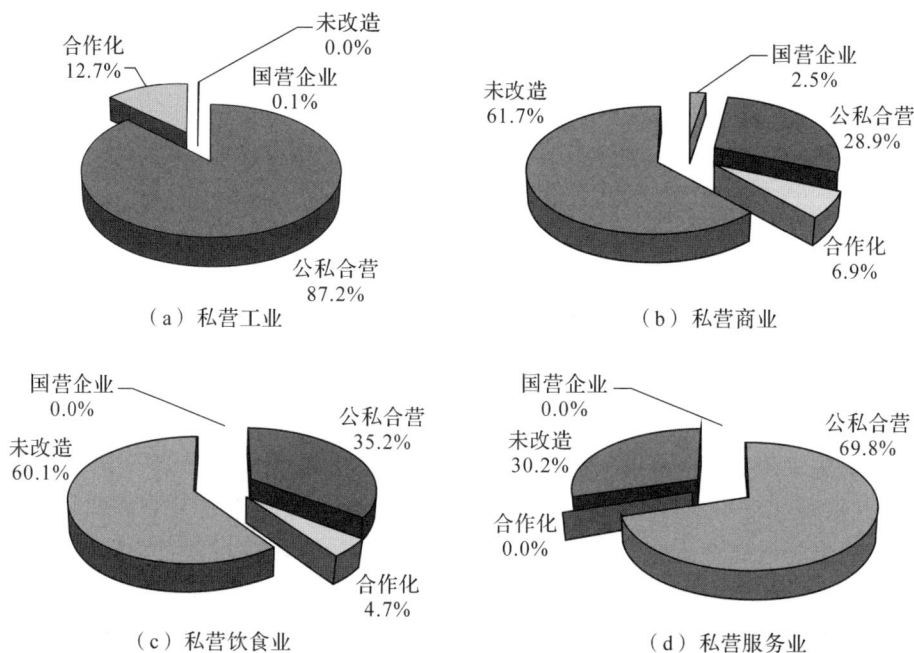

图 4-8　1956 年私营工业、私营商业、私营饮食业和私营服务业社会主义初步改造结果
资料来源:宁波市地方志编纂委员会:《宁波市志》,中华书局 1995 年版,第 351—352 页。

种经济成分,正式确立了以国营经济为主导的计划经济体系。[①]

(二)民营经济断层时期(1957—1978)

民族工商业三大改造之后,私营企业转变为公私合营和走合作化道路,这些企业的生产和经营受到政府部门的统一调配,原先的企业资本家也不再具有实质的控制权。全国经济形成以国有经济为主导,集体经济为补充的经济体系。这种经济体制模式一直持续到 1978 年的改革开放,长达 23 年之久。伴随计划经济体制的建立,统购统销的制度将市场体制逐出资源配置领域,同时也割裂了私营企业同市场的联系,全行业经营和管理均由国家统筹,国营商业运行机制趋于僵化,市场体系运转失去灵活性。[②]

1957 年之后,随着计划经济体制的不断巩固和加强,政府进一步对残存

---

①　宁波市地方志编纂委员会:《宁波市志》,中华书局 1995 年版,第 352 页。

②　赵凌云:《1949—2008 年间中国传统计划经济体制产生、演变与转变的内生逻辑》,《中国经济史研究》2009 年第 3 期。

的市场因素进行消除,一些集贸市场和市场交易场所日益萎靡,形成高度集中的指令性计划体系,对工业实行国有化,在农村实行人民公社化,形成政社合一、政企合一的经济模式。1957 年 9 月召开的中共八届三中全会,是发动"大跃进"运动的标志性会议。[①] 1958 年,中央决定权力下放改革,将 87% 的国有企业的管理权、计划物质管理权等权力下放给地方政府。但是这种权力下放只是将管理、物资调配和审批等权力从中央下放到地方政府,[②]依然没有从本质上改变计划经济用行政命令配置资源的大前提,也并未明显提高国有企业的生产效率。

　　在传统的计划经济体制下,国家通过行政指令性计划,安排生产、物资调配和价格。尽管向新和苏少之指出,在传统计划经济体制中,也存在着一部分非计划经济因素,例如农村的自留地、家庭副业和社队企业等。[③] 但是,不容置疑的是,宁波个体私营经济在这一时期出现了断层的现象。

　　图 4-9 和图 4-10 呈现了按所有制分 1957—1978 年期间宁波地区工业企业单位数和年末从业人数。由图可见,宁波全市的工业企业单位数在 1966 年之后有了显著的下降,所有制形式以全民所有制和集体所有制为主,个体手工业只在 1961—1965 年之间有一个短暂的出现,之后快速消失,同时,从业人员也主要集中于集体所有制工业。

　　由此可见,在自上而下的计划经济模式下,在追求"一大二公"和"纯而又纯"的社会主义思潮下,宁波大批的个体手工业、小商小贩合并到国营、大集体企业中。[④] 宁波私营经济迅速走向衰落,进入断层时期。

---

　　① 赵凌云:《1949—2008 年间中国传统计划经济体制产生、演变与转变的内生逻辑》,《中国经济史研究》2009 年第 3 期。

　　② Wei Yuwa, Comparative Corporate Governance: A Chinese Perspective, Netherlands: Kluwer Law International, 2003, p. 95.

　　③ 向新、苏少之:《1957—1978 年中国计划经济体制下的非计划经济因素》,《中国经济史研究》2002 年第 4 期。

　　④ 孙建红:《宁波民营企业制度演变的历史考察》,《中国经济史研究》2011 年第 2 期。

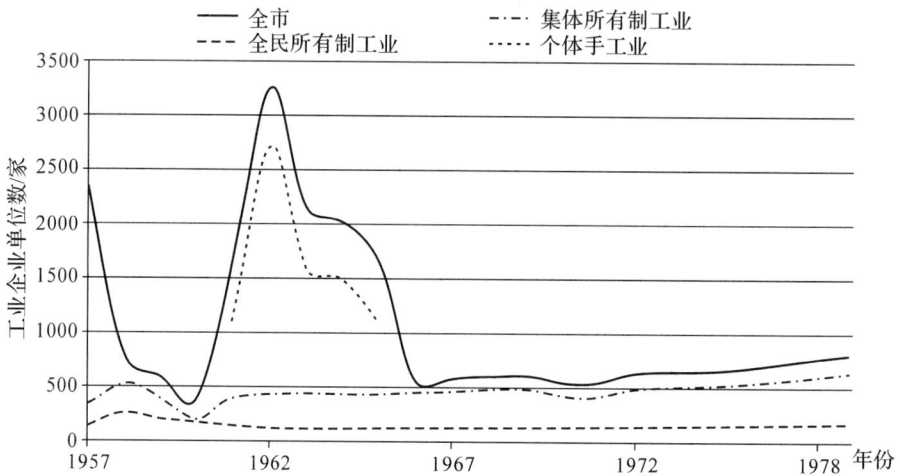

图 4-9　工业企业单位数按所有制分(1957—1978)

资料来源:宁波市统计局:《宁波市国民经济统计资料(1949—1979)》,1980 年。

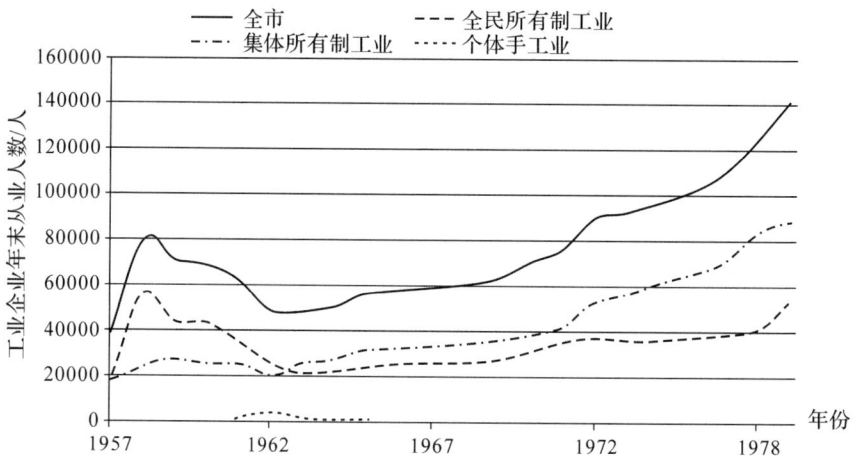

图 4-10　工业企业年末从业人数按所有制分(1957—1978)

资料来源:宁波市统计局:《宁波市国民经济统计资料(1949—1979)》,1980 年。

第三节　本章小结

1949—1978 年，这一时期对于私营工商业来说是坎坷波折的。政府对于私营工商业的态度也是从利用到改造，再到消灭，经历三个阶段。传统私营工商业的运营多次受到政治运动的冲击，在政治运动的冲击下，私营工商业的所有制形式也发生了根本性的转变，从原先的个体所有，转变为公私合营，最后变为国家所有。

宁波民营经济在新中国成立初期配合党中央恢复国民经济的号召，其发展得到了宁波当地政府的支持。宁波当地政府对于民营经济的政策支持涵盖企业日常经营的原料供应、销售和资金扶持。但是尽管如此，这些扶持民营经济恢复发展的措施主要还是停留在宣传和贯彻党中央保护民族工商业的政策阶段，由于当时国民经济依然处于恢复阶段，各项基础设施不完善，政府对于民营经济恢复发展的扶持工作是有限的。但是，在国民经济恢复时期，确实有一部分私营企业的生产在大环境的影响下得以恢复。尽管这些企业的具体生产和经营按照国家统购统销的原则进行，但是以城乡个体经济为主的民营经济发展仍取得了初步成效。

民族工商业的社会主义三大改造是私营工商业走向没落的转折点。从最初的个别企业实行公私合营，扩展到一批企业进行公私合营，到最后发展成全行业实行公私合营，短短三年时间，社会主义三大改造的仓促完成更是意味着私营经济走向了衰落。也意味着，当时我国以国营企业为主的计划经济体制正式拉开序幕。如果说社会主义三大改造是私营经济走向萧条的开端的话，那么接下来的"大跃进"、人民公社化运动"左"倾错误的冲击和影响，便是私营经济出现断层的催化剂，使得宁波个体私营企业迅速走向衰落。关于民营经济如何在计划经济体制背景下，适应国家统购统销的经济模式进行融资，将在下一章节中详细叙述。

第五章　计划经济时期宁波民营企业融资渠道分析

第一节　计划经济时期我国金融体制演变

　　1949 年新中国成立后至 1978 年中共十一届三中全会之前的计划经济时期,政府对企业具有绝对的经营控制权,企业只是上级主管部门的附属和计划执行者。企业的资金融通主要依赖国家财政和国家银行的纵向融通,即财政拨款和银行贷款。[①] 这一时期分为两个阶段,以 1957 年为分界。在 1957 年之前,作为社会主义改造的一个重要部分,我国建立了大一统的银行体系,完成了对私营钱业的改造,扩大了金融系统。在 1957 年后,社会主义改造基本完成,我国进入计划经济建设时期,国家直接控制下的僵化、"大一统"的高度集中的单一银行体制持续存在,金融系统缺乏竞争,在国家政治经济形势的影响下发展艰难。[②]

一、1949—1957 年期间金融体制

(一)大一统银行体系的建立

　　作为社会主义改造和计划经济体制建设的一部分,金融体制的改革开

---

① 王建平:《企业制度改革与企业融资方式》,《企业经济》1995 年第 3 期。
② 宋建江、周豪:《宁波市金融体制改革的回顾与展望》,《宁波党政论坛》1994 年第 3 期。

始于 1949 年新中国建立后。1948 年 12 月,中国人民银行在河北省成立,发行人民币,标志着新民主主义金融体系的形成。[1] 大一统的国家银行"中国人民银行"是在解放区的东北银行、冀南银行、北海银行、南方人民银行等十几家银行的基础上成立的。国家银行接管了国民党政府的"四行两局一库"(包括中央银行、中国银行、交通银行、中国农民银行以及中央信托局、邮政储蓄汇业局、中央合作金库)和省市县银行,同时对私营金融业中的"北四行""南三行"及其他钱业组织进行了社会主义改造。

基于对民族资本的方针政策,民族资本银行和钱庄在新中国的严格管控下得以继续存在,同时接受国家资本主义形式的社会主义改造。新中国成立初期,私营钱业的存在是与当时私营工商业的存在和信用需求相适应的。民族资本银行和钱庄在经过了联合放款、联营集团、联营管理处后,于 1952 年 12 月正式组成了统一的公私合营银行,完成了社会主义改造。1955 年公私合营银行专营储蓄,成为中国人民银行的一部分。[2]

随着中国人民银行成立,中国银行以专业银行的形式成为国家银行的一部分,中国人民建设银行和中国农业银行也于 1954 年和 1955 年为了国家建设计划的需要相继成立,大一统的银行体系、人民币市场和货币制度逐渐形成。中国人民银行既是中央银行也是商业银行,其职能是中国唯一的货币发行机构和信贷中心,企业间的赊欠借贷被禁止。该时期的银行运作是以 1950 年政务院颁布的"两个计划(信贷计划和现金出纳计划)"为标准的。信贷计划是指企业向当地银行提交的信贷计划,而银行的存款须得到总行批准才能够动用,中央银行内部实行高度中央集权的指令性计划管理。由于国家实行财政统收统支,对农民、工人实行低补偿、低收入、低工资,导致银行储蓄极少,信贷资金主要来源是财政结余,中国人民银行的业务受到国家财政的绝对控制,实际上充当了国家出纳。[3]

(二)单一银行体制下严格的信贷管控

在 1949—1957 年之间的三年恢复、五年创业的经济建设时期,大一统的银行体系对信贷严格且有效的管控,虽然限制了银行信用潜能的发挥,却

---

① 洪葭管:《继往开来,稳定大局——浅谈六十年来中国金融的变迁》,载复旦大学中国金融史研究中心:《当代中国金融转型的回顾与反思》,复旦大学出版社 2010 年版,第 1 页。

② 许荣、李悦、操仲春:《百年金融浪潮》,中国经济出版社 2000 年版,第 227—228 页。

③ 杨培新:《我国金融体制的三次大变革》,《上海经济研究》1994 年第 3 期。

有力地遏制了新中国成立前长期存在的通货膨胀,起到了中流砥柱、融通资金的重要作用。① 在这一时期,大一统的银行体系主要是为了国有经济存在的,在 1955 年以前,公私合营银行还承担着为民营经济融通资金的作用,1956 年以后,随着民营经济的彻底消失,公私合营银行转而专营储蓄。

1949 年以前,中国经历了长达 12 年的恶性通货膨胀,这使得稳定物价成为当时的一大要务,关系新中国政权的稳固。1950 年,国务院《关于统一国家财政经济工作的决定》提出通过保持财政收支平衡、物资调拨平衡和现金收支平衡来从根本上遏制通胀。② 为了保证币值稳定,避免通货膨胀,同时为了避免由于准备金制度缺失可能引起的信贷规模失控,国家不惜采取缩减基建投资等措施,严格控制信贷规模。③ 在该文件指导下,各地银行尽可能多地积累资金,支持国有企业发展,推动工业、手工业和农业生产的恢复,使国家快速掌握了大量商品,主导了整体经济,有力遏制了通货膨胀。④

在这一时期,新中国信用业务的发展受到很大的阻碍。国家银行信贷业务单一且狭窄,在期限上以短期信贷为主,在业务范围上主要是按照国家指令性计划发放的信用贷款,不涉足抵押贷款和票据贴现。商业银行信用被大大限制,国家银行实际上成为财政的附庸。在银行信用被限制的同时,商业信用作为一种自发性的信用形式,被认为会破坏国家计划的实行,在全国范围内被禁止。对商业信用的禁止极大地强化了银行信用,而银行依照国家批准的信贷计划向企业发放贷款,即银行信贷计划化,信贷业务的潜能被削弱了。

1978 年十一届三中全会之前,财政直接融资占以国营企业为主体的中国经济的资金投入的 90%以上,建设项目和国企的大部分资金来源于国家财政,在这样的经济形势下,银行扮演着结算中心的角色,其作为金融机构

---

① 洪葭管:《继往开来,稳定大局——浅谈六十年来中国金融的变迁》,载复旦大学中国金融史研究中心:《当代中国金融转型的回顾与反思》,复旦大学出版社 2010 年版,第 3 页。

② 许荣、李悦、操仲春:《百年金融浪潮》,中国经济出版社 2000 年版,第 231 页。

③ 张鹏、许亦平、林桂军:《中国计划经济时期货币政策回顾:1952—1978》,《中国经济史研究》2010 年第 3 期。

④ 洪葭管:《继往开来,稳定大局——浅谈六十年来中国金融的变迁》,载复旦大学中国金融史研究中心:《当代中国金融转型的回顾与反思》,复旦大学出版社 2010 年版,第 3 页。

融通资金的作用并没有得到充分发挥。① 但是,单一的大一统的银行体制,使得国家银行在深度上和广度上为新中国国民经济的发展提供了重要的信贷支持。②

二、1958—1978 年期间金融体制

1958 年后,中国进入社会主义阶段,国家对经济进行计划管理,单一银行体制与高度集中的货币信贷管理制度是这一时期货币政策的前提。高度集中的金融体系为极"左"路线下信贷的过度投放提供了条件。但是,对民营经济而言,1956 年,私营企业集体消亡,四大利益集团中的有产阶层被整体消灭,这是百年现代化的历程中最彻底的"国进民退"。③ 在这之后,国家银行的信贷业务实际上是为了国有经济存在的。

1958 年之后,"大跃进"和"人民公社化"开始,大一统的银行和信用体系进入曲折发展的时期。极"左"思潮使得我国金融业的发展处于停滞状态。④

"大跃进"指的是违背经济规律大规模地投放信贷和货币,导致了1959—1961 年间严重的通货膨胀。在这一时期,银行体系原有的相对合理的资金管理方式被视作教条,信贷投放奉行"需要多少贷多少,哪里需要哪里贷,什么时候需要什么时候贷"。无序的、无限的信贷投放导致了1961 年物价指数升至 16.2%,即使当时物价受到政府严格控制,同时也导致了信贷使用效率低下。

在意识到金融体系出现了严重的问题之后,中共中央与国务院于 1963 年发布《关于切实加强银行工作的集中统一,严格控制货币投放的决定》(银行"六条"),降低了信贷投放余额,提高了贷款使用效率,一定程度上恢复了金融对于国民经济的促进作用。⑤

短暂的恢复后,"文化大革命"开始。在极"左"路线的破坏下,中国进入了财政减收、银行增贷、信贷低效的十年动乱时期,国民经济几乎崩溃。放款业务的过快无序增长虽然导致了经济混乱,但仍在一定程度上促进了国

---

① 罗杰:《中国金融体系变迁路径依赖与民营经济融资困境》,《经济师》2003 年第 2 期。

② 许荣、李悦、操仲春:《百年金融浪潮》,中国经济出版社 2000 年版,第 242 页。

③ 吴晓波:《历代经济变革得失》,浙江大学出版社 2013 年版,第 182—183 页。

④ 许荣、李悦、操仲春:《百年金融浪潮》,中国经济出版社 2000 年版,第 243—245 页。

⑤ 洪葭管:《继往开来,稳定大局——浅谈六十年来中国金融的变迁》,载复旦大学中国金融史研究中心:《当代中国金融转型的回顾与反思》,复旦大学出版社 2010 年版,第 4—5 页。

民经济的缓慢发展。

第二节　计划经济时期宁波民营企业融资模式演变

宁波民营经济在 1949—1952 年期间曲折发展,经历了恢复发展时期、资本主义工商业社会主义大改造时期和断层期三个重要的发展阶段。当时的经济体制决定了宁波民营经济狭隘和艰难的走向。同理,当时中国特殊的经济体制也决定了特殊的金融体制,而这种独特的金融体制不但影响着宁波民营企业的发展,更是影响着宁波民营企业融资空间的大小。本节通过回顾几十年来宁波金融体制建立和发展的历史过程,映射出当时的金融体制对宁波民营企业发展的影响和作用,从而分析宁波民营企业融资模式的演变。

一、1949—1952 年宁波民营企业融资

新中国的金融体制是在新中国成立前革命根据地和解放区金融机构的基础上建立和发展起来的。[①] 宁波民营企业在 1949—1952 年期间的融资渠道主要依赖于国有金融机构,又由于受到政治和国家金融政策的影响,当时的非国有金融机构对宁波民营企业的作用微乎其微。

（一）国有金融机构对宁波民营企业融资起到主要作用

宁波民营企业的融资渠道依托于当时的金融体制改革,以及国家对于民营企业经济恢复和生产的扶持。如前文所述,宁波政府为支持私营经济发展除了对私营工业的生产进行扶持外,还对其恢复生产所需的资金扶持,发放一定数量的贷款用于扶持私营工业恢复生产。这些扶持私营工业生产的贷款来源于中国人民银行的放贷。

1949 年 6 月 1 日宁波的《新华电讯报》刊登中国人民银行宁波分行的通告,意味着中国人民银行在宁波正式开设了第一家分行。按照"边接管,边建行"的方针,当时参加组建中国人民银行宁波分行的人员主要有随解放大军南下的领导干部、青年学生,从四明山革命根据地下来由军管会分配到银行来工作的职工,从旧银行接管过来的业务骨干以及新吸收进来的青年学生。[②] 自中国人民银行宁波分行建立到 1952 年,宁波金融制度以中国人民银行为依

---

①　陆世敏:《新中国金融体制改革的回顾与展望》,《财经研究》1999 年第 10 期。

②　宁波金融志编纂委员会:《宁波金融志》(第二卷),方志出版社 2006 年版,第 67 页。

托，较快地形成了以中国人民银行为领导的金融体系和金融制度。①

该阶段的中国人民银行宁波中心支行在扶持宁波国民经济发展中主要承担两大重要角色。首先，中国人民银行宁波分行需要按照中国人民银行总行和杭州分行的贷款总方针和有关政策，逐步扩大信贷业务，帮助一些宁波私营企业克服财政困难，给予融资支持，帮其恢复生产。② 同时，通过放贷的方式对新建企业生产市场急需的产品予以扶持和帮助。其次，中国人民银行其政策的实施以稳定物价和抑制通货膨胀为目的。1952 年年初，宁波市场一度出现商品短缺和物价上涨的经济现象，当时的中国人民银行宁波分行及时发放商业贷款，用于支持和收购市场上的农副产品，确保这些关乎国民经济的重要产品掌握在国营企业手中，③通过统购统销的模式，以解决市场上商品短缺和物价上涨的问题。

表 5-1 表示了宁波全市银行对工业、商业和农业的贷款余额。由表 5-1 可见，1950—1952 年期间，国有银行对宁波市的放贷有显著的增加，从 1950 年的 8 万元增加到 1952 年的 503 万元，而在 1952 年，中国人民银行宁波分行为了稳定市场物价，支持收购农副产品，其对商业贷款的发放数额约占到全市贷款余额的 82.1%。也就是说，当时的金融机构对企业的放款与政府的相关政策密切关联。社会资源和资本的配置也由中央和地方政府根据经济大环境的形势进行判断，进而对资金统一调配。

表 5-1　宁波全市银行贷款余额　（单位：万元）

年份	合计	工业贷款	商业贷款	农业贷款
1950	8	7	1	
1951	78	38	35	5
1952	503	74	413	16

资料来源：宁波市统计局：《宁波市国民经济统计资料(1949—1979)》，1980 年。

（二）1949—1952 年非国有金融机构和民族资本金融业对宁波民营企业作用渺小

宁波民营经济在国民经济恢复时期的资金来源除了自身的自有资金

---

① 宋建江、周豪：《宁波市金融体制改革的回顾与展望》，《宁波党政论坛》1994 年第 3 期。
② 宁波金融志编纂委员会：《宁波金融志》(第二卷)，方志出版社 2006 年版，第 223 页。
③ 宁波金融志编纂委员会：《宁波金融志》(第二卷)，方志出版社 2006 年版，第 223 页。

外,其外部融资主要依赖于国营金融机构对其生产的资金扶持,而非国有的金融机构则对宁波民营经济的融资作用十分微小。这是由当时的政治大环境和金融体制改革等宏观政策原因造成的。

首先,从需求的角度来讲,国民经济恢复时期的宁波民营企业的生产和发展主要受到国家政府和政府部门的统购统销原则影响。当时的宁波民营企业虽然也有生产和销售,但是生产规模和销售渠道都受到政府的统一调配。为了将关系国民经济命脉的重要资源和商品掌握在政府和国营企业的手里,新中国成立初期的宁波私营企业并没有多少自主经营和管理的权力。在统购统销这种大经济环境背景之下,外加政府对于国有资本的管理,重要的国民经济命脉主要掌握在国营企业手里,一些私营工商企业最主要的目标是恢复生产,对于融资的需求就会比较有限。

其次,从供给的角度来讲,在国民经济恢复时期除了中国人民银行宁波分行,宁波地区非国有金融机构的数量是有限的,主要的原因在于政府对旧国有金融机构的接收和改造。新中国成立之后,中央政府以 30 年代形成的苏联金融模式为改革方向,采取了包括接管官僚资本银行、改造民族资本金融业、取缔外国在华银行特权以及建立农村集体金融组织等一系列改革措施。[①]

宁波政府对金融机构的接管和改造步骤包括登记复业、验资、缴存存款准备金,严格管理和逐步淘汰,以及私营金融业改造的深化,成立联合放款处。新中国成立后的中央政府对前国民党掌管的以"四行二局一库"为主体的官僚资本金融体系进行了接管和改造。[②] 对旧国有金融机构,例如中国农民银行等进行停业清理,或者转为专业银行。对包括中央银行、中国银行、中国交通银行和中国农民银行在宁波的支行等都予以接管和改造。

民国时期的民营商业银行,1949 年新中国成立时,宁波地区尚存 4 家,分别为四明商业储蓄银行宁波分行、中国垦业银行宁波分行、浙东商业银行和惇叙商业储蓄银行宁波分行。4 家民营商业银行中,除 2 家银行因为战争行址被摧毁外,剩下 2 家仅存的私营商业银行改为公私合营银行。[③] 民国时期遗留下来的具有民族资本成分的金融机构,例如,中国银行宁波分行和交通银行宁波分行,[④]通过整顿和改造,严格管理和调整公私关系,转型为统一的公

---

① 陆世敏:《新中国金融体制改革的回顾与展望》,《财经研究》1999 年第 10 期。

② 文炳勋:《新中国金融体制的历史演进》,《中共党史研究》2006 年第 4 期。

③ 宁波金融志编纂委员会:《宁波金融志》(第二卷),方志出版社 2006 年版,第 69 页。

④ 宁波金融志编纂委员会:《宁波金融志》(第二卷),方志出版社 2006 年版,第 69 页。

私合营的专门针对私营工商业办理存放款业务的专业银行。

同时,民国时期的外资商业银行在新中国成立之后,它们所享受的特权被取消,不再享受垄断利润,这一决定也最终导致大部分的外商在华银行申请歇业。建立农村集体金融组织主要是指开设农村信用合作社,其主要目的是将农民的力量集中起来,形成一个农村金融整体,用于解决农民生产和生活上的资金不足的问题,实行农业互助,其主要针对群体是生活在农村的农民。

最后,除了商业银行的整顿和改造外,宁波政府对民国时期繁荣一时的钱庄行业也进行了改造。1949年5月,宁波地区共有24家钱庄,其中有18家向政府申请复业。政府对申请复业的钱庄通过验资、缴存存款准备金等程序予以批准营业。按照中央"利用、限制、改造"私人资本的政策,1950年上半年,大部分钱庄陆续停业,原先18家批准复业的钱庄只剩下5家。次年,宁波成立"私营银行、钱庄联合放款处"。2家民营商业银行(四明和垦业)和5家钱庄联合放款,由中国人民银行宁波支行负责开展贷款业务。1952年10月,宁波地区尚存的5家钱庄召开股东大会,停业清理。[①]　至此,繁荣一时的宁波钱庄业历史正式宣告结束。

二、1953—1978年宁波民营企业融资

1953—1978年宁波开始正式的计划经济时期,其经济特征强调以共有为主,集中为主。如前文所述,宁波的民营经济经历资本主义工商业社会主义改造时期(1953—1956)和民营经济断层时期(1957—1978)。1953—1978年的宁波金融体制也伴随着发生了变化。随着宁波民营经济的规模不断缩小,私营经济的外部资金来源也变得狭隘,甚至可以用单一来形容。

(一)1953—1957年第一个五年计划时期

国民经济恢复时期,按照中国人民银行总行的总方针和有关政策,中国人民银行宁波分行对宁波地区的金融业进行改造和接管。此时的宁波金融业格局以中国人民银行宁波分行为主要金融机构,其他金融机构在中国人民银行宁波分行的管理下承担补充的角色。这些其他金融机构包括公私合营的专门针对私营工商业办理存放款业务的专业银行,以及以农业互助为目的的农村信用合作社。

1953—1957年的第一个五年计划建设时期,公私合营银行纳入了中国

---

① 宁波金融志编纂委员会:《宁波金融志》(第二卷),方志出版社2006年版,第69—70页。

人民银行体系。中央政府提出"资本家要求实行大联营也即完全由国家领导"①。这意味着,宁波当地仅存的几家私营金融业经过社会主义改造后,成为在人民银行领导下办公的专业银行,其信贷和存款等金融业务也统一由人民银行宁波分行进行管理。也就是说,从根本上来讲,此时的公私合营银行正式纳入人民银行体系,不再作为专业银行而独立存在。

中国人民银行在特殊的经济大环境下其政策的实施以反通胀为目标,其货币政策的目标是"保证货币稳定,使流通中的货币与商品量相适应"②。我们知道,该阶段的资金配置主要依赖计划手段,由于当时的金融体制不具有准备金制度,也就是说,中国人民银行对信贷的控制是以稳定货币价格为核心问题。这也意味着,中国人民银行如果不能正确把握对信贷的控制权,可能导致信贷规模无限扩大,最终导致严重的通货膨胀和物价飞涨。中国人民银行宁波支行运用信贷资金支持国民经济建设。1953—1954 年期间国家为保证农副产品的需求,国营商业先后对粮食、棉花和油料实行统购统销,掌控主要货源,增强对市场的调控力量。③

第一个五年计划期间,全国合作化运动迅速掀起高潮,此时的农村信用合作社也随之得到了迅猛发展。为促进农业互助合作,中国人民银行宁波分行发放各类农业贷款用于支持和帮助解决一部分困难较大的农民生产和生活问题。1955 年秋到 1956 年冬,宁波市共发放贫农合作基金贷款 804.7 万元,用来帮助困难的贫雇农解决加入合作社的资金困难问题。④

图 5-1 表明第一个五年计划期间,宁波银行放贷主要集中在商业贷款,以满足对粮、棉、油等农副产品的统购资金。根据宁波市国民经济统计资料,1957 年末,宁波全市商业贷款余额 4181 万元,占贷款总额的 90.9%,比1952 年末增长近 10 倍。

(二)1958—1978 年"大跃进"和国民经济调整时期

1958 年中央政府提出"鼓足干劲,力争上游,多快好省地建设社会主义"的总路线,标志着中国进入"大跃进"时期。1958 年之后的宁波民营企业完成了民族工商业三大改造,转变为公私合营和走合作化道路的企业,其生产

① 文炳勋:《新中国金融体制的历史演进》,《中共党史研究》2006 年第 4 期。
② 戴相龙:《中国人民银行五十年——中央银行制度的发展历程(1948—1998)》,中国金融出版社 1998 年版,第 60 页。
③ 宁波金融志编纂委员会:《宁波金融志》(第二卷),方志出版社 2006 年版,第 224 页。
④ 宁波金融志编纂委员会:《宁波金融志》(第二卷),方志出版社 2006 年版,第 224 页。

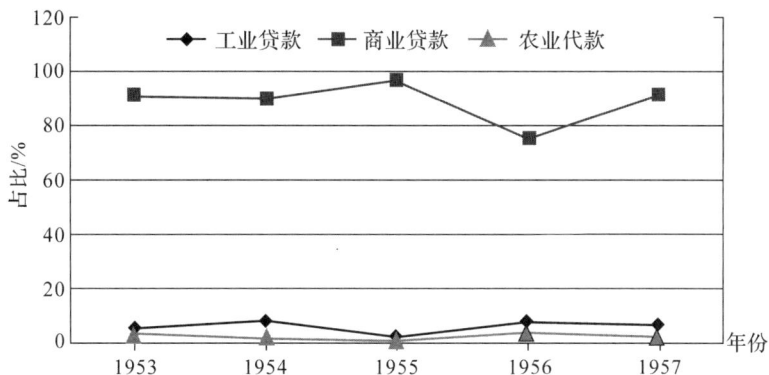

图 5-1　工业贷款、商业贷款和农业贷款占全市银行贷款余额的百分比

资料来源：宁波市统计局：《宁波市国民经济统计资料(1949—1979)》，1980 年。

和经营由政府统购统销。实质意义上的私营企业已经消失，宁波的国民经济也正式进入了计划经济时期。

该时期的金融制度也发生了转变。中央人民银行 1959 年开始实施"存款下放，计划包干，差额管理，统一调度"的信贷管理制度，[1]将人民银行放贷的权力下放给地方分支机构。1958—1979 年的金融体系是由中国人民银行总揽一切金融业务的"大一统"金融体制，人民银行处于信贷、现金、结算三大中心的地位。[2]但是新体制下的管理办法引发了许多问题。比如，银行工作受到"左"的干扰，中国人民银行的信贷和货币流通的宏观管理和调节被严重削弱。原本有效的金融规章制度被废除，信贷管理松弛，造成了资金使用上的混乱。1960 年，宁波全市各项贷款比 1967 年末增加 2.01 倍。[3]市场上过多的货币流通，外加遇到自然灾害，市场商品稀缺，天灾人祸因素导致一时之间市面上商品价格飞涨，通货膨胀严重，经济陷入萧条。

1962—1965 年期间，中共中央和国务院加强对银行工作的集中统一管理，对信贷资金发放和货币发行进行严格管理，一度制止了盲目放款的现象。银行对信贷投放的严格控制加速了货币的回笼和金融市场的稳定。但是，好景不长，1966—1976 年，我国的金融体制和国民经济在经历十年"文化大革命"之后遭到严重破坏。"文化大革命"开始之后，"左"倾错误严重泛

---

① 张鹏、许亦平、林桂军：《中国计划经济时期货币政策回顾：1952—1978》，《中国经济史研究》2010 年第 3 期。

② 陆世敏：《新中国金融体制改革的回顾与展望》，《财经研究》1999 年第 10 期。

③ 宁波金融志编纂委员会：《宁波金融志》(第二卷)，方志出版社 2006 年版，第 224 页。

滥,原本建立起来的集中统一的金融管理体制被严重破坏。金融政策、制度难以实施。[①] 宁波地区的银行工作又一次遭受重创,信贷管理制度遭到破坏,再次出现信贷资金大幅增加的现象,企业的产品严重挤压,流动资金周转缓慢,国民经济呈现不稳定的现象。图 5-2 表明了 1958—1978 年宁波市银行贷款余额、工业贷款、商业贷款和农业贷款余额的变化。宁波市银行贷款余额除了在 1960—1964 年期间有了短暂的下降之外,1958—1959 年和1965—1978 年期间,银行信贷资金呈现快速扩张的状态。人民银行宁波分行信贷资金主要投向于工业,商业次之,最后是占少数部分信贷资金的农业。

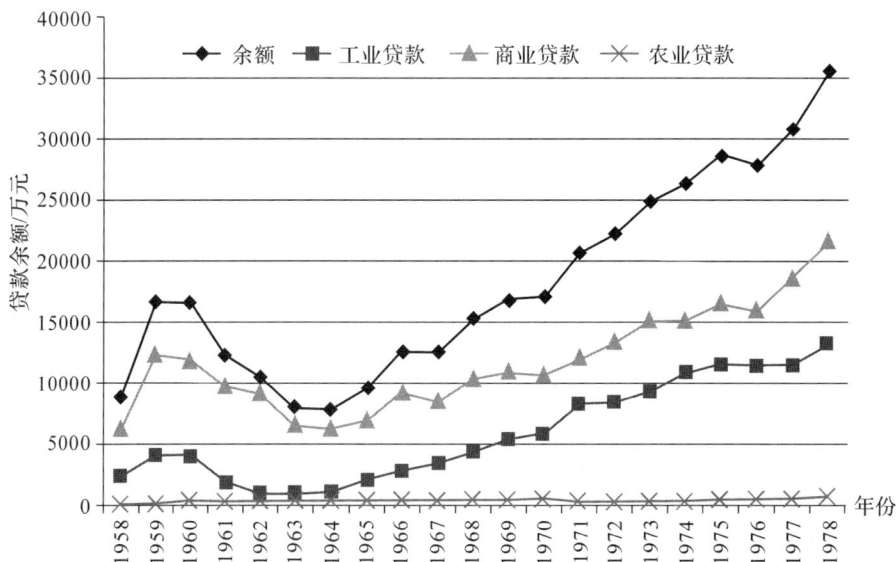

图 5-2　1958—1978 年宁波市银行贷款余额,工业贷款、商业贷款和农业贷款余额
资料来源:宁波市统计局:《宁波市国民经济统计资料(1949—1979)》,1980 年。

第三节　本章小结

　　本章对计划经济期间宁波民营经济的融资模式进行分析。新中国成立后的宁波民营经济的融资模式与 1949 年之前相比已经发生了很大变化。

[①]　文炳勋:《新中国金融体制的历史演进》,《中共党史研究》2006 年第 4 期。

1949 年之前的社团逻辑融资模式和市场逻辑融资模式被依赖政府分配金融资源的政府逻辑融资模式所替代。但是,我们认为政府逻辑融资模式的出现,并不意味着原先的社团逻辑和市场逻辑消失。相反,我们觉得这两种制度逻辑被人们用另外一种形式保留了下来,并且传承给了下一代。下文将对政府逻辑形成的原因、政府逻辑的特点和社团逻辑的保留和传承进行详细叙述。

一、政府逻辑替代社团逻辑和市场逻辑

首先,从政府逻辑形成的原因来讲,政府逻辑的形成与新中国成立后中共中央、政府的政策,以及金融体制的变化有关。毋庸置疑,新中国成立后的宁波民营经济的发展是受到政策限制的。政府对于民营经济发展的态度也是变化的。从新中国成立初期的引导和恢复私营经济生产,到 1953 年的民族资本主义工商业社会主义大改造,再到 1957 年之后,在自上而下的计划经济模式下,民营经济最后出现断层,宁波的民营经济生产和发展一直是在夹缝中求生存。在政策的约束下,外加当时政府对于私营经济的生产采取统购统销的方针,私营经济的生产和投资规模并没有扩大的趋势。也就是说,即使新中国成立初期的宁波民营经济有了初步的发展,但是由于当时国民经济百废待兴,政府对于私营经济的扶持工作所呈现的效用也是有限的,这种情况必然导致宁波民营经济发展的最终成果亦是有限的。由于民营经济发展和投资的规模受到限制,宁波私营经济工商业者并没有扩大投资和融资的意愿,则意味着其对外部融资的需求也是有限的。

其次,政府逻辑的形成还与金融市场资金供给相关。在计划经济体制下,资本市场实行高度集中、僵化的"大一统"金融体制,金融业务发展又缺乏竞争,更由于受到国家政治、经济形势的影响几度历尽波折。[①] 金融市场上资金的供给主要以中国人民银行宁波分行为主。民国时期遗留下来的传统钱庄被金融改造后退出金融市场。而与旧时钱庄处于竞争关系的私营商业银行,新中国成立初期在政策的引导下改组为公私合营商业银行,主要针对私营工商业办理存放款业务。但是这类公私合营商业银行在 1953 年经历社会主义大改造之后,正式纳入人民银行体系,不再作为专业银行而独立存在。也就是说,1953 年之后的宁波金融市场的信贷和存款等金融业务统

① 宋建江、周豪:《宁波市金融体制改革的回顾与展望》,《宁波党政论坛》1994 年第 3 期。

一由人民银行宁波分行进行管理。虽然 1949—1953 年期间,中国人民银行宁波分行为帮助一些宁波私营企业恢复生产,给予融资支持。但是人民银行对于民营企业的资金扶持是有限的,尤其在 1953 年社会主义三大改造之后,民营企业数量大幅减少,资本市场给予民营企业的融资渠道和资本量是微乎其微的。

我们认为 1949—1978 年期间民营企业的政府逻辑融资模式主要呈现以下三个特点。

第一,中国人民银行宁波分行是主要融资渠道。尤其 1953—1978 年期间,我国金融制度基本是由中国人民银行统揽一切金融业务的"大一统"金融体制。[①] 中国人民银行宁波分行在本地除了担任中央银行的职能,还担任商业银行的职能,负责办理各项银行业务。人民银行宁波分行按照中共中央和政府的总方针和有关政策,按总行的指令性计划办事,实行统存统贷的模式。

第二,政府对民营经济发展的制约限制了企业外部融资的需求。新中国成立后的宁波民营企业发展受政府的相关政策影响,经历了从最初的鼓励恢复生产,到社会主义三大改造,再到最后的断层时期三个阶段。宁波民营经济的发展命运和国家对民营经济的态度息息相关。在 30 年的时间里,民营经济发展不断受到外部条件和政策约束,在夹缝中寻求生存和发展。但是归根结底,这种发展模式是消极的。企业自身发展的束缚导致对于外部融资的需求也是有限的。

第三,政府逻辑融资模式主要依附于国家的政策方针。政府逻辑与国家政策的依附性主要体现在 1949—1978 年期间我国金融体制曲折多变的发展形势。高度集中的金融体制随着计划经济体制建立起来,为适应计划经济要求,国家对金融体制的政策在不同阶段具有不同要求。从最初的以公为主、集中为主的金融体制,到 1958—1965 年期间的"两放、三统、一包"政策,再到 1966—1976 年的集中统一的金融管理体系被严重破坏,到最后 1977—1978 年对金融体制进行艰难的整顿。整个金融体制曲折多变的过程跟中共中央政府在不同阶段的总方针和国民经济形势紧密相关。

二、社团逻辑的保留和传承

虽然 1949 年之前民营企业的社团逻辑融资模式在 1949—1978 年期间

---

① 陆世敏:《新中国金融体制改革的回顾与展望》,《财经研究》1999 年第 10 期。

被政府逻辑所替代,但是我们认为这种替代模式的出现,并不意味着社团逻辑彻底消失了。相反,社团逻辑被人们用另外一种形式保留了下来。我们认为传统企业家的观点和传统工商业者的经营管理模式得以了保留。而这种制度逻辑保留和传承的现象,解释了为什么经历了断层阶段的民营经济在 1978 年之后能够迅速崛起。民营经济的复苏和民间借贷在 1978 年之后的再次出现并非是一种新的制度逻辑创新,相反,我们认为这是由于传统制度逻辑得到了保留和新的传承。

那么,社团逻辑是通过什么样的方式保留下来的呢?我们觉得最典型的一种方式,就是传统制度逻辑被 1949 年之前移民到境外的宁波商帮人士保存。1947—1950 年期间,我国处于政权变更、政治形势发生历史性转折的阶段,许多工厂纷纷南迁。1947 年下半年由内地迁港或在香港设立分厂的南迁工厂已有 50 多家。[1] 虽然大部分宁波帮工商业者在解放之前都选择留在内地,但是为数不少的工商业者移居去了中国港澳台地区,或北美、南美、西欧、日本和东南亚等地区。这些移居各地的宁波帮中,有一批实力雄厚、经验丰富的工商企业家、金融家、学者、社会名流。例如,宋汉章、王宽诚、周宗良、李惠利、金宗城、董浩云、包兆龙、包玉刚等。[2] 这些移居的宁波商人除了带走资本外,还把经商的经验带到了海外,将社团逻辑保留了下来。

关于社团逻辑的传承,我们认为可以从两方面进行解释。首先,1949 年之前那些移居海外的宁波商人有亲属和朋友依然留在了内地。在改革开放之后,这些生活在国内的亲友与海外侨胞通过书信、电话等通信手段进行信息的共享和交流。那些移居海外的宁波商帮人士将他们的经商经验和社团逻辑理念分享给内地的亲友。其次,大部分的宁波商人在解放后依然生活在内地。虽然在政策的约束下,他们没有经商,但是他们在新中国成立前的经商经验依然存在的。那些珍贵的经商经验和管理理念在 1978 年改革开放之后,传承给了下一代。

在本书撰写过程中,我们进行了 20 次正式和非正式的访谈和调研。这些调查对象包括 6 名私营企业家、4 名银行工作者、3 名金融和统计机构政府职员和 3 名相关领域专家学者,其中我们在结束第一轮访谈后,再次选取 4 名成员进行第二次的访谈。我们发现一个有趣的现象,目前一些宁波从事商业和银行业的人,他们的祖辈在解放前也是从事商业或者银行相关的行

---

[1]　张守广:《宁波商帮史》,宁波出版社 2012 年版,第 314 页。

[2]　张守广:《宁波商帮史》,宁波出版社 2012 年版,第 317 页。

业。例如,一名余姚从事商业贸易的企业家告诉我们,在"文化大革命"之前,他依然能从父辈或者镇上的人们口中听到关于解放前宁波商人的经商故事。包括在 1949 年之前宁波商人在上海及宁波本地经营钱庄和成立近代商业银行的故事。该名余姚商人的父亲在"文化大革命"反右派期间受到迫害而离世。但是在 1978 年之后,在经商起步阶段,他却得到他父亲生前好友的鼓励和帮助。总而言之,虽然社团制度逻辑在 1949—1978 年期间并没有呈现出来,但是它却依然存在人们的记忆中,被保留了下来,并在 1978 年之后,帮助一批新崛起的宁波商业人士掘到人生第一桶金。

第三篇：制度逻辑再现时期

1978—2012年

江南靖士《宁波帮》诗

多俊生东浙，去来天下通。

帮帮经济竞，代代绩荣隆。

捐献酬孙总，称扬忆邓公。

综先览陈展，志作岂人同！

第六章　宁波民营企业再次起步阶段及其融资模式(1978—1991)

第一节　国家政策和宁波地方政策

　　1978 年召开的党的十一届三中全会是民营经济发展的机遇。大会确定了以经济建设为中心的指导思想。会后,邓小平提出了在以公有制为主体的前提下发展多种经济成分的指导方针。[①] 会议的召开肯定了公有制经济以外的其他经济形式存在的必要性,使长期以来受到禁锢的民营经济重新得到发展,开启了宁波民营经济再次起步的旅程。

　　1978—1991 年这一转轨时期,党和政府致力于从计划经济体制向社会主义市场经济体制转型,对于民营经济的方针政策不断放宽,覆盖领域逐渐扩大,改革力度不断加大。以 1986 年为界,党和政府对民营经济的政策方针主要经历了两个阶段。1986 年之前,我国对于民营经济的政策还处在发展社队企业和个体经济的探索阶段(见表 6-1);1986 年之后,在前期非全民所有制经济发展的经验基础上,改革不断深化,推出了一系列政策鼓励私营经济的发展(见表 6-2)。

---

　　① 　中共中央文献编辑委员会:《邓小平文选》(第三卷),人民出版社 1993 年版,第111 页。

一、允许和鼓励社队企业和个体经济的存在和发展(1978—1986)

这一时期是我国农村社队企业(乡镇企业的前身,许多民营企业改制前的产权形式)腾飞的起点。十一届四中全会上通过的《中共中央关于加快农业发展若干问题的决定》提出要大力发展社队企业,根据不同情形,给予低税和免税待遇。① 社队企业作为民营经济重要的一部分,这一政策促进了其加速发展并为其演变为乡镇企业提供了可能。1979 年 7 月,《国务院关于发展社队企业若干问题的规定(试行草案)》肯定了社队企业在国民经济中的重要性及其独立的经济地位,在所有制、经营管理、销售、技术、税收、分配等十八个方面对社队企业发展进行了规范。② 1982 年,中共中央批转《全国农村工作会议纪要》,这一文件影响最为深刻的是在农村实行家庭联产承包责任制③,大大提高了农业生产率,激发了农民的劳动热情,为社队企业的发展提供了原始资金积累和劳动力来源。

同时,在这一时期,国家对个体经济的政策逐渐放宽,宁波市积极贯彻国家政策,鼓励个体经济发展。1979 年 3 月,国家工商行政管理总局首次提出恢复和发展个体经济。同年,国务院批转了《关于全国工商行政管理局长会议的报告》,该报告的发布使得各地可以批准一些有正式户口的闲散劳动力在不得雇用工人的前提下从事个体劳动性质的修理、服务和手工业工作。④ 这是十一届三中全会以后第一个允许个体经济发展的文件。1979 年11 月,党中央批转中央统战部等六部门《关于把原工商业者中的劳动者区别出来问题的请示报告》,决定摘掉小商小贩"资本家"的帽子。⑤ 1980 年 8月,《中共中央关于转发全国劳动就业会议文件的通知》将发展个体经济作为解决就业的重要途径,为此鼓励和扶植城镇个体经济的发展,坚持在国家统筹规划指导下贯彻劳动部门介绍就业、自愿组织就业和自谋职业相结合

---

① 《中共中央关于加快农业发展若干问题的决定》,http://www.people.com.cn/GB/shizheng/252/5089/5103/5206/20010428/454999.html,2014-11-30。

② 《国务院关于发展社队企业若干问题的规定(试行草案)》,http://www.china.com.cn/law/flfg/txt/2006-08/08/content_7058815.htm,2014-11-30。

③ 《全国农村工作会议纪要》,http://www.china.com.cn/aboutchina/data/zgncg-gkf30n/2008-04/09/content_14684460.htm,2014-11-30。

④ 任学良、赵静:《从摸着石头过河到创造发展奇迹:个体私营经济走过 30 年》,《北京观察》2008 年第 12 期。

⑤ 《关于把原工商业者中的劳动者区别出来问题的请示报告》,http://cpc.people.com.cn/GB/64184/64186/66702/4495508.html,2014-11-30。

的方针。① 1980 年,宁波市开始办理个体工商户登记,并发照。②

　　1981 年 3 月,《中共中央、国务院转发国家农委〈关于积极发展农村多种经营的报告〉的通知》对发展农村个体经济在政策上开了口子,该通知积极鼓励开展多种经营,支持社员个人或合伙从事服务业、手工业、养殖业、运销业等经营活动。生产队对社员开展个人经营活动加以组织和扶助。③ 1981年 6 月,党的十一届六中全会通过《中国共产党中央委员会关于建国以来党的若干历史问题的决议》,决议指出社会主义生产关系应适应并推动生产力发展,中国的基本经济形式是国营经济和集体经济,但是适量的个体经济是必要的补充,该阶段市场调节应作为计划经济的辅助。④ 1981 年 7 月,《国务院关于城镇非农业个体经济若干政策性规定》作为国务院第一个关于个体经济的行政法规性文件,制定了全面的针对个体经济发展的政策,构建了对个体经济的基本政策框架,认可了个体户的经济地位和积极作用。⑤ 1981年 10 月 17 日,中共中央、国务院颁布《关于广开就业门路,搞活经济,解决城镇就业问题的若干决定》。该文件允许个体工商户经营者请两个以内的帮手,有特殊技艺的可带 5 个以内的学徒。这一条款的实质是放宽了对个体经济的雇工限制。⑥ 同时,这一规定是后来雇工 8 人以上被定义为私营经济的由来。

　　1982 年 9 月,党的十二大报告重申公有制经济的指导地位,鼓励发展多种经济形式,再次肯定了非公有制经济的地位和作用,强调了个体经济发展的必要性。国营经济在国民经济中居主导地位,是保障个体经济为社会主义服务的前提,而城乡个体经济作为公有制经济的必要的、有益的补充,应

---

①　《中共中央关于转发全国劳动就业会议文件的通知》,http://www.people.com.cn/item/flfgk/gwyfg/1980/L35501198002.html,2014-11-30。

②　《宁波市个体工商户发展报告》,http://www.nbmz.org/study_read.php? id=148,2014-11-30。

③　《中共中央、国务院转发国家农委关于积极发展农村多种经营的报告的通知》,http://news.xinhuanet.com/ziliao/2002-03/04/content_2543666.htm,2014-11-30。

④　《中国共产党中央委员会关于建国以来党的若干历史问题的决议》,http://cpc.people.com.cn/GB/64184/64186/67029/4519184.html,2014-11-30。

⑤　《国务院关于城镇非农业个体经济若干政策性规定》,http://www.law-lib.com/law/law_view.asp? id=2266,2014-11-30。

⑥　《关于广开就业门路,搞活经济,解决城镇就业问题的若干决定》,http://www.yfzs.gov.cn/gb/info/LawData/gjf2001q/gwyfg/2003-07/11/0955395971.html,2014-11-31。

适度发展。① 1982 年 12 月,五届人大第五次会议通过《中华人民共和国宪法》,规定生产资料社会主义公有制(包括全民所有制和劳动群众集体所有制)是中华人民共和国的社会主义经济基础,国营经济是经济主导力量,城乡个体经济是社会主义经济补充,个体经济合法的权利和利益受到国家保护。②

1983 年以后,在个体经济的基础上,雇工超过 8 人的私营企业出现萌芽并初步发展。对于这种雇工经营的现象,中央政府采取了"看一看"的观望态度。1983 年 1 月,中共中央发布《当前农村经济政策的若干问题》,就雇工问题提出了暂时性对策,即允许农村个体工商户和种养业能手参照《国务院关于城镇非农业个体经济若干政策性规定》请帮手、带学徒。③ 1983 年 4 月,国务院发布了《关于城镇非农业个体经济若干政策性规定的补充规定》,完善细化了对城镇个体经济的政策。④ 1983 年,浙江省政府发文指示个体工商户应在当地政府领导下按需发展。为了响应这一指示,宁波市工商局简化了个体工商户办照的审批手续,推动了个体经济的发展。⑤

1984 年 1 月,中共中央《关于 1984 年农村工作的通知》进一步对农村雇工问题做出规定,农村雇工应继续按中央在《当前农村经济政策的若干问题》中的已有规定执行。工商行政管理部门应及时有效地办理登记发证工作。在这一阶段获得的经验案例应作为今后具体的政策规定的依据。这份文件同时指示要引导私营经济走上合作经济的道路。⑥ 1984 年 2 月,国务院发布了《关于农村个体工商业的若干规定》,全面阐述了对农村个体工商

---

① 《中国共产党中央委员会向第十二次全国代表大会的政治报告》,http://www.360doc.com/content/11/0227/12/829250_96547963.shtml,2014-11-30。

② 《中华人民共和国宪法(1982 年)》,http://www.npc.gov.cn/wxzl/wxzl/2000-12/06/content_4421.htm,2014-11-30。

③ 《当前农村经济政策的若干问题》,http://www.china.com.cn/aboutchinadatazgncggkf30n/2008-04/09/content_14684996.htm,2014-11-30.

④ 《关于城镇非农业个体经济若干政策性规定的补充规定》,http://www.cnlss.com/MolssLaw/SocialSecurity/200707/MolssLaw_20070709210116_3268.html,2014-11-30。

⑤ 《宁波市个体工商户发展报告》,http://www.nbmz.org/study_read.php?id=148,2014-11-30。

⑥ 《关于 1984 年农村工作的通知》,http://www.china.com.cn/aboutchina/data/zgncggkf30n/2008-04/09/content_14685167.htm,2014-11-30。

业的政策规定,据此对农村个体工商业进行登记。① 这一规定促进了农村家庭工业的发展,促使大批农村劳动力进入个体经济。1984 年 10 月 20 日,党的十二届三中全会通过《中共中央关于经济体制改革的决定》,决定指出我国社会主义经济的主导力量是全民所有制,但其发展与其他经济形式和经营方式的发展并不冲突,现阶段我国的个体经济是和社会主义公有制相联系的,对于发展生产力、提高人民生活水平、扩大就业率具有重要作用,是社会主义经济必要的有益的补充。因此,应坚持多种经济形式和经营方式共同发展的方针。②

1985 年,宁波市委、市政府提出"多路并进,集体为主,外引内联,双向发展,城乡结合,农工一体"的方针,为宁波乡镇企业的发展提供了政策指引。③

表 6-1　第一阶段:允许和鼓励社队企业和个体经济的存在和发展(1978—1986)

时间	单位、会议、文件	主要政策
1978 年	党的十一届三中全会	以经济建设为中心、在以公有制为主体的前提下发展多种经济成分的指导方针
1979 年	党的十一届四中全会,《中共中央关于加快农业发展若干问题的决定》	大力发展社队企业,给予低税免税
1979 年 7 月	《国务院关于发展社队企业若干问题的规定(试行草案)》	肯定了社队企业在国民经济中的地位,并提出发展方案
1979 年	《关于全国工商行政管理局长会议的报告》	允许闲散劳动力在不雇用工人的前提下从事个体劳动性质的修理、服务和手工业工作
1979 年 11 月	《关于把原工商业者中的劳动者区别出来问题的请示报告》	摘掉小商小贩"资本家"的帽子
1980 年 8 月	《中共中央关于转发全国劳动就业会议文件的通知》	将发展个体经济作为解决就业的重要途径,鼓励扶植城镇个体经济的发展
1980 年	宁波市工商局	宁波开始办理个体工商户登记,并发照

① 《关于农村个体工商业的若干规定》,http://www.sfsk.net/lbw/fg/g2/3.htm,2014-11-30。

② 《中共中央关于经济体制改革的决定》,http://www.gov.cn/test/2008-06/26/content_1028140_2.htm,2014-11-30。

③ 《中共中央关于经济体制改革的决定》,http://www.gov.cn/test/2008-06/26/content_1028140_2.htm,2014-11-30。

续表

时间	单位、会议、文件	主要政策
1981 年 3 月	《中共中央、国务院转发国家农委〈关于积极发展农村多种经营的报告〉的通知》	对发展农村个体经济在政策上开了口子,鼓励社员个人或合伙从事个体经营
1981 年 6 月	党的十一届六中全会,《中国共产党中央委员会关于建国以来党的若干历史问题的决议》	个体经济作为公有制经济的补充,市场调节作为计划经济的补充
1981 年 7 月	《国务院关于城镇非农业个体经济的若干政策性规定》	国务院第一个关于个体经济的行政法规性文件,认可了个体户的地位和作用
1981 年 10 月	《关于广开就业门路,搞活经济,解决城镇就业问题的若干决定》	放宽个体经济雇工限制
1982 年	《全国农村工作会议纪要》	农村家庭联产承包责任制
1982 年 9 月	《中国共产党中央委员会向第十二次全国代表大会的政治报告》	再次肯定了非公有制经济地位和作用,强调个体经济发展的必要性
1982 年 12 月	《中华人民共和国宪法(1982 年)》	城乡个体经济是社会主义经济的补充,其合法的权利和利益受到国家保护
1983 年 1 月	《当前农村经济政策的若干问题》	雇工问题暂时性对策
1983 年 4 月	《关于城镇非农业个体经济若干政策性规定的补充规定》	完善细化了对城镇个体经济的政策
1983 年	浙江省政府	浙江按需发展个体工商户
1984 年 1 月	《关于 1984 年农村工作的通知》	农村雇工问题,引导私营经济向合作经济发展
1984 年 2 月	《关于农村个体工商业的若干规定》	全面阐述了对农村个体工商业的政策规定,据此对农村个体工商业进行登记
1984 年 10 月	《中共中央关于经济体制改革的决定》	再次肯定了个体经济的地位,坚持多种经济形式和经营方式共同发展的方针
1985 年	宁波市委、市政府	"多路并进,集体为主,外引内联,双向发展,城乡结合,农工一体"的乡镇企业发展方针

二、允许私营经济存在和发展(1987—1991)

在经历了个体经济的进一步发展阶段以及对私营经济的观望期后,党和政府逐步确定了对私营经济的政策和方针,掀起了宁波市私营经济发展的潮流。

1987 年 1 月,中共中央发布《中共中央关于把农村改革引向深入的通知》,首次肯定了私营经济对社会主义经济的必要性和有益性。私营经济是社会主义经济结构的补充,有利于资金、技术、劳动力的结合,有利于提高社会生产力和就业率,培养经营人才。该通知提出了"允许存在、加强管理、兴利抑弊、逐步引导"的私营经济发展方针。与之前引导向合作经济发展不同,"逐步引导"指引导私营企业自身健康发展。该通知还要求有关部门尽快对私营经济的各方面做出规定。① 1987 年 8 月,国务院发布了《城乡个体工商户管理暂行条例》,进一步促进了个体经济的发展。该条例允许有经营能力的城镇待业人员、农村村民以及国家政策允许的其他人员通过申请并经依法核准登记后成为个体工商户,从事个体工商业的经营,并强调个体工商户的合法权益享有国家法律保护。② 1987 年 10 月,党的十三大报告进一步对私营经济政策进行了阐述,并第一次在党的全国代表大会上肯定了私营经济的有益性和必要性。报告指出社会主义初级阶段所有制结构应以公有制为主体;在社会主义背景下,私营经济的发展受到公有制的制约,因此私营经济的发展有利于提高生产力,搞活市场,增加就业,提高人民生活水平,是公有制经济必要的和有益的补充。但是现阶段其他经济成分过少,要视具体情况鼓励城乡合作经济、个体经济和私营经济发展。③

　　1988 年 4 月,第七届全国人民代表大会第一次会议通过的《宪法修正案》用国家根本大法的形式确定了私营经济的地位。在宪法第十一条增加了"国家允许私营经济在法律规定的范围内存在和发展。私营经济是社会主义所有制经济的补充。国家保护私营经济的合法权利和利益,对私营经济进行引导、监督和管理"④。1988 年 6 月,国务院颁布《私营企业暂行条例》,明确了私营企业的定义:私营企业是指资产私有且雇工超过 8 人的以营利为目的的经济组织。私营经济是社会主义公有制经济的补充,私营企业的合法权益及其在国家法律、法规和政策允许的范围内的经营活动受国

---

① 《中共中央关于把农村改革引向深入的通知》,http://www.caein.com/index.php/Index/Showcontent/index/bh/006001/id/5422,2014-11-30.

② 《印发〈城乡个体工商户管理暂行条例实施细则〉的通知》,《中华人民共和国国务院公报》1987 年第 20 期。

③ 《党的十三大报告——沿着有中国特色的社会主义道路前进》,http://mksxy.hainnu.edu.cn/html/2012/lswx_1207/218.html,2014-11-30。

④ 《中华人民共和国宪法修正案(1988 年)》,http://www.law-lib.com/law/law_view.asp? id=204,2014-11-30。

家法律保护。① 同年,国务院通过了《中华人民共和国私营企业所得税暂行条例》②《国务院关于征收私营企业投资者个人收入调节税的规定》,1989 年发布了《私营企业劳动管理暂行规定》,对私营经济的税收及劳务关系进行了规范。③

　　1989 年 9 月 29 日,江泽民同志在庆祝中华人民共和国成立四十周年大会上的讲话中强调我国经济建设应继续坚持以公有制为主体、多种经济成分共同发展的方针,使个体经济、私营经济等经济成分对社会主义经济积极的补充作用得到充分发挥,要根据我国基本国情来确定非公有制经济在我国经济中所占比重和领域。④ 1989 年 11 月 9 日,党的十三届五中全会通过《关于进一步治理整顿和深化改革的决定》,该决定再次强调了个体经济、私营经济在社会主义经济中的补充性地位。通过经济的、行政的和法律的手段加强对个私经济的监管和引导,鼓励它们继续发展并发挥在各方面的积极作用。⑤ 1990 年,宁波市工商局发布了《关于个体工商户和私营企业从事生产经营行业和商品的若干规定》,鼓励支持个体工商户从事服务业、修理业等七大行业。⑥ 1991 年 12 月,《中共中央关于制定国民经济和社会发展十年规划和"八五"计划的建议》概括地提出了坚持走建设有中国特色的社会主义道路的十二条原则,第五条强调坚持以社会主义公有制为主体多种经济所有制并存的所有制结构,有效监管并引导个体经济、私营经济和其他经济成分,以充分发挥其积极作用。⑦

　　中央政府出台一系列政策肯定了非公有制经济在经济发展中的地位

---

　　① 《私营企业暂行条例》,http://www.saic.gov.cn/zcfg/xzfggfxwj/198806/t19880625_45948.html,2014-11-30。

　　② 《中华人民共和国私营企业所得税暂行条例》,http://www.chinabx.gov.cn/NewView.asp? NewsID=1072,2014-11-30。

　　③ 《国务院关于征收私营企业投资者个人收入调节税的规定》,http://www.law-lib.com/law/law_view.asp? id=5112,2014-11-30。

　　④ 江泽民:《在庆祝中华人民共和国成立四十周年大会上的讲话》,《党建研究》1989 年第 8 期。

　　⑤ 《关于进一步治理整顿和深化改革的决定》,http://www.reformdata.org/content/19891109/26593-3.html,2014-11-30。

　　⑥ 《宁波市个体工商户发展报告》,http://www.nbmz.org/study_read.php? id=148,2014-11-30。

　　⑦ 《中共中央关于制定国民经济和社会发展十年规划和"八五"计划的建议》,http://www.people.com.cn/GB/other4349/20010228/405430.html,2014-11-30。

（见表6-2）。一系列的条例和法律的出台，不但是政府鼓励私营经济发展的信号，更是从法律层面保护了私营经济的合法权益，为民营经济突出发展创造良好的政治和市场环境。

表 6-2　第二阶段：允许私营经济存在和发展（1987—1991）

时间	单位、会议、文件	主要政策
1987 年 1 月	《中共中央关于把农村改革引向深入的通知》	首次肯定了私营经济对社会主义经济的必要性和有益性
1987 年 8 月	《城乡个体工商户管理暂行条例》	依法核准登记后成为个体工商户，其合法权益享有国家法律保护
1987 年 10 月	《党的十三大报告——沿着有中国特色的社会主义道路前进》	进一步阐述私营经济政策，首次在党的全国代表大会上肯定私营经济的有益性和必要性
1988 年 4 月	第七届全国人民代表大会第一次会议，《中华人民共和国宪法修正案（1988 年）》	用国家根本大法的形式确定了私营经济的地位
1988 年 6 月	《私营企业暂行条例》	明确了私营企业的定义，再次强调了私营企业的地位，其合法权益受法律保护
1988、1989 年	《中华人民共和国私营企业所得税暂行条例》《国务院关于征收私营企业投资者个人收入调节税的规定》《私营企业劳动管理暂行规定》	对私营经济的税收及劳务关系进行了规范
1989 年 9 月	《庆祝中华人民共和国成立四十周年大会上的讲话》	再次强调了其他经济成分有益的、必要的补充作用，非公有制经济的比重应根据国情确定
1989 年 11 月	《关于进一步治理整顿和深化改革的决定》	通过经济的、行政的和法律的手段加强对个私经济的监管和引导，鼓励其继续发展
1990 年	《关于个体工商户和私营企业从事生产经营行业和商品的若干规定》	鼓励支持个体工商户从事服务业、修理业等七大行业
1990 年 12 月	《中共中央关于制定国民经济和社会发展十年规划和"八五"计划的建议》	概括地提出了坚持走建设有中国特色的社会主义道路的十二条原则，强调个私经济积极的补充作用

第二节　宁波民营企业发展概况

改革开放以来,随着经济体制的改革和市场环境的优化,宁波民营经济又一次开始迅速发展壮大。1978 年至 1991 年,成为宁波民营企业再次起步的重要历史阶段。以宁波为代表的东部地区利用自身区位优势和资源优势,冲破了"大一统"的金融束缚,通过多种融资方式摆脱"低水准的均衡",实现经济的快速发展。

在改革开放之初,浙江的民营企业并不具有某种初始性的"禀赋"优势。尽管浙江一直以民营化的率先改革和迅速推动著称,在 1978 年,浙江省的国有经济与民营经济比重并没有显著差别。但是在改革开放过程中,"国退民进"表现得比其他任何省份都显著。然而从国有企业每百元资金实现的利税来看,浙江国有企业利税率总体高于全国平均水平,实现了国有经济与民营经济的共荣。①

宁波市改革开放以来国有及民营工业比重变化也清晰地显示了"国退民进"的这一特点。从表 6-3 及图 6-1 中可以看出,1978—1991 年,宁波市国有工业产值占总工业产值的比重从 51.38%降低至 34.60%,民营工业产值占比从 3.06%上升至 3.86%。国有经济在宁波经济发展中的地位已经有了大幅下降,宁波民营经济的发展令人瞩目。

表 6-3　宁波市改革开放以来国有及民营工业比重情况

年份	国有(万元)	国有(%)	民营(万元)	民营(%)
1978	103036	51.38		
1979	134514	55.01		
1980	175483	51.99	10328	3.06
1981	193230	48.93	14484	3.67
1982	202101	47.50	15449	3.63

---

① 金祥荣等:《民营化之路——轨迹与现象的理论解释》,浙江大学出版社 2008 年版,第 47—48 页。

年份	国有(万元)	国有(%)	民营(万元)	民营(%)
1983	280878	50.93	12145	2.20
1984	283627	42.83	14159	2.14
1985	320516	36.07	20167	2.27
1986	362683	35.75	21167	2.09
1987	400396	32.87	29609	2.43
1988	433944	29.00	50242	3.36
1989	723619	36.38	24923	1.25
1990	737854	35.86	50436	2.45
1991	932894	34.60	104159	3.86

数据来源:宁波市统计局:《宁波统计年鉴2013》,中国统计出版社2013年版。

注:国有及民营工业比重按工业总产值计算。

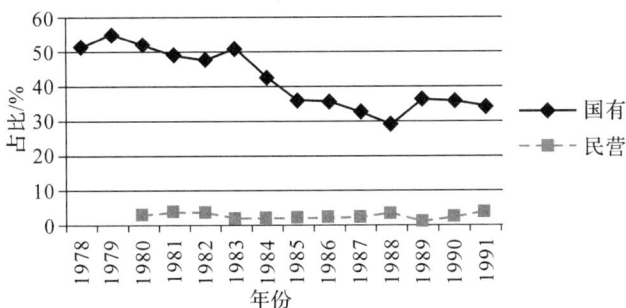

图6-1　宁波市改革开放以来国有及民营工业比重变化趋势

数据来源:宁波市统计局:《宁波统计年鉴2013》,中国统计出版社2013年版。

注:国有及民营工业比重按工业总产值计算。

宁波经济素有"草根经济"之称,在资源、耕地匮乏,经济文化落后,政府无投资、集体无家底,国家对民营经济政策还不明确的背景下,创造性地从家庭作坊、小商品市场、个体、私营企业、乡镇企业逐步发展起以民间投资经营为主体的经济方式,为之后宁波逐渐形成以个体和私营企业为基础、以市场为依托的市场格局,走出一条彻底的民营化、市场化为特征的区域经济发展道路,形成以民营经济为主体的发展格局奠定了雏形。[①]

宁波个体私营经济首先在慈溪县出现,即该县观城、新浦、白沙等地先后出现了一批联户以及个体工商户。他们主要为重金属浇铸、塑料制品、小五金、针织等行业的大中型企业制造小配件及提供加工服务。1984 年,全县个体及私营企业已逾 2700 家。该阶段,宁波个体经济发展从数量上有了质的飞跃,从 1978 年的 186 户增长到 1987 年的 10.6 万户。[②] 1980 年,宁波市个体工商户登记发照工作启动,共计 4597 户参与了发证,从业人员 4689人。1983 年,在浙江省政府的按需发展个体工商业的指示下,宁波市工商局简化审批手续以促进个体经济发展,新增 386 户个体工商户,年底,全市个体工商户总量高达 24216 户,从业人员增加至 28135 人(见图 6-2、6-3)。1984 年,《关于农村个体工商业的若干规定》等文件的发布,促进了农村个体经济的大发展。1988 年,随着《城乡个体工商户管理暂行条例》和《私营企业暂行条例》的发布,宁波市出现了第一家挂市牌的私营企业——宁波市锡麟电子有限公司。之后,宁波个私经济发展势头更加强劲。1990 年,宁波市工商局出台《关于个体工商户和私营企业从事生产经营行业和商品的若干规定》,支持服务业、修理业等 7 类行业的发展,年底,宁波市个体工商户共计14.1 万户,从业人员多达 24 万人。在这一转轨时期,国有经济比重不断下降,宁波逐渐形成了以民营经济为主导的发展趋势。[③]

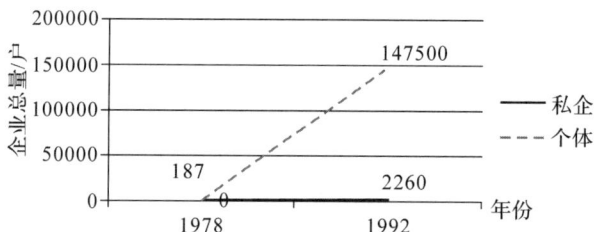

图 6-2　宁波市个体、私营企业总量

资料来源:宁波市统计局:《宁波统计年鉴 2013》,中国统计出版社 2013 年版。

---

① 燕小青:《民间金融发展的理论与实证——基于宁波中小企业和农户的视角》,中国社会科学出版社 2012 年版,第 56 页。

② 孙建红:《宁波民营企业制度演变的历史考察》,《中国经济史研究》2011 年第 2 期。

③ 《宁波市个体工商户发展报告》,http://www.nbmz.org/study_read.php? id=148,2014-11-30。

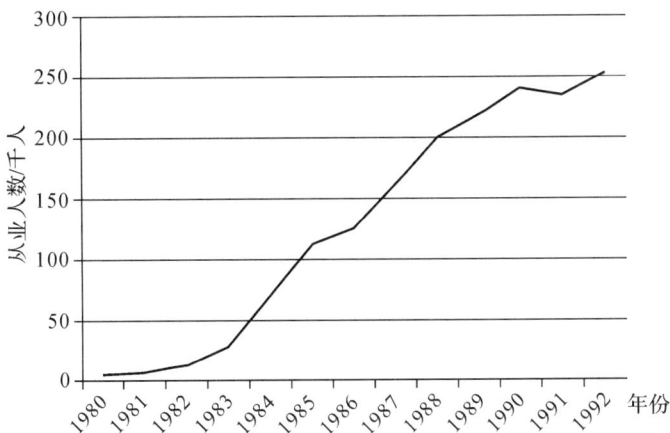

图 6-3　宁波市历年个体工商户从业人员发展情况

数据来源:宁波市工商行政管理局:《宁波市个体工商户发展报告》,2007 年。

宁波市乡镇企业在 20 世纪 80 年代成为起步较早的后起之秀。宁波乡镇企业从最初的以手工操作为主的小加工厂,发展成社队企业,1984 年更名为乡镇企业。1979—1983 年,宁波市乡镇企业工业总产值年均增长 29.07％,至 1983 年,全市乡镇企业工业产值占全市总产值的 35％,达到 24.23 亿元。1985 年,宁波市政府提出"多路并进,集体为主,外引内联,双向发展,城乡结合,农工一体"的方针,宁波乡镇企业生产经营呈现强劲势头。① 是年,全市乡镇企业产值增长至 1978 年的 6.52 倍,达 59.33 亿元。全市除海曙区,其余辖区产值都逾亿元。1990 年末,全市有乡镇企业 36809 家,从业人员 790388 人,年产值 147.6 亿元,占全市工业总产值的 62％。1991 年,全市乡镇企业产值又创新高,为 209 亿元,占市工业总产值的 56％。由此可见,乡镇企业已经成为宁波农村经济的中流砥柱。到 1992 年,宁波乡镇企业总产值高达近 300 亿元,占全市工业产值 70％以上,年产值逾千万元的乡镇企业 449 家,鄞县、慈溪、余姚进入全国乡镇企业百强县。这一时期宁波乡镇企业的飞速发展是 20 世纪 90 年代民营经济腾飞的基石。为了适应市场经济体制及新时期发展的需要,在接下来的 20 世纪 90 年代,这些乡镇企业通过产权制度改革转型为民营企业,是 21 世纪初大部分宁波民营

---

① 董其岳:《鄞县乡镇企业与民营经济发展》,http://yzaper.yzhnews.com.cn/shtml/yzaper/20140714/30421.shtml,2014-07-14。

企业的前身,更是宁波整体工业经济的主要支柱。[1][2]

然而,在宁波民营经济高速发展的背后,存在着非常严重的"三七错位"问题。国有企业占有社会资金的 70%,回馈社会的仅 30%,而民营经济却恰恰相反。金融对民营经济的支持与民营经济对经济的贡献存在严重不对称。在大部分金融资源被国家分配给国有经济的情况下,这种体制外的产出增长只能依靠民间金融支持。民间金融是民营经济起步阶段的资本源泉。[3] 改革开放后,传统的商业文化和规范逐渐恢复,民间金融随着经济发展而逐步恢复发展,宁波地区的人们对于契约执行的高度认同为民间金融市场的发展提供了更好的社会制度环境,银行信贷和民间金融的结合更有效地配置了资源,从而支持并促进了宁波市民营经济乃至整体经济的发展。[4]

第三节　宁波民营企业融资渠道分析

改革开放重塑宁波民营工商业,间接助推了宁波城市化、工业化和城乡一体化的发展进程。[5] 作为民营工商业血脉的宁波金融业也进入了起步发展时期。在这一时期,商业银行得到了进一步发展,股票市场、债券市场相继出现,外资开始介入中国市场,民间金融迅速成长。但是,由于商业银行存在信贷歧视及对民营企业的惜贷现象,股票市场和债券市场刚刚出现且集中面向国有大中型企业,间接利用的外资规模小且主要面向国有企业和针对基础设施建设的需要,民间金融成为这一阶段宁波民营企业的主要资金来源。在这一阶段,宁波市民营企业主要有两大融资渠道:银行信贷和民间金融。

---

① 孙建红:《宁波民营企业制度演变的历史考察》,《中国经济史研究》2011 年第 2 期。

② 王凌:《宁波民营经济三十年:回顾、经验与前瞻》,《生产力研究》2009 年第 13 期。

③ 燕小青:《民间金融发展的理论与实证——基于宁波中小企业和农户的视角》,中国社会科学出版社 2012 年版,第 3 页。

④ 金祥荣等:《民营化之路——轨迹与现象的理论解释》,浙江大学出版社 2008 年版,第 133 页。

⑤ 农贵新:《宁波民营企业融资模式及发展思路》,《宁波经济》(三江论坛)2009 年第 12 期。

一、银行信贷

银行信贷是民营企业资金的首要来源。作为宁波金融业的重要组成部分,1978 年以后宁波银行业务(包括城乡信用社)取得了引人注目的发展,四大专业银行相继建立。①

（一）银行信贷总的政策方针

1978—1991 年,在改革开放的大背景下,为了满足从计划经济体制向社会主义市场经济体制转轨的需要,促进宁波市产业结构调整及按经济办法管理经济,宁波市银行在"区别对待、择优扶植"和"以销定贷"的信贷原则指导下相继对信贷业务的管理、投向、领域进行了改革调整。企业资金不再由银行包揽,贷款"供给制"逐渐消失。改革开放以前,银行贷款以信用贷款为主,风险较高;1978 年以后,银行信贷逐渐规范化,贷款合同和担保抵押逐渐盛行。作为"区别对待、择优扶植"的依据,宁波银行企业资信等级评估从 20 世纪 80 年代后期由四大专业银行、农信社和鄞县信用社联社分别进行。

中国人民银行总行于 1980 年 2 月正式下达信贷差额管理办法,该办法在坚持银行业务集中统一的前提下,实行"统一计划、分级管理、存贷挂钩、差额控制"的体制,标志着实行了 30 年之久的"统收统支"信贷计划管理体制的结束。② 1984 年 10 月,中国人民银行总行颁布信贷资金管理办法,自 1985 年 1 月 1 日起,宁波实行"实存实贷"。1985 年 2 月,国务院《借款合同条例》出台,银行贷款市场化进程加快。③

1988 年,国务院批准宁波成为计划单列市,自此宁波具有相当于省一级的经济管理权限。银行的信贷计划由总行直接管辖,从而增大了开展信贷业务的自主权和机动性。之后几年,工业、投资及消费增长过快,导致经济过热、通货膨胀、市场疲软等问题。金融业出现弊端,信贷规模过大,货币投放过多,直接导致通货膨胀。至 1990 年,宁波市银行在国家宏观调控下,开始实施"控制总量,调整结构,保证重点,压缩一般,适时调节"的信贷货币政策。④

---

① 宁波金融志编纂委员会:《宁波金融志》(第二卷),方志出版社 2006 年版,第167 页。

② 宁波金融志编纂委员会:《宁波金融志》(第二卷),方志出版社 2006 年版,第 225—226 页。

③ 宁波金融志编纂委员会:《宁波金融志》(第二卷),方志出版社 2006 年版,第227 页。

④ 宁波金融志编纂委员会:《宁波金融志》(第二卷),方志出版社 2006 年版,第227 页。

(二)银行信贷发展状况

在这一经济转轨时期,宁波市信贷业务获得巨大发展。银行存贷款金额迅速增长,成为宁波经济及民营企业的重要资金来源。1978年人民币存款余额5.01亿元;到1985年存款余额已到达26.7亿元,增长433%;到1990年存款余额89.9亿元,整个"七五"期间增长237%。1991年末,宁波市存款余额已经达到118.1亿元。与存款高速增长相对应,人民币贷款也几年一个新台阶,1978年人民币贷款余额为6.9亿元;到1985年增至30.5亿元,增长342%;到1990年又增至97.4亿元,整个"七五"期间增长219%。1991年末,宁波市金融机构人民币贷款余额已达122.7亿元之巨。[①] 在这一时期,1984—1988年,经济过热,企业资金需求增大,导致贷款迅速增加,民间金融活跃,银行存贷比平均为117.8%。1989年,为了抑制经济过热现象,国家进行了一系列宏观调控,实行"限额管理,以存定贷"信贷资金管理办法,降低了存贷比,到1991年末,存贷比降至103.9%(见表6-4、图6-4)。

表6-4 宁波市历年金融机构人民币存贷款与存贷比情况

年份	存款余额(万元)	贷款余额(万元)	存贷比(%)
1978	50194	68843	137.15
1979	64379	78939	122.62
1980	90536	107339	118.56
1981	107253	114394	106.66
1982	130697	130617	99.94
1983	154150	146636	95.13
1984	207363	242546	116.97
1985	266510	304823	114.38
1986	354390	414921	117.08
1987	445081	522160	117.32
1988	522116	643234	123.20
1989	639228	765704	119.79
1990	899295	973946	108.30
1991	1180588	1227009	103.93

数据来源:本表数据来自中国人民银行宁波中心支行。

---

① 王国言、卫红:《世纪回眸:近二十年宁波金融业发展的辉煌成就及基本经验》,《宁波经济》1998年第9期。

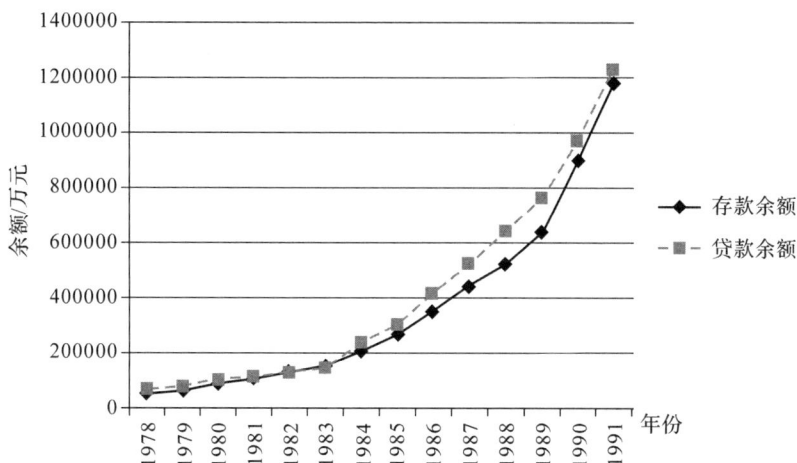

图 6-4　宁波市历年金融机构人民币存贷款情况
数据来源:本表数据来自中国人民银行宁波中心支行。

在这一阶段,国务院及中国人民银行在商业银行对民营企业信贷方面出台了一系列法律法规和政策,宁波市商业银行对民营经济的融资政策不断放宽,资本支持力度不断加大。1979 年,对私营工商业只存不贷。1980年 9 月,基于中国人民银行总行《关于积极支持个体工商户适当发展的通知》,对证照齐全、经营状况良好、还款有保证的个体工商户适量贷款。1981年末宁波市个体工商贷款余额 2 万元,1983 年余额增长至 10 万元。1984年,国务院《关于农村个体工商业的若干规定》推动了银行对个体工商户的融资支持。同年 3 月,《城镇个体经济贷款办法》由中国工商银行总行颁布;7 月,中国工商银行宁波市支行大力支持个体经济发展以贯彻总行大连会议精神;12 月,根据中国农业银行总行《农村个体工商户、私营企业贷款管理暂行办法》,宁波市农业银行系统加快发放个体工商户、私营企业贷款。该年年末,全市该项贷款余额 92 万元。1987 年 6 月,宁波市工商银行和农业银行先后开展了抵押贷款业务。在总结经验的基础上,1988 年 8 月,中国农业银行就个体工商户和私营企业信贷业务的各个方面(贷款范围、条件、额度等)做了较为详细的规定,确定了"鼓励发展,热情帮助,加强管理,兴利抑弊"的方针。该年年末,宁波市抵押贷款余额为 226 万元。①

---

① 宁波金融志编纂委员会:《宁波金融志》(第二卷),方志出版社 2006 年版,第 263—264 页。

工业信贷迅速增长。在短期工业流动资金贷款方面,科技开发贷款是转轨时期民营工业企业银行信贷的典型代表。科技开发贷款主要用于支持工业企业进行新技术、新产品的研发和科技成果向生产领域的转化。1985年,中国工商银行宁波市分行率先发放了这一贷款并取得成功,信贷规模不断扩大。1990年,该行推出的科技开发贷款支持的项目有5个获得全国首届科技开发贷款优秀成果展览会"金箭奖"。随后,中国农业银行宁波市分行开始发放该项贷款,首批发放22万元。第二年,第二批科技开发贷款"星火计划""丰收计划"2000多万元被推向市场,共计支持15个项目开发,创造出2亿元产值、800多万美元外汇和1500万元利润。[①]

进出口企业和外贸企业贷款增加。在1979年中国银行宁波支行进出口企业和外贸企业贷款余额763万元、宁波港正式对外开放,1981年外贸体制改革中浙江省拥有了自营出口权,1984年宁波成为对外开放城市的大好环境下,宁波市对外贸易额迅速增加。为了支持进出口企业及对外贸易发展,宁波市进出口企业和外贸企业贷款也随之快速增长。1984年,该项贷款余额达8791万元。至1991年,该项贷款余额增至70317万元。[②]

宁波市的票据融资为宁波市民营企业的短期资金流转提供了便捷有效的途径。在宁波,该业务主要是商业汇票贴现,始于1982年。当时,为了解决工业企业产品库存积压造成的资金周转不灵的问题,中国人民银行慈溪县支行与商业部门协作,通过由商业部门购买商品,企业持票贴现的方式解决产销矛盾和资金周转问题。至1986年,慈溪县共计办理549笔总计3002万元的票据承兑贴现业务。1983年9月,中国人民银行浙江省分行召开会议,在总结慈溪经验的基础上制定了票据承兑办法。宁波市各大银行根据自身特点制定了票据承兑章程。1984年4月,中国人民银行颁发《商业汇票承兑、贴现暂行办法》。1985年9月,宁波市全面推行商业汇票承兑、贴现业务。1989年,中国人民银行通过《银行结算办法》和《银行结算会计核算手续》,对商业汇票承兑贴现的手续进行了规范。该年宁波市共计办理该项业务39590万元。[③]

---

① 宁波金融志编纂委员会:《宁波金融志》(第二卷),方志出版社2006年版,第236页。

② 宁波金融志编纂委员会:《宁波金融志》(第二卷),方志出版社2006年版,第246—248页。

③ 宁波金融志编纂委员会:《宁波金融志》(第二卷),方志出版社2006年版,第270—271页。

　　然而,在起步发展阶段,宁波民营企业仍然处在以民间金融为主导的融资抑制时期。受长期计划经济以及行政干预的影响,我国商业银行基于产权的同源性、责任规避、呆坏账补贴及成本等方面的原因在对民营企业贷款时存在信贷歧视。民营企业难以从国有商业银行获得信贷资金,而面向中小企业的金融服务机构却又因为国家的国有经济导向而被限制发展。民营经济不得不转而寻求非正式融资渠道的支持。[①]

　　在工业方面,若干文件表明,转轨时期银行信贷主要面向国有大中型企业。1984 年 3 月,中国工商银行经中国人民银行总行授权颁发《关于国营工业企业流动资金管理暂行办法》和《关于国营工业企业流动资金贷款补充规定》;1986 年 9 月,中国工商银行浙江省分行转发中国工商银行总行《国营工交企业流动资金贷款暂行办法》;1991 年 4 月,宁波市银行联席会议贯彻年初全国行长会议精神,通过《宁波市金融系统搞活大中型企业的若干意见》。[②] 在商业方面亦是如此,1984 年以前,银行信贷主要针对国营商业,国营商业改制后的企业实体成为 1984 年以后的贷款对象。[③]

　　在计划经济体制时期就已经初露端倪的控制性金融监管制度(或者称"金融管制")得以形成和强化,于 20 世纪 80 年代末期,基本形成体系,包括银行信贷配给制、金融业准入门槛(即对非国有形式的金融机构的限制)、利率管制、提高存款准备金率等措施。这种金融压抑政策对于再次起步发展的民营经济相当不利,其资金需求无法从正规金融途径取得,迫使民营企业走向各种非正式金融渠道。[④]

二、民间金融

(一)民间金融界定

　　民间金融又称为"非正式金融""非正规金融"。相对于银行,民间金融指未被金融监管当局所控制的金融活动,即在正规金融之外的,有组织或无组织、隐蔽或半隐蔽地从事以营利为目的的筹融资活动。民间金融包括个

---

　　① 杨宜:《民营中小企业融资问题研究:以北京市为例》,科学出版社 2009 年版,第 39—41 页。

　　② 宁波金融志编纂委员会:《宁波金融志》(第二卷),方志出版社 2006 年版,第 232—233 页。

　　③ 宁波金融志编纂委员会:《宁波金融志》(第二卷),方志出版社 2006 年版,第237 页。

　　④ 汪丽丽:《非正式金融法律规制研究》,2013 年华东政法大学博士学位论文,第 76 页。

人间、个人对企业、企业间借贷等民间借贷形式,也包括各种集资活动以及基金会、标会以及地下钱庄等地下或半地下的金融活动等。

民间金融包括以下几个层面的含义。① (1)交易主体:大部分是难以从正规金融部门得到资金融通的经济行为人,比如发生相互借贷行为的农民,获得创业资金的企业主;(2)交易对象:基本是在正规金融机构不被认可的非标准化合同性的金融工具;(3)交易场所:一般没有规范机构和正规经营场所;(4)金融监管:基本上未被金融监管当局有效监管;(5)地域性:强调区域性。在宁波地区,民间金融主要是为一定区域内的中小微民营企业和居民户提供融资的组织和方式,是客观供求刺激下民间自发形成的"内生金融"形式。

民间金融存在三大潜在优势。

第一,信息优势。在地缘、血缘、人缘基础上发展起来的民间金融,具有天然的信息优势。贷款人相对比较了解借款人的资信、收入、还款能力和意愿,同时借贷双方保持比较经常的接触,贷款人能够及时了解借款人按时足额还款付息的能力和意愿,准确判断自身投资的风险度,从而避免和减少了信息不对称、道德风险、逆向选择等问题。

第二,担保优势。民间金融所提供的担保指的是广义的担保,包括有形物品所提供的还款保障和通过无形社会关系对借款人实施行为约束而形成的隐性保障。首先,许多在正规金融市场上不能作为担保的物品在民间金融市场上却可以作为担保,便利了交易的进行。其次,由于资金的借贷双方在信贷市场上和其他市场上(如商品市场)都存在交易关系,双方在签订信贷契约时还把其他市场的交易情况附加到里面以增加借款人违约成本,提高了贷款人对借款的控制力。再次,在存在的社会联系与借款人的还款行为挂钩时,资金供需双方就存在一种隐性的或无形的担保资源。借款人违约很可能以破坏这种联系为代价,抵消违约受益。最后,个人与企业之间的民间借贷具有预算硬约束。父债子还是民间金融预算硬约束的典型代表。

第三,交易成本优势。交易成本和担保品获得的难易程度都是交易成本的重要组成部分。除此之外,民间金融的交易成本优势还体现在以下两个方面:一是操作简便。从贷款审批与银行信贷相对复杂而漫长的流程相比,民间金融更加快速便捷,合同约定可以就利率、还款期限、还款方式等进

---

① 燕小青:《民间金融发展的理论与实证——基于宁波中小企业和农户的视角》,中国社会科学出版社 2012 年版,第 14—18 页。

行灵活的创新变通,简单实用,降低了交易成本;二是交易门槛低、限制少、劳动力成本低。一般不需要固定交易场所,不限制交易时间,多发生在中小城市及农村,劳动力成本相对低廉。①

(二)民间金融的法律政策依据

在这一阶段,我国对于非正式金融的政策总体较宽松,处于暂时性放开时期(1979—1995),但明确承认的只有公民个人间的借贷、公民个人与非正式金融企业间的借贷。非正式金融组织有了很大发展,一些地下的非正式金融组织浮出水面,成为合法的信用社、合作基金会等金融形式。② 我国民间金融监管缺乏有效的、系统性的法律规定,有关民间融资的法律法规散见于《民法通则》《关于人民法院审理借贷案件的若干意见》《中华人民共和国银行管理暂行条例》等法律法规和政策中。根据承认与抑制的不同态度,可以将这一时期非正式金融相关的法律法规分为如下两类。

1. 明确赋予民间借贷合法性的法律规范

1986 年通过的《民法通则》第九十条规定:"合法的借贷关系受法律保护。"③该条承认了民间借贷的合法性,但并没有明确界定借贷主体及借贷性质,导致难以界定具体民间行为是否合法。④ 1988 年,最高人民法院《关于贯彻执行〈中华人民共和国民法通则〉若干问题的意见(试行)》尽管没有直接提到企业间借贷,却将借贷区分为公民之间的生产经营性借贷和生活性借贷,为从事生产经营的公民的借贷行为提供了法律依据。⑤

1991 年 7 月 2 日,最高人民法院通过的《关于人民法院审理借贷案件的若干意见》中首次出现"民间借贷"这一概念,并对民间借贷利率做出了规定,利率可适当高于银行利率,但最高不得超过银行同类贷款利率的 4 倍

---

① 曹强:《非正规金融:中小企业融资的一个有益补充渠道》,《沈阳大学学报》2009 年第 1 期。

② 汪丽丽:《非正式金融法律规制研究》,2013 年华东政法大学博士学位论文,第 77 页。

③ 《民法通则》,http://www.law-lib.com/law/law_view.asp? id=3633,2014-11-30。

④ 广州民间金融研究院、中央财经大学金融学院课题组:《中国民间金融发展研究报告》,知识产权出版社 2013 年版,第 131 页。

⑤ 《关于贯彻执行〈中华人民共和国民法通则〉若干问题的意见(试行)》,http://www.law-lib.com/law/law_view.asp? id=203,2014-11-30。

(包含利率本数),不予保护超出部分利息,这一规定沿用至今。① 这项规定是最高人民法院主要基于 20 世纪 80 年代初开始繁荣的民间借贷现象而制定的,由于借贷利率随行就市,有时甚至高达 45%,相当于银行贷款利率的 3~5 倍。② 该意见指出人民法院应按照自愿、互利、公平、合法的原则审理借贷案件,保护债权人和债务人的合法权益。③

以上各项法律法规承认了民间借贷的合法地位,对民间借贷做出了具体的政策规定,对非正式金融的发展起了引导和激励的积极作用,推动了民间金融的发展。

2. 抑制非正式金融活动过热,加强所有金融活动管制的法律法规

为了加大宏观经济调控力度,维护金融垄断地位,防止市场过热,维护市场秩序,政府采取了大量的法律法规及政策措施抑制、规范民间金融的发展。

(1)《中华人民共和国银行管理暂行条例》

为了加强对银行和其他金融机构的管理,国务院于 1986 年 1 月 7 日颁发了《中华人民共和国银行管理暂行条例》,第四条规定禁止非金融机构经营金融业务,第二十八条第二款禁止个人设立银行或其他金融机构或者经营金融业务。④ 这份文件的颁发意味着民间个人承办的钱庄等金融组织和各种"会"皆为非法,直接导致非金融企业间的借贷无效。该行政法规虽已失效,但极大压制了 20 世纪 80—90 年代民间金融的发展。⑤

(2)《中华人民共和国刑法》(1979)

1979 年《刑法》并没有对非正式金融活动确定具体罪名,只在第一百一十七条规定,对于违反金融法规的金融活动,按照投机倒把罪来追究刑事责

---

① 《关于人民法院审理借贷案件的若干意见》,http://www.jincao.com/fa/09/law09.s09.htm,2014-11-30。

② 汪丽丽:《非正式金融法律规制研究》,2013 年华东政法大学博士学位论文,第 78 页。

③ 《关于人民法院审理借贷案件的若干意见》,http://www.jincao.com/fa/09/law09.s09.htm,2014-11-30。

④ 《中华人民共和国银行管理暂行条例》,http://www.china.com.cn/lawflfgtxt/2006-08/08/content_7059745.htm,2014-11-30。

⑤ 汪丽丽:《非正式金融法律规制研究》,2013 年华东政法大学博士学位论文,第 78—79 页。

任,处以有期徒刑、罚金或没收财产。①

（3）最高人民法院有关限制企业间借贷行为的规范性文件

1990年最高人民法院《关于印发〈关于审理联营合同纠纷案件若干问题的解答〉的通知》指出,企事业法人之间明为联营,实质为借贷的行为,确定为违反金融法规,合同无效。这与最高人民法院《关于贯彻执行〈中华人民共和国民法通则〉若干问题的意见(试行)》第一百二十二条所规定的公民之间生产经营性借贷发生纠纷时应本着保护合法借贷关系、稳定生产经济秩序的原则来处理的原则不相符。② 这种禁止会引发变相的企业间借贷,即以公民个人之间借贷的方式开展企业间借贷,以此规避法律,增大了金融风险。

综上所言,虽然这一时期对于民间金融活动的管制相对宽松,但对于有偿集资行为、企业间借贷行为的禁止,衍生出集资、企业间借贷等多种变相融资行为。

（三）民间金融发展状况

这一时期,由于政府管制有所松动,非正式金融得到前所未有的发展。20世纪八九十年代的乡镇企业跨越式发展,从实质上来说是通过市场配置资源,个人累积财富成为重要的分配方式,在宁波模式中,民间资本即百姓财富具有举足轻重的地位。③

随着民营企业规模的扩大,所需资本的逐渐增加,民间个人间的直接借贷越来越无法满足企业持续发展的需要。在这一背景下,除了零散的民间私人借贷及互助性质的"会"形式的非正式金融以外,民间职业借贷中介"钱中""银背"再次出现。大量的合作基金会、信用社在民营经济发达的地区出现,标志着长期分散隐蔽的民间借贷走向公开化。④

民间金融作为一种自发的可实施的民间资金交易,在不同地区形成了

---

① 《中华人民共和国刑法》,http://www.chinalawedu.com/lvshi/AAA635949214532/5_3957.shtm,2014-11-30。

② 《关于贯彻执行〈中华人民共和国民法通则〉若干问题的意见(试行)》,http://www.law-lib.com/law/law_view.asp? id=203,2014-11-30。

③ 燕小青:《民间金融发展的理论与实证——基于宁波中小企业和农户的视角》,中国社会科学出版社2012年版,第86页。

④ 汪丽丽:《非正式金融法律规制研究》,2013年华东政法大学博士学位论文,第76页。

不同形式,主要包括民间借贷、民间集资、互助会、私人钱庄、个人募捐、票据交易与贴现、银背、典当行、商业信用等。在浙江,主要包括民间借贷、互助会(主要分布在温州、台州一带)、票据交易与贴现(以永康为中心)等方式。[①]这一时期在宁波,主要有民间借贷、合会、票据贴现和典当行。

民间借贷——民间短期高利贷

民间借贷是民间金融最为普遍的一种方式。

宁波英特机械制造有限公司是宁波市明星企业。该公司凭借国内外汽车行业大发展的有利时期,不断学习尖端科学知识,引进世界领先的技术设备,在短短三年时间内发展成中国最大的汽车铝轮制造商。但在1988年公司创立之初,创业者李水良仅有8000元资金,远远无法满足创业需求。李水良只能依靠2分利的民间借贷,租用了以前生产队的三四间旧房,雇用了七八个人在宁波市鄞州区鄞江镇开办了建筑机械厂,开始了艰难的创业。[②]

但是在这一时期,国家对于民间借贷在一定程度上加以抑制。1991年8月21日,根据1990年《最高人民法院关于印发〈关于审理联营合同纠纷案件若干问题的解答〉的通知》,最高人民法院经济审判庭发布了《关于刘水清与钟山县钟潮塑料工艺制品厂之间是否构成联营关系的复函》称:"经理部与钟潮塑料厂所签订的协议,是明为联营,实为借贷,违反了有关金融法规,应按无效借款合同处理。"这是我国国家机关首次明确地声明企业间借贷合同无效,不属于合法的民间借贷范畴。[③]

合会——民间互助合作性质的融资渠道

"会"是一种历史悠久的民间非正式金融互助组织,在民国时期广泛存在。[④] 新中国成立后,经过对私营经济的社会主义改造,"会"在我国消失。改革开放以来,我国市场经济不断发展,民营经济迅速扩张,然而,与此相对应的却是民营经济未获得充分的金融支持,即著名的"三七错位"现象。正规金融组织在民营经济资本市场的缺席与民间金融的市场需求使得非正式

[①] 金祥荣等:《民营化之路——轨迹与现象的理论解释》,浙江大学出版社2008年版,第133页。

[②] 王国定:《雄关漫道真如铁》,宁波出版社2005年版,第27页。

[③] 汪丽丽:《非正式金融法律规制研究》,2013年华东政法大学博士学位论文,第68页。

[④] 姜旭朝、丁昌锋:《民间金融理论分析:范畴、比较与制度变迁》,《金融研究》2004年第8期。

金融组织"会"重新崛起并广泛盛行于福建、江浙等商品经济发达地区。①

合会,英文"Rotating Savings and Credit Association",即"ROSCA",意为"轮转储蓄与信贷协会"。它是协会内部人员通过共同储蓄轮番提供信贷以实现成员之间资金互助的暂时性的民间金融形式。合会遵循简单的规则:通常由一个会首(自然人)出于某种目的(如进货、造房买车、孩子上学等)组织一定数量的人员,每人每期(每月、隔月、每季、每半年、每年等)拿出约定数额的会钱及分期支付的利息,每期将集中在一起的全部当期会钱(包括其他成员支付的利息)归于一个人。由抽签或者对利息进行投标等方式来确定收到会钱的时间和成员。所有成员以轮转方式各能得到一次集中的会钱,之后合会即告终结。②

运行机制:(1)邀会,即组织筹备合会。会首(即合会发起人)因需现款或实物邀集亲友(会脚或会总),向他们言明成立合会的原因和筹款金额并邀请其入会。(2)圆会或齐会,即合会成立大会。会首将会规送交会脚并通知开会日期。会规通常写在纸本或纸折上,其格式分为两部分,前半部为契约文字,后半部为会款摊付方法的说明。③齐会时,会首设宴请会脚,收得会金。(3)转会。预先设定转会日期,自齐会后每隔一段时间转会一次。(4)得会。每期转会用掷骰比点、拈阄摇彩、抽签、投标竞争、坐次轮收和议定等方法决定得会之人,所筹会钱归此人。(5)满会,即合会的最后一次集会。满会后,合会即告解散。④

合会是一个总称,形式多样,同一种运作模式在各地名称也不尽相同。根据得会规则分类,在中国合会主要有轮会、摇会、标会三种比较流行的模式。(1)轮会,得会次序由会员议定后坐次轮收的会式。这种会式历史最为悠久,著名的有安徽徽州、浙江杭嘉湖的"新安会"、苏北的"至公会"、苏常的"兴隆会",流行各地的"七贤会""坐会""认会""摊会"等均属于轮会。温州民间合会主要是这一会式,它可根据会首和会脚对资金的需求缓急选择得会顺序。(2)摇会,得会次序由拈阄卜彩、掷骰比点等方法决定的会式。这种会式也比较古老,如浙西的"碰洋会""五总会",江西的"四总会"等。

---

①　蒋小平:《标会组织的存续趋势——对福建福安市三个"标会"个案的考察》,2008年华中科技大学硕士学位论文,第1页。

②　冯兴元:《宁波民间合会解密》,《经济》2004年第5期。

③　冯和法:《中国农村经济资料》(下册),华世出版社1978年版,第569页。

④　徐畅:《"合会"论述》,《近代史研究》1998年第2期。

(3)标会,通过竞标的方法确定得会先后的会式。标会会金与得会总额不定,会期通常为每月,利息形式为贴现。根据标金处理方式,可分为"标高""标低"两种。[①]

浙江宁波市 M 县合会的历史可以追溯至解放前,与邻近的台州、温州、福建和广东的许多地区一样历史悠久。解放后,M 县仍存在合会,甚至"文革"期间,一些单位内部仍然有互助会存在,即单位财会部门通过每月扣除员工几元工资,在急需时为员工提供一定额度的无息资金。改革开放以来,随着民营经济规模的扩大,资金缺口不断增大。在正规金融供给缺失情况下,市场需求催生了民间合会的再一次繁荣。

但是,合会有风险,特别是大规模集群性的投机性标会,即恶性抬会。通常标会利息上限没有事先限制,标中最高利息(也即最高利率)者得会钱,不管资金用途和还款来源。在这种情况下,如果经济基础薄弱的会员标中高息,或者会员为赚取利息差将得到的会钱转放到更高中标利息的标会,金融风险将大幅扩大。极端情形下,标会之间出现大规模会套会、会抬会现象,中标利息剧增。此时,一旦会首或会员中出现欺诈潜逃等违约行为,就容易导致支付链和信任链的断裂,引起大规模倒会,社会动荡。

1991 年 M 县标会的顶峰时期就发生过这种民间金融过热的情况。当时 M 县工商银行对城关 212 户居民开展的问卷调查显示,84%的被调查者参加了标会,共计 178 户。

城关有一个体驾驶员组织的 20 脚的会,每脚会金 5000 元,首会会金共 20 万元,且当月入会、开标,每脚支付会金 10000 元。一个村的村民组织的一个会,金额达 24 万元之巨。有的会主一年会金累计发生额高达上百万元。"标会"的会息急剧升高,从 1 分半、2 分上升到 1991 年的 2 分半、3 分,直至 5 分以上。会金越来越多地用来以会养会、甚至赌博。

1991 年,M 县出现了"会"山"会"海,"日日会"(即一日一标会)。许多合会成为人们获取远高于一般投资所能获得的回报利息收入的手段,只有少量合会的存在目的是获得投资收益或解决生活急需。之后,M 县的"会山会海"开始倒塌,一些人卷走会金逃逸,支付链断裂,造成大规模倒会。因损失严重,自杀、扬言报复杀人、斗殴等事件发生频繁。政府被迫清理标会,社会公众被迫共同承担了这一非理性投融资的严重后果。

---

① 周苗苗、赵凡繁、吴冲锋:《民间金融的独特形式——合会》,《当代经济科学》2004 年第 5 期。

1991 年大规模倒会风波后,M 县重新开始关注民间信贷的基石——基于人缘、地缘和血缘关系的信任关系,注重维护个人资信及非正式制裁机制,如对违约者的社会排斥及未偿债务的追缴。① 该县合会发展的历史表明合会需要政府的适当管控和民众自身的风险控制,同时也证明了合会对于农村经济社会的重要建设性作用。另外,合会在历史教训下进行的调整和其本身的特性使得合会安全性较高,其存在具有必要性。②

标会:宁海"日日会"。宁波宁海从唐宋时期就有"标会"的存在。"标会"在民间被称为"互助会",意即邻居亲友组"会"出钱解决燃眉之急,利息较低,信誉好。发起人(也称会头、会首)召集会脚(也称会员),约定本金规模,会脚每月注入规定数额本金。标会在宁海非常普遍,该县政府一位官员表示他为了买房所需办了一个标会。

这种互助性质的"标会"在近些年开始变质。参与者逐渐模糊了"互助"的初衷,大多被高额利息吸引而组会、参会。会堂大量增加的同时,"月会"渐渐转变为"日日会",利息骤增,日息高达 5 分至 1 角。宁海跃龙街道最多的时候曾有 200 多家"日日会"。金女士说,每个会头都会组织很多个会,比如会头叶某某每月 6 日、11 日、16 日、21 日、26 日都会开新会,结果是每月利息成倍增加。

宁海官方并未透露过宁海"日日会"的规模,只是声称已经登记核实约 5.4 亿元。但是当地资深会脚称,最疯狂的时候,宁海约有 1000 多名会头,涉及资金 300 多亿元。③

票据贴现——兴旺的宁波民间票据贴现市场

内生于宁波民营经济的民间票据融资,主要是对商业汇票的贴现,这是以低级商品经济为基础的一种民间金融形式。在宁波,古老的民间金融契约——"欠条"正在被票据这种符合市场经济内在规律的金融工具所取代。建立在地缘与血缘基础上的企业间的借贷关系本就具有较好的信用基础,同时民间票据贴现市场的客体——银行承兑汇票作为一种来源合法合规的质押品,为这种借贷关系提供了更好的保障,使得急需票据贴现的企业与寻求投资机会的企业更乐意达成交易。这带来了宁波民间票据融资市场的繁

① 冯兴元:《宁波民间合会解密》,《经济》2004 年第 5 期。

② 冯兴元:《浙江省宁波市 M 县合会案例研究报告》,《财贸经济》2005 年第 3 期。

③ 梁国瑞、吴红林:《宁海"日日会"揭秘:互助式"标会"如何异化崩盘》,《广州日报》2010 年 9 月 15 日,第 11 版。

荣,更大程度地利用了民间资金,缓解了民营企业的资金需求。

在我国,票据业务作为银行贷款的附属业务,不能真正反映经济主体间的资金供求状况。而凭借较短的融资期限、较快的流转速度和灵活高效的交易手续,民间票据贴现市场所产生的贴现率能够较好地反映市场利率。从而,与正规金融市场相比,民间票据市场所产生的利率比较客观地反映了投融资双方的资金供求关系。

兴旺的宁波民间票据贴现市场所带来的最直观的利益就是 1996 年宁波宏观经济的"软着陆"。当时,银行承兑汇票承兑贴现的门槛比较高,部分票据无法及时在银行贴现,从而流向民间。在民间金融市场,一方面,贴现企业以高于同期银行贴现利率的价格从其他企业融入短期资金,以弥补短期流动资金的不足,而买入企业则以低于同期银行贴现利率的价格从其他企业购入汇票,以赚取利差实现投资收益。另一方面,私营工商业主、个体经营者通过以低于票面额的价格购得汇票,并持票购货以实现低成本经营。[1]

典当行

典当行是古老的民间金融组织形式,其作用在于以小额抵押融资的形式为中小微企业的融资需求提供基础性的支持。20 世纪 80 年代,改革开放为典当业的复苏与发展提供了良好的机遇。在新的经济背景下,典当业发展迅速,初显"复兴之势"。从 1987 年 12 月到 1993 年 6 月,全国范围内典当行以每年 500 家的速度增至 3000 多家[2]。

1988 年 9 月,位于宁波开明街 342 号(民光电影院对面)的宁波典当行开业,资本金 500 万元。这是自 1958 年 9 月宁波旧典当业结束之后,宁波市第一家新设典当行,标志着宁波新典当业的开始。

新典当行主要通过对金银珠宝、古玩字画、名表、机动车辆、有价证券、房产及其他财产的抵押或质押获取盈利。古玩字画、玉器等真伪难辨,使得典当行经营存在较大风险,为了规避因估值不当所产生的损失,许多典当行都尽可能避免经营这类业务。质押期限在三个月至半年不等,可在到期之前赎回或者续当。续当的业务,利息(利率视抵押物和质物的不同而不同)

---

　　① 　燕小青:《民间金融发展的理论与实证——基于宁波中小企业和农户的视角》,中国社会科学出版社 2012 年版,第 88—89 页。

　　② 　广州民间金融研究院、中央财经大学金融学院课题组:《中国民间金融发展研究报告》,知识产权出版社 2013 年版,第 35 页。

须每月付清并重开当票。①

第四节　本章小结

　　回顾 1978—1991 年这一转轨时期,作为从计划经济体制向市场经济体制转型的重要组成部分,我国市场经济的重要细胞民营经济不仅仅获得了重塑和复苏,更是以惊人的速度成长起来。十一届三中全会对于非公有制经济的解绑,党和政府后续的一系列政策法规的相继出台,改革开放对非公有制经济地位和作用的承认,创造并提供了良好的政治和市场环境,使得在计划经济时期长期压抑甚至被消灭的民营经济逐步成形和壮大。在这 14年间,考虑到经济发展的阶段性特征和我国计划经济长期占据主导地位的客观现实,国家对于发展民营经济的政策是以 1986 年为分界逐步推进的。在 1986 年之前,国家做出了发展社队企业和个体经济的尝试,证实了民营经济对于整体经济的重要作用,并从中得出了管理决策经验,为之后进一步深化改革、推动私营经济的发展奠定了基础。

　　宁波经济以"草根经济"著称,这不仅仅是形容其大多以微末起家,以民营经济为主体,更是形容其旺盛的生命力。在改革开放的大环境下,党和政府在不断探索中逐步推进民营经济,而宁波商人凭借其勇气和商业敏感度,抢先抓住了机会,利用自身的区位优势和资源优势,创造性地从家庭作坊、个私企业、乡镇企业逐步发展起以民营经济为主体的经济形式,带动了整体经济的起步发展。大规模的群体性创业和宁波民营经济的率先发展,离不开宁波商人固有的开拓进取精神,更离不开宁波市政府对于国家经济方针创造性地执行和坚持。

　　在这一转轨时期,宁波民营经济的高速发展是冲破了大一统的经济束缚、有效结合了银行信贷和民间金融两大融资渠道的必然结果。1978 年以后,自有资金和民间借贷是民营企业资金的首要来源。正规金融机构也有了初步发展。四大专业银行相继在宁波建立,银行信贷业务逐步规范化。然而,在宁波民营经济的背后,是严重的"三七错位"问题,即银行信贷受长期计划经济的影响,仍主要面向国有大中型企业。资金错配使得民营企业不得不在正规金融之外寻求民间金融的支持,这种需求再次催生了宁波的

----

　　①　宁波金融志编纂委员会:《宁波金融志》(第二卷),方志出版社 2006 年版,第162 页。

民间金融市场,而宁波商人的契约精神和政府管制的松动是民间金融最好的孵化器。在这一时期,宁波民间资本被迅速利用起来,民间借贷、合会、票据贴现和典当行成为宁波民间金融的主流形式,有力地助推了宁波民营经济乃至整体经济的发展。

关于1992年之后,在邓小平南方讲话和党的十四大、中国加入世贸组织等重大经济事件背景下,在全面改革开放的新的历史阶段,宁波民营企业的快速发展以及融资模式的多样化将在下一章详细叙述。

第七章　宁波民营企业快速发展阶段及其融资模式(1992—2000)

在 1992—2000 年期间,中共中央、浙江省及宁波市地方政府出台了一系列扶持及引导民营企业成长的政策文件,这大大刺激了民营经济的飞速发展,宁波民营企业就此步入了快速发展的重要阶段。随着民营经济规模水平不断扩张,民营企业开始显现块状经济特色,有效促进了就业问题的解决,初步完成了资本的原始积累。民营经济坚持混合型的发展模式,积极发展外资经济,并依托港口优势,积极发展外向型经济。由于重视科技创新和品牌创造,民营科技企业发展迅猛,经营领域日渐多样化,企业总体竞争力得到不断提升。全市乡镇企业改革基本完成,企业组织形式逐渐向公司制发展。民营企业的融资模式也呈现出多样化特点,主要有银行、债券、信托、金融租赁、期货、证券及互助基金会这些融资渠道。

第一节　国家政策和宁波地方政策

一、国家政策

宁波民营经济的成长史实际上就是一部宁波现代经济的发展史。20 世纪 90 年代,国家政策的大力扶持,激发了民营经济的潜力,促使民营企业飞速发展。1992 年,邓小平南方讲话,提出了关于"三个有利于"原则的论述,即是否有利于发展社会主义社会的生产力、是否有利于增强社会主义国家的综合国力、是否有利于提高人民的生活水平。"三个有利于"被看作衡量一切工作是非得失的判断标准,解决了长期困扰的姓"资"姓"社"标准问题,解放了人们的思想。在这之后,政府对民营企业有了全新的认识,企业主们也在一定程度上消除了顾虑,这一阶段的民营经济进入了快速发展时期。[①]同年,党的十四大提出把建立社会主义市场经济体制作为我国经济体制改革的目标,并明确了一种新型的所有制结构。它主要是指一种以公有制为主体(其中包括全民所有制和集体所有制),个体经济、私营经济、外资经济作为补充,多种经济成分长期共同发展的所有制结构。[②]党的十四大指出非公有制经济是社会主义国有经济的补充,确立了民营经济发展的合法地位。[③]

1993年,党的十四届三中全会提出了现代企业制度理论,摒弃了非公有制经济是公有制经济的补充这一观点,将"以公有制为主体,多种经济成分共同发展"确立为党和国家的一项基本方针,明确指出国家应对各类企业一视同仁,要为各种所有制经济创造条件,以便于它们平等地参与市场竞争。这一方针的制定无疑为私营经济的稳步发展提供了一个公平合理的竞争环境,进一步解放了人们的思想。这一时期,民营经济在所有制结构中开始扮演重要的角色,民营经济得到了迅猛发展。1997年,党的十五大确立了社会主义初级阶段的基本经济制度,即"以公有制为主体,多种所有制共同发展",这可谓是所有制理论上的一个重大突破,在理论和制度层面都保障了民营经济的稳定发展,民营企业也由此开始放手大胆去干。1998年,十五届三中全会进一步提出了要发展混合所有制经济,可通过中外合资、规范上市、企业互相参股等形式,将适宜实行股份制的国有大中型企业特别是一些优势企业改为股份制企业。[④]

九届全国人民代表大会第二次会议在1999年3月通过了宪法修正案,增加了"在法律范围内的个体经济、私营经济等非公有制经济,是社会主义市场经济的重要组成部分"这一规定,明确了"国家保护个体经济、私营经济

---

① 姚丽娜、卫明凤:《宁波民营经济的现状及发展思路》,《浙江海洋学院学报》(人文科学版)2008年第1期。

② 赵毅、章海珍:《浅析宁波民营经济发展现状、困难与对策》,《经济师》2012年第10期。

③ 宁波市计委调研组:《宁波市民营经济发展的特点及趋势分析》,《中共宁波市委党校学报》2002年第2期。

④ 王凌:《民营经济三十年发展回顾与前瞻——以宁波为例》,《中国民营科技与经济》2008年第9期。

的合法的权利和利益。国家对个体经济、私营经济实行引导、监督和管理"。① 《中华人民共和国个人独资企业法》于 2000 年 1 月 1 日起正式实施，这表明以往按照所有制性质认定企业的做法开始减少，在法律层面上的歧视性的规定也将逐渐消失。于 2000 年 10 月通过的《中共中央关于制定国民经济和社会发展第十个五年计划的建议》要求贯彻国有经济"退"、民营企业"进"的方针，进行"所有制结构调整"，并明确要求各级政府"不直接干预企业的经营活动，减少对经济事务的行政性审批"。值得注意的是，不同于过去正式法律或法规一直对私营企业实行"引导、监督和管理"的方针，《建议》首次提出"支持、鼓励和引导私营、个体企业尤其是科技型中小企业健康发展"。②

二、浙江省政策

与此同时，地方政府公共管理体制的改革也始终紧跟中共中央和国家政策的步伐。改革开放以来，浙江省委和省政府一直按照"国家、集体、个人一起上""先发展后提高"的思路，充分响应党的号召，并于 1993 年和 1998 年先后两次出台了有关扶持和促进个体私营经济发展的政策文件。③ 1993 年，浙江省委、省政府专门下发的《关于促进个体、私营经济健康发展的通知》旨在鼓励浙江大力发展个体私营经济，并强调对个私经济实行"五个不""四个不限"。"五个不"主要包括不动摇，坚持党的基本路线不动摇；不攀比，与特区、上海等享受国家特殊政策的省市不攀比；不争论，不在"姓资姓社"上纠缠；不张扬，不提口号，不写文章，只做不说，扎扎实实埋头干；不气馁，千方百计克服困难。"四个不限"主要是指不限发展比例，不限发展速度，不限经营方式，不限经营规模。充分尊重群众的创业和自主选择的权利，鼓励千百万群众放手大胆进行创业实践，冲破单一的所有制形式，大力发展并促进个体私营经济。截至 1997 年年底，浙江省已成为全国个体私营经济发展较快、影响较大的省份，浙江的个体工商户和私营企业不断发展壮大，分别达到了 153.23 万户和 9.18 万户，共计 256.41 万人和 135.52 万人。在党的十五大结束后，浙江省委、省政府于 1998 年 1 月及时下发了《关于大力发展个体私营等非公有制经济的通知》。浙江省委及省政府明确提出要让个私

---

①　赵毅、章海珍：《浅析宁波民营经济发展现状、困难与对策》，《经济师》2012 年第 10 期。

②　王凌：《民营经济三十年发展回顾与前瞻——以宁波为例》，《中国民营科技与经济》2008 年第 9 期。

③　王凌：《宁波民营经济三十年：回顾、经验与前瞻》，《生产力研究》2009 年第 13 期。

经营者在经济上实现实惠、社会上享有地位、政治上拥有荣誉、事业上能有作为,给足个私经济所需的空间及发展的底气,使其能在社会主义的土壤里茁壮成长。1998年年初,浙江省委、省政府又专门召开了有关全省个体私营经济工作的电视电话会议,其后,全省个体私营经济很快有了大提高和大飞跃,呈现不断上升发展的态势。1998年,浙江省私营企业集团的数量不断增长,企业在管理上越来越注重提高素质,增强重科技、创名牌的意识。全省的出口有了明显的增加,工业产值年均增长34.47%,销售额年均增长24.8%。党的十五届四中全会明确了"国有经济必须有进有退,有所为有所不为"的发展战略,浙江省积极引导民营经济和民间资本参与国有企业的改组改造,使它们成了国企改革的主力军。①

三、宁波市政策

(一)宁波市乡镇企业产权制度改革

乡镇企业是农村经济的重要力量。在1992年邓小平南方讲话后,党的十四大确立了建立社会主义市场经济的改革目标。1993年,宁波被选为全国新一轮综合配套改革试点城市,此时宁波乡镇企业在经历了大发展后,机制优势逐渐消退,企业自身开始有了强烈的改制冲动和愿望。宁波政府在浙江省委、省政府的指导下,充分尊重人民群众的首创精神,对于认识清楚的,都是"同意放行",而对于一时认识不清楚的,都是先试试再说,不急于下结论。例如,当农村存在大量富余劳动力时,宁波政府积极鼓励创办乡镇企业,使得宁波的乡镇企业大量涌现。宁波政府在这一时期因势利导,及时地引导乡镇企业较早进行改制,使其经营机制得到了进一步的激活。②

在经历了20世纪80年代的大发展后,宁波乡镇企业已成为宁波农村经济的重要支柱。截至1992年,宁波共有4.5万家乡镇企业,产值高达300亿元。尽管产值超过500万元的重点骨干企业仅为企业总数的2.3%,其产值却占到总量的48.2%,销售收入和利润分别占到49.0%和54.2%,其中有449家企业的产值已冲破千万元,全市70%以上的工业产业都是由其创造的。这些重点骨干企业相继壮大,经济地位不断增强,在全体乡镇企业中有着举足轻重的作用。然而,在市场经济的不断深化下,乡镇企业继续沿用

---

① 浙江省发改委研究室:《浙江促进民营经济大发展大提升的对策研究》,http://www.zjdpc.gov.cn/art-2/25/art_231_505034.html,2014-11-10。

② 王凌:《宁波民营经济三十年:回顾、经验与前瞻》,《生产力研究》2009年第13期。

农村承包责任制模式,很多弊端如主体缺位、政企不分逐渐显露出来。同时,乡村领导干预企业的行为并不少见,"老子办公厂,儿子办私产""穷庙富和尚"等现象依然存在。此外,随着买方市场的出现,很多乡镇企业由于存在着大量的沉淀资本和高额负债,经营效率变得低下,乡镇企业制度和经营机制的改革迫在眉睫。①

1993 年 11 月 13 日,随着宁波市《关于镇(乡)村集体企业推行股份合作制的试行意见》的下发,乡镇企业以产权制度改革为核心的转换经营机制试点工作拉开了帷幕。一批强镇、强村、强厂,优势企业和重点骨干企业被市属各县市选择列为改革、改组和改造的对象。截至 1993 年年底,全市已有 3502 家乡镇企业实现了机制转换,占总数的 22%,其中 1670 家企业实行了股份制和股份合作制,新吸纳了 3.2 亿元的资金,股本总金额达到了 8.1 亿元。② 早在 20 世纪 90 年代初,一些乡镇如奉化市桐照乡、余姚市临山镇、北仑区小港镇,和一些企业如鄞县青春服装厂已经自发地试行起了股份合作制。1992 年,杉杉集团的前身甬港服装厂率先完成了股份制改革。余姚市是启动改制工作较早的城市,截至 1993 年 3 月,成立的股份合作制企业已达 69 家,股本金高达 4129.7 万元,已吸纳了 1428 万元的职工个人资金,社会股高达 419 万元。③1993 年 7 月,宁波市实行股份合作制的企业已有 500 多家,很多"小、微、亏"企业纷纷被实行了拍卖、兼并和租赁。其中,余姚市的 16 个乡镇在拍卖兼并 95 家"小、微、亏"企业后,盘活了 2000 多万元的存量资产。④

在整个改制过程中,对一些资产规模大、经济效益好的重点骨干企业,宁波市将其组建为企业集团或规范化的股份制企业,数量分别达到了 19 个和 42 家。对一些经济效益好、规模中等的企业,宁波市将其改组成股份合作制,其中共有 997 家企业采用了折股的改组方式,新设企业达到 367 家。而对一些"小、微、亏"企业,则将其拍卖、租赁或兼并。其中,全部拍卖达到 468 家,租赁和兼并分别达到 630 家和 150 家,不动产租赁、拍卖达到 130 家。鄞县算是宁波转制进展较快的地区,在 1022 家乡镇企业中,有 670 家

①　孙建红:《宁波民营企业制度演变的历史考察》,《中国经济史研究》2011 年第 2 期。

②　王卓辉:《在全市乡镇企业工作会议上的讲话》(1994 年 4 月 22 日)。

③　王卓辉:《在全市乡镇企业经济分析会上的讲话》(1993 年 7 月 24 日)。

④　邢孟军:《民营经济发展中的地方政府制度供给研究——以宁波为例的考察》,博士后研究报告,2010 年 10 月,第 81 页。

完成了转制,占到总数的 65.6%。大规模的产权制度改革成效显著,乡镇企业经过改制,原机制中存在的弊端逐渐减少,整体竞争力进一步加强。[①]到1997 年年底,通过拍卖、租赁、股份制改制等多种形式,宁波市已有 16607 家乡镇企业实行了转制,转制面为 92.75%。2000 年,宁波乡镇企业的产权制度改革工作全面落下帷幕,乡镇企业基本转化为民营企业。这一年,在宁波市规模以上的工业产值中,股份制经济占据主导地位,比重到达 34.5%,外贸经济占总量的 30.9%,私营经济占 17.4%,集体经济占 13.2%,国有经济仅占 4.0%。[②]

随着宁波按照党的十五大精神开始实施国有企业改革,宁波的企业改革进入全新的产权制度创新阶段。国有企业改革坚持"抓大放小"的原则,经过改制后,企业产权结构呈现出多元化特色,如有国有控股、集体控股,还有国资、民资、外资间的混合。不少国有企业在改制后成为民营企业、股份制企业和中外合资企业,有了进一步明确的产权。宁波城乡的一大批企业在经历了乡镇集体企业、中小型国有企业和国有外资企业的改制后,在真正意义上成为市场经济的自主主体与竞争主体。宁波也由此开创了独具特色的多种公有制实现形式,例如资产重组的"维科模式"、股份制改造的"波导模式"以及收购兼并的"开开模式"都是较为典型的代表。[③]

(二)宁波市政府促进民营经济发展的相关政策

宁波向来重视民营企业,在全国较早实行了政企分开,政府的权利及行为模式因而受到了一定的影响,整体城市的氛围比较适合发展民营经济。宁波市委和市政府切实转变职能,积极推进民营经济的发展,在放手发展民营企业的过程中,始终坚持以邓小平理论为指导,坚持"三个有利于"的标准,不仅对民营企业的权利与义务进行规范与保障,同时还对民营企业的引导和服务进行了加强与提高。自 1993 年以来,宁波市委、市政府先后制定并出台了一系列的政策文件来促进民营经济的发展,并在实践过程中不断对其进行充实与完善,以确保民营经济从量的扩张向质的提高发展,并在质的提高基础上继续实现量的扩张。宁波在 1993 年先后出台了《关于加快发展个体私营经济的若干意见》及其修正措施,并制定了《私营企业权益保护

---

① 邢孟军:《民营经济发展中的地方政府制度供给研究——以宁波为例的考察》,博士后研究报告,2010 年 10 月,第 81 页。

② 孙建红:《宁波民营企业制度演变的历史考察》,《中国经济史研究》2011 年第 2 期。

③ 王凌:《博取、独立、创新——宁波民营经济发展之路》,《中国城市经济》2008 年第 9 期。

条例》。随后,全市与个私民营经济发展相关的 32 个部门相应出台了 32 个具有很强操作性的实施意见,这在全省也实属罕见。[1] 1994 年,《公司法》的实施促进了宁波私营企业的快速发展,产生了 40 多个块状经济,其中有 11 家私营企业的注册资本超过千万元,出现了 6 家私营企业集团。1999 年,宁波市发展个体私营经济指导协调小组成立,出台了《关于加快发展个体私营经济的意见》这个对民企发展具有重大意义的文件。[2]同年,以地方法规的形式,《宁波市保护私营经济条例》颁布并实施。该条例旨在鼓励并扶持私营企业对乡镇集体企业和国有中小企业进行兼并与收购,在税收等方面对其实行优惠政策,允许私营企业自主选择经营方式和经营范围,同时,以与国有企业同等的补贴和奖励方式激励私营企业利用外资并进行出口创汇。[3]

这一时期,宁波市政府一直加大对民营企业的鼓励扶持力度,出台的一系列相关文件为民营经济的飞速发展创造了条件,奠定了相应的政策基础。其中有三点较为重要的内容。第一点是放宽市场的准入条件。个体私营企业除了国家明令禁止的行业和经营项目外,可以自主选择其经营范围及经营方式。政府支持民营企业兼并收购国有及集体企业,鼓励民办教学机构、民办诊所、体育俱乐部、民营律师、会计师、审计师等社会服务机构的开设。积极推行登记注册与行业审批许可分离的制度,进一步简化开办企业的审批程序,除了国家明确规定的行业必须实行"先证后照"外,其他均不作为登记发照的前提条件。第二点是建立鼓励发展民营企业的政策机制。政府会在信贷额度、财政税收、土地批租这些主要方面加大政策的扶持力度。第三点是建立支持鼓励各类人才从事民营经济活动的政策体系。政府积极运用经济手段和行政手段,通过技术入股、给予社会福利保障、人事部门保存干部档案等办法,大力改善就业环境,让更多的科技及管理人才进入民营企业工作。[4]在政策环境的推动下,这一阶段,民营经济的影响力越来越大,民营经济的飞速发展提升了宁波的整体经济水平。

---

[1]　邵雪廉:《金华市民营经济与甬台温的比较》,http://www.zj.xinhuanet.com/zhejiang/2004-05/10/content_2101425.htm,2014-11-13。

[2]　张燕、蔡国鹏:《宁波民营经济发展大事记》,http://news.cnnb.com.cn/system/03/21/007270028.shtml,2014-11-13。

[3]　王凌:《宁波民营经济三十年:回顾、经验与前瞻》,《生产力研究》2009 年第 13 期。

[4]　邱聪江:《宁波民营经济发展与政府管理》,《四川行政学院学报》2001 年第 3 期。

(三)宁波市对科技型民营企业的相关扶持政策

作为先进生产力发展的重要载体,科技型民营企业可谓是宁波市高新技术产业的一支生力军,由于其灵活的机制,近年来已成为宁波的一个不容忽视的新的经济增长点。党的"十五大"确立了民营经济是国民经济的重要组成部分这一重要地位,这也使得宁波的科技型民营企业进入了一个新的发展阶段。一批知名民营科技企业如韵升、波导、三星、舜宇、天邦和德安等都在这一时期迅速成长。1999年,科技型中小企业技术创新基金的设立为成长中的民营科技企业带来了福音,它是由国家科技部设立的,主要以贷款贴息、资本注入及无偿拨款等方式来支持科技型中小企业发展壮大。宁波市也为此做出不懈努力,出台了一系列的政策来鼓励和扶持宁波的科技型企业,尤其是代表工业经济特色的科技型民营企业。[①]例如,1999年10月,中共宁波市委、宁波市人民政府发布了《关于增强技术创新能力、加快发展高新技术产业的决定》,以便于全面实施"科教兴市"战略,推动经济社会的跨越式发展。该决定将增强技术创新能力、加快发展高新技术产业确立为宁波市提前基本实现现代化的重大战略举措,强调深化科技体制改革,构建以企业为主体、政府推动、社会支持、产学研结合的技术创新体系。通过加大对科技型企业的扶持力度,营造有利于加强技术创新,加快发展高新技术产业的政策环境,全面推进技术创新和高新技术产业的迅速发展。

整个20世纪90年代见证了宁波经济的大变革以及民营企业的快速崛起。首先,宁波乡镇企业的产权制度改革的突出特点为动手早、速度快、步伐大、涉及面广和改革彻底,它的成功实施,奠定了宁波强有力的制度竞争力基础,构成了它在全国的体制优势。其次,随着以民营经济、私营经济为主体的混合所有制经济模式的基本形成,民营企业有了更加完善的运营环境,这也为民营经济实现更大发展、民营企业制度得到进一步优化奠定了基础。再次,股份制模式发展了一大批民营性质的大企业、大企业集团,进一步优化了民营企业的制度模式。[②]最后,政府对科技型民营企业的大力扶持,将推动宁波高新技术产业稳步向前发展,有利于宁波城市的现代化建设。

---

① 孙睦优:《宁波市科技型民营企业发展现状及态势》,《中共宁波市委党校学报》2002年第4期。

② 孙建红:《宁波民营企业制度演变的历史考察》,《中国经济史研究》2011年第2期。

第二节　宁波民营企业发展概况

在 1992—2000 年这一阶段,国家政府、浙江省政府和宁波政府通过政策积极发展民营经济,不断加强对民营经济的支持与鼓励力度,宁波民营经济的发展水平和总体规模可谓是迈上了一个新台阶,对宁波经济发展的贡献量持续扩大。1992 年,宁波市共有民营企业 2200 多家;而 1997 年年底,民营企业已发展到 1.98 万家,其中从业人员高达 26.6 万人,是 1992 年度的 7.5 倍。① 自 1998 年后,宁波的城市变化很快,发展非常顺利,各项经济指标如 GDP、人均年收入等都有了较为迅猛的增长,这其中民营企业功不可没。② 截至 2000 年底,全市的民营企业已达 35806 家,GDP 总值近 1200 亿元,而这其中的 80% 均是由民营企业创造而来的。③ 这一时期的宁波民营经济逐渐向规模化、国际化、股份化、集聚化和科技化发展,总体而言,主要有以下几大发展特色。

一、民营经济规模不断扩张,已初步完成了资本的原始积累

民营企业已成为拉动宁波经济总量增长的重要力量。就注册资本而言,1990 年之前宁波的私营工业企业还没有一家的注册资金超过 100 万元,户均注册资金仅为 6.64 万元。而到了 1999 年,全市 24374 家私营企业中已有 134 家的注册资本超过千万,309 家企业雇工上百人,分别占当年总数的 5.5% 和 12.7%。④ 2000 年,注册资本超过 100 万元的私营工业企业已达 5319 家,户均注册资本上升到 81.55 万元,其中注册资本超过 1000 万元及亿元的企业分别是 205 家和 4 家。2000 年,私营工业企业的户均销售额达到 118.97 万元,这其中户均销售额超 5000 万元与超亿元的企业分别为 68 家及 19 家。宁波的 9 家企业荣登全国首次 500 家最大私营企业之列,18 家企业被评为全省百强私营企业。然而,就整体发展水平和发展质量而言,这一阶段的宁波民营企业仍处于"初级阶段",离步入现代企业阶段仍存在一

---

①　邱聪江:《宁波民营经济发展与政府管理》,《四川行政学院学报》2001 年第 3 期。

②　彭忠华:《对宁波发展民营经济新措施的分析》,《沿海企业与科技》2003 年第 5 期。

③　邱聪江:《宁波民营经济发展与政府管理》,《四川行政学院学报》2001 年第 3 期。

④　吴翔阳:《宁波民营经济"二次创业"的发展取向》,《宁波经济》2001 年第 8 期。

定距离。① 经统计,1999 年的数据显示宁波市民营企业的平均资产规模仅为 100 万元,平均每家民营企业的从业人数还不到 50 人。②同时,由于宁波大多数民营企业出身草根阶层,凭借敢拼敢闯的坚持和努力才取得成绩,但是这些民营企业本身也存在一定的缺陷,如小富即安、只求生存不求做强的惰性心理普遍存在。③

二、民营经济坚持混合型的发展模式,积极发展外资经济

相比全国 15 个副省级城市,宁波民营经济的发展位于前列。与浙江省内的 15 个城市相比,宁波民营经济的各项指标均排在第一位。宁波民营经济的发展不是单纯以乡镇企业、个体企业或三资企业之类的经济体为主体的,而是在发展过程中汲取不同模式的长处,在变化的环境中不断进行自我创新,通过大力发挥各经济体的积极性、主动性及创造性,来应对日益激烈的市场经济竞争,从而满足经济发展需求。④ 南毗温州,北邻苏南,地处东南沿海的宁波素有"小上海"之称。温州模式主要遵循乡镇企业等集体经济模式,而苏南模式更多地注重原生态的纯粹私营企业。在发展模式上,宁波民营经济虽深受温州模式和苏南模式的双重影响,但也有其特别之处。宁波相当一部分的民营企业在发展初期都是乡镇集体企业,在改制后变为具有私营特色的股份制企业,民营经济的外向度也由此不断提高。⑤ 宁波民营经济的发展模式是在各种所有制经济共同繁荣的基础上,依托民营资本和吸引外资,充分发挥各经济主体的积极性和创造性。温州模式的所有制结构较为单一,呈现的民营化特征纯而又纯,属于比较彻底的个体经济。在吸引外资方面,温州一直鲜有动作,民企优势因而始终未能与外向型经济发展相结合。而苏南在 20 世纪 90 年代后非常重视并积极发展外资企业,却忽略了民营经济的增长。因此,外资企业和民营企业分别是温州和苏南的短腿。不同于这两种模式,宁波在民营经济的发展上,始终坚持发展外贸经济,积极引进外资,同时努力确保民营经济与外资经济的同步与互动发展。在宁

① 宁波市计委调研组:《透视宁波民营经济》,《浙江经济》2001 年第 10 期。
② 孙睦优:《宁波市科技型民营企业发展现状及态势》,《中共宁波市委党校学报》2002 年第 4 期。
③ 邵晶晶:《宁波民营经济的发展现状及趋势分析》,《现代商业》2007 年第 4(下)期。
④ 宁波市计委调研组:《透视宁波民营经济》,《浙江经济》2001 年第 10 期。
⑤ 应华根、方平原、梁健等:《宁波民营经济的晋阶之道》,《中华工商时报》2007 年 11 月 18 日。

波的资本结构中,民营资本和外资占主要地位,外资的引进也提升了产业的层次。[①]

三、全市乡镇企业改革基本完成,企业组织形式逐渐向公司制发展

宁波民营企业的最初形态是农村乡镇企业,随着宏观环境的变化,企业制度自身存在的弱点如产权不明、政企不分、社区型强都逐一暴露出来。针对这些问题,宁波冲破阻力,于 1992 年下半年在全市展开了大规模的产权制度改革。截至 1997 年年底,全市的 17904 家乡镇企业中已有 16607 家企业实行了各种形式的转制,转制面已达到 92.75%。其中,股份公司达到 40家,有限责任公司达到 478 家,1338 家乡镇企业实行了股份合作制,1935 家企业进行了动产拍卖和不动产租赁,由全拍卖转为个体私营的企业达到 2948 家,由原挂集体牌子转为个体私营的企业达到 3024 家,全租赁达 2209家,兼并 198 家,中外合资达 247 家。经过改制,乡镇企业从真正意义上成为自主经营、自负盈亏、自我发展、自我约束的法人实体及市场竞争主体。2000 年,宁波市乡镇企业改革全部完成,乡镇企业基本转化为民营企业,民营经济的整体数量持续增长。当传统的乡镇企业失去竞争优势时,宁波对乡镇企业进行了及时的全面转制与改革,使得企业的产权变得明晰,实现了投资多元化,增强了企业的竞争力。这次改革也形成了宁波强有力的制度竞争力基础,使得转型后的民营企业能以新的机制应对竞争。[②]

四、重视科技创新和品牌创造,不断提升企业总体竞争力

宁波经济社会发展的关键在于科技进步与科技产业发展,而民营经济的总量及其机制活力决定了民营企业最有潜力形成真正规模化、支柱性的科技产业体系。[③] 在宁波,很多民营企业崇尚科技,热衷利用科技来提高产品质量并完善服务。例如,洛兹集团提出"科技先导"的理念;波导集团坚持"科技兴业";爱伊美集团信奉"科技创质量"的理念;帅康集团认为在企业的发展动力中"科技是基石"。在此基础上,很多民营企业也善于借助信息科技产品去改进营销与管理。[④] 截至 2000 年,宁波市有 651 户民营企业进行技改立项,技改资金的投入高达 21.96 亿元。246 户民营企业通过 ISO9000

① 王凌:《宁波民营经济三十年:回顾、经验与前瞻》,《生产力研究》2009 年第 13 期。

② 王凌:《宁波民营经济三十年:回顾、经验与前瞻》,《生产力研究》2009 年第 13 期。

③ 张雨:《宁波实现民营经济新飞跃的几点思考》,《经济丛刊》2005 年第 1 期。

④ 唐丰收:《宁波民营企业经营理念之现状特征及提升》,《宁波经济》(三江论坛)2009年第 4 期。

质量认证,29 户获得了欧洲的 CE 认证。①同时,宁波的很多民营企业在经营理念的表述中也强调了创新的重要性,如利时集团、广博集团、向阳集团等都认同"创新是企业发展之本,是原动力"。韵升集团可谓是宁波众多倡导创新理念与实践的民营企业的代表。自 1991 年创业以来,该企业一直坚持走技术创新之路,重视文化创新、管理创新以及技术创新。2000 年,韵升集团在上海证券交易所挂牌上市,拥有多项国内外自主知识产权。② 一大批拥有较强技术创新能力的民营企业如雅戈尔、海天、波导、奥克斯和方太都在国内具有一定的知名度。③

此外,相比全国而言,宁波民营企业在企业品牌经营的理念上觉醒和实践较早,在打造品牌方面一直处于全国前列。全国很多有影响力的驰名商标都来自宁波,因而有着品牌之都的美誉。宁波的民营企业大多有着深刻的品牌经营理念,认为品牌创造高于产品创造。杉杉集团可谓是其中的典型代表,它以拥有超前的品牌经营理念而闻名,20 多年来一直坚守品牌创造为强企之路这一信念。早在 20 世纪 80 年代,杉杉集团已从单纯的产品经营转型到品牌经营,而当时国内很多企业还处在通过提高产品质量来获得市场份额的阶段。1997 年,杉杉集团在业界提出"三名"联合,即名牌、名企与名师的联合,大力推动企业、品牌与设计师的结合。1999 年,国际化多品牌战略的实施强调了品牌创新高于产品创新,中国服装品牌战略因而从以生产营销型为主变为了以设计创新型为主。④当然,在全市的民营企业中,相当一部分企业还是缺乏自己品牌的产品,通过贴牌加工维系生存的现象仍较为普遍。⑤

五、依托港口优势,积极发展外向型经济

宁波地处发达的东南沿海地区,有着得天独厚的港口资源优势,历来宁波人又有外出经商的传统,"宁波帮"遍及海内外,因此经济的外向度较高。

---

① 邱聪江:《宁波民营经济发展与政府管理》,《四川行政学院学报》2001 年第 3 期。

② 唐丰收:《宁波民营企业经营理念之现状特征及提升》,《宁波经济》(三江论坛)2009 年第 4 期。

③ 罗龙利:《推进宁波民营企业转变经济增长方式的对策建议》,《经济丛刊》2006 年第 2 期。

④ 唐丰收:《宁波民营企业经营理念之现状特征及提升》,《宁波经济》(三江论坛)2009 年第 4 期。

⑤ 邵晶晶:《宁波民营经济的发展现状及趋势分析》,《现代商业》2007 年第 4(下)期。

另外,民营企业自身所具有的优势,如机制优势、劳动力优势及中等技术优势,都有利于宁波外向型经济的发展。①这一时期,宁波民营企业跨国经营意识逐渐增强,开始发挥自身优势展开对外贸易,积极实施"走出去"战略,进出口增长加快。尤其是 1999 年,在外经贸部放宽自营进出口经营权的所有制限制后,宁波有自营出口实绩的民营企业由 1999 年的 54 家增长到 2000 年的 172 家,出口规模由 4115 万美元快速递增到 14591 美元。② 2000 年,宁波市出口创汇的民营企业已达 2349 户,发展出了一批出口创汇过亿的领头企业。③然而,出口企业以生产性企业为主,大多数企业的平均出口规模都在百万美元以下。

由于科技人才的缺乏,民营企业在出口产品的自主研发上能力较弱,大部分出口产品集中在一些劳动密集型产品上,比如塑料制品、纺织品、服装及小机电产品等,高新技术产品不仅出口比重较小,而且其中大多数是科技含量较低的电子信息类产品。这一时期,民营企业在国际市场的开拓上仅是刚刚起步,选择的贸易方式多为一般贸易,加工贸易出口所占比重偏小。由于产品附加值较低,很多企业只能通过价格优势来抢占市场,这也在一定程度上限制了民营企业对国际市场的进一步开拓。在国际市场方面,由于产品消费的同源性以及市场信息沟通的便利性,亚洲市场一直是宁波民营企业出口的第一大市场。近年来,民营企业在欧美市场表现活跃,出口比重不断上升,它们也成了民营企业出口最具潜力的市场。一些新兴市场如南美、非洲,由于存在较多风险,市场信息较少,所占出口比重相对较低。④此外,随着外向型经济的发展,宁波越来越多的民营企业也开始热衷利用外资来发展经济,大力开展合资合作。截至 2000 年,由民营企业组建的中外合资企业已有 239 户,吸引外资累计达到 1.15 亿美元。⑤

六、经营领域日渐多样化,民营科技企业发展迅猛

1995 年后,民营经济中的工业企业逐渐减少,商业企业数量缓慢增长。

　　① 　张雨:《宁波实现民营经济新飞跃的几点思考》,《经济丛刊》2005 年第 1 期。
　　② 　杨佐飞:《宁波民营企业开拓国际市场的现状及对策》,《浙江万里学院学报》2004 年第 4 期。
　　③ 　邱聪江:《宁波民营经济发展与政府管理》,《四川行政学院学报》2001 年第 3 期。
　　④ 　杨佐飞:《宁波民营企业开拓国际市场的现状及对策》,《浙江万里学院学报》2004 年第 4 期。
　　⑤ 　邱聪江:《宁波民营经济发展与政府管理》,《四川行政学院学报》2001 年第 3 期。

民营企业向农村发展的势头日益明显,各县市区一大批农业经营企业及以农业龙头企业为主导的农业规模经营频频出现。据统计数据表明,截至2000年年底,宁波市已有744户私营个体工商户专门从事农林牧渔业的生产经营。在第三产业中也涌现了大量的新兴服务行业,如各类网吧、家政服务、科技开发、私人幼儿园、休闲俱乐部、心理诊所、各类中介机构及培训中心等。2000年,宁波市18.65万户从事第三产业的个私企业已占到全部民营企业的72.64%。在社会化的分工方面,这些从事第三产业的民营企业也逐渐向广度和深度发展。①尽管宁波市第三产业逐渐呈现出多样化发展特色,传统服务业依旧占据主导地位,新兴行业发展相对滞后,与发达国家及地区相比还有较大距离。第三产业一半以上的产值是由批发、零售、餐饮、交通运输、仓储、邮电及房地产产生的,而高层次的金融保险、科技、信息咨询与社会服务业所构成的产值所占比例较小。②

就产业特征而言,劳动密集型企业依然占据主导地位,一大批技术密集型企业开始兴起。据不完全统计记载,2000年年底,宁波市已有433家民营科技企业,资产总额高达333.9亿元,82940位从业人员中有5141人是拥有中高级职称的科技人员。作为一支发展高新技术产业的生力军,民营科技企业是宁波可持续发展的新的增长点,它的发展重点主要集中在能源、环保、信息通信和机电一体化等高新科技领域及日用消费品领域。③自宁波提出"科教兴市"的发展战略后,全市科技型民营企业就进入了快速发展阶段。民营科技企业的迅猛增长有利于提升产品档次,提高经济效益,优化宁波产业结构,增强总体的市场竞争力。④ 在2000年这一整年中,各类民营科技企业的技工贸总收入达到185.4亿元,其中技工贸总收入超亿元的企业共有41家,上缴税款共计11.5亿元,实现了13.93亿元的净利润。⑤

从数量上来说,民营科技企业是宁波市专利权和新产品的主要创造者。1999年,宁波市全部专利申请数共计402项,其中民营企业专利申请数达372项,占到总数的93%;全市全部授权数为317项,实际授权数达303项,占总数的96%。然而,由于投入新产品开发的资金存在不足,民营企业整体

① 宁波市计委调研组:《透视宁波民营经济》,《浙江经济》2001年第10期。
② 张雨:《宁波实现民营经济新飞跃的几点思考》,《经济丛刊》2005年第1期。
③ 宁波市计委调研组:《透视宁波民营经济》,《浙江经济》2001年第10期。
④ 张雨:《宁波实现民营经济新飞跃的几点思考》,《经济丛刊》2005年第1期。
⑤ 宁波市计委调研组:《透视宁波民营经济》,《浙江经济》2001年第10期。

的开发能力依旧较弱。从 1994 年到 1998 年,全市开发的新产品数量从 845 种递减到 636 种,国家级产品的开发更是大幅下降,从 55 种减少到 14 种,这与宁波经济发展的速度极不相符。据 1999 年宁波统计年鉴数据显示,830 家民营工业企业在新产品开发的过程中,投入的开发费用只有 32052 万元,这意味着平均每家企业的开发费仅为 39 万元,仅占到销售收入的 0.11％。此外,就质量和效益而言,民营科技企业的专利开发水平依旧较低。截至 1998 年年底,宁波市共有 3694 项专利授权,其中主要以实用新型和外观设计为主,实用新型有 2257 项,外观设计有 1374 项,分别占到了专利授权总数的 61.1％和 37.2％,总体的专利层次较低。[①]

第三节　宁波民营企业融资渠道分析

在 1992—2000 年间,宁波民营经济飞速发展,民营企业呈现出了锐不可当的发展势头。然而,企业的成长和壮大离不开资金的支持。尽管民营企业发展迅猛,不少企业依然面临资金瓶颈。另外,由于受企业规模的限制,部分中小民营企业更是无法从常规金融机构那里获得所需贷款。因此,在一定程度上,融资渠道的多样化比较能满足宁波民营企业的发展需求。这一期间,宁波民营企业主要有银行、债券、信托、金融租赁、期货、证券及互助基金会这些融资渠道。

一、自有资金和民间借贷

在宁波民营经济的发展过程中,自有资金和民间金融活动作为一种体制外的形式一直在民营企业融资中有着重要的地位,是民营经济创业和资本扩张的重要方式。宁波地区丰裕的民间资本也为私营经济的融资活动提供了空间和条件。徐洪水对 1998—2001 年宁波民间金融状况进行抽样调查,表 7-1 为样本中各县市中小企业民间金融占企业融资总量的百分比。

[①]　孙睦优:《宁波市科技型民营企业发展现状及态势》,《中共宁波市委党校学报》2002 年第 4 期。

表 7-1　宁波部分县市民间金融在企业融资总量中的比重　　（单位:%）

县市	1998 年	1999 年	2000 年	2001 年	平均
慈溪市	30.8	14.4	11.2	14.9	17.8
余姚市	15.0	20.0	25.0	25.0	21.3
奉化市	21.0	19.0	18.1	17.6	18.9
象山县	8.0	18.0	17.0	7.0	12.5
平均	18.7	17.9	17.8	16.1	17.6

资料来源:徐洪水:《宁波民间金融状况调查》,转引自燕小青:《民间金融发展的理论与实证——基于宁波中小企业和农户的视角》,中国社会科学出版社 2012 年版,第 83 页。

二、银行私营企业及个体贷款

在第十个五年计划里,随着宁波国有企业和乡镇企业的转制改造,一大批国有、集体所有制的企业纷纷转制为个私企业。一大批私营企业如波导公司、韵升集团、欧琳厨具、方太油烟机等已成为国内知名企业。由于个私企业已逐渐成为宁波新的经济增长点,中国人民银行宁波市中心支行适时推出《金融机构支持个体私营经济发展若干意见》,来适应辖内经济发展的特点。宁波各家银行也相应加速发展私营企业及个体贷款,为民营企业的融资开路。1999 年,中国工商银行宁波市分行、光大银行宁波支行等大批国有及股份制商业银行都各自建立了专门针对中小企业的服务机构。中国农业银行宁波市分行专门制定了《关于开展个人小额信贷业务的指导意见》;宁波市商业银行制定的《中小企业贷款管理实施细则》明确规定了新增贷款 60%～70% 要用于个私企业;广东发展银行宁波支行则指出将"着重开发中小企业市场"确定为市场定位。整个 20 世纪 90 年代,随着民营经济的飞速发展,宁波市各家银行在支持民营企业融资,尤其是发放私营企业及个体贷款上的积极性不断高涨。截至 1999 年 11 月底,在宁波市贷款余额中,小企业贷款余额占到 39%,达到 300 亿元,相比年初增加贷款余额 43 亿元,相比各项贷款增长幅度,其增长幅度高出了近 3 个百分点。[①]

三、企业债券

作为直接融资的一项重要手段,企业债券是一种企业依照法定程序发

---

① 　宁波金融志编纂委员会:《宁波金融志》(第二卷),方志出版社 2006 年版,第 264—265 页。

行,并在一定期限内还本付息的有价证券,它也被称为公司债券。同股票一样,企业债券也可以进行自由转让。自 1985 年以来,宁波市就开始发行企业债券,民营企业则以发行地方企业长期债券及企业短期融资券为主,来达到融资目的。地方企业债券是各地企业或公司作为主体所发行的债券,它的期限一般长达 1~5 年,一般以 1~3 年为主。地方企业债券的利率一般比银行同期储蓄存款利率上浮 40％,在到期后一次性完成还本付息。按照规定,个人利息收入部分的 20％用于缴纳个人收入调节税。城乡居民个人、企事业单位多为地方企业债券的发行对象,债券一般由投资者自愿认购,由企业委托证券经营机构及信托投资公司代理发行。由地方企业债券筹得的资金大多投向能源、交通、公用设施、基础工业的基本建设,以及技术改造、房地产开发等项目。表 7-2 反映了 1992—1997 年宁波市地方企业长期债券的发行情况。1998 年以后,宁波市停止发行地方企业债券。

表 7-2　宁波市地方企业长期债券(1 年以上)发行情况

年份	企业债券发行数(万元)
1992	19000
1993	11740
1994	4500
1995	3700
1996	10000
1997	1000

数据来源:宁波金融志编纂委员会:《宁波金融志》(第二卷),方志出版社 2006 年版,第 397—398 页。

企业短期融资券是企业经人民银行批准发行的债券,它的发行期限一般在 1 年以内,主要用于解决企业在生产经营过程中遇到的临时性、季节性流动资金困难等问题。宁波市于 1987 年开始发行企业短期债券,截至 1997 年,已先后有数百家企业发行了该种债券,共筹集资金超过 50 亿元,有效缓解了企业临时性流动资金不足的问题。1998 年以后,宁波停止发行企业短期融资券。企业短期债券的特点为期限固定、金额大、利率低,有的债券会通过金融机构发行。表 7-3 反映了 1992—1997 年宁波市企业融资券的发行情况。在 1992 年,宁波市的企业短期债券主要有 3 种期限,包括 3 个月、9 个月和 1 年的,而 1 年期限的企业短期融资券数量最多。各个地区的利率稍有差异,个别地区印制的债券票样还存在要素不全的问题,一些银行也负责经营短期债券的承销业务,债券发行的规模比较小。在 1993—1997 年间,宁波的短期融资债券市场日趋规范,债券名称统一为短期融资券,债券的期限统一为 9 个月,年息 9% 至 13.5% 被确定为统一的利率点。此外,短期融资券的发行、转让、偿还及审批管理各方面都得到了加强与管理,短期融资券因而具有了筹资迅速、期限较短、利率较高、流通性强的特点,在市场上受到企业和社会公众的一致欢迎。[①]

表 7-3　宁波市企业融资券发行情况

年份	对外发行短期债券(1 年以内)(万元)
1992	26920
1993	47835
1994	84300
1995	125610
1996	138000
1997	69000

数据来源:宁波金融志编纂委员会:《宁波金融志》(第二卷),方志出版社 2006 年版,第 398 页。

四、信托投资业务

1992 年,邓小平南方讲话使得经济步入了快速发展的轨道。由于对资金的需求量大增,地方政府开始向人民银行请求增设信托投资机构,以便扩大融资渠道。宁波的信托投资机构也不断扩展,截至 1992 年年末,已达到 11 家。信托投资机构大量开展信托贷款业务及信托投资业务,以满足民营企业的融资需求。信托贷款业务资金主要来源于信托基金、信托存款或其他方式筹集的资金。信托投资机构与借款人约定还款期限,并按期计收利息,信托投资机构到期将本息收回。在"八五"期间,随着社会资金需求的不断膨胀,宁波的信托投资机构队伍不断壮大。信托投资公司纷纷抓住有利时机,大量筹集信托资金,努力通过各种方式开辟并扩大融资渠道,发放信托贷款。截至 1995 年年末,宁波市的信托贷款余额已达到了 314141 万元

---

① 宁波金融志编纂委员会:《宁波金融志》(第二卷),方志出版社 2006 年版,第 396—399 页。

(见表 7-4)，占到全部信托委托贷款的 86.30％。

表 7-4　1992—1995 年宁波市信托贷款业务统计

	1992 年	1993 年	1994 年	1995 年
信托委托贷款合计(万元)	37527	59813	147146	364025
比上年增减(％)	97.28	59.39	146.01	147.39
委托贷款余额(万元)	29771	47973	109992	314141
信托贷款余额(万元)	7756	11840	37154	49884

数据来源:宁波金融志编纂委员会:《宁波金融志》(第二卷),方志出版社 2006 年版,第 422 页。

在"九五"期间,由于宁波的信托业同时经历了与银行业之间的分业管理,及信托业自身的清理整顿,信托投资机构的数量大幅下降,信托贷款业务因而不断减少。截至 2000 年,宁波信托贷款余额为零(见表 7-5)。

表 7-5　1996—2000 年宁波市信托贷款业务统计

	1996 年	1997 年	1998 年	1999 年	2000 年
信托委托贷款合计(万元)	484536	323995	169588	59807	36074
比上年增减(％)	33.11	−33.13	−47.66	−64.73	−39.68
委托贷款余额(万元)	422144	297533	59857	28611	36074
信托贷款余额(万元)	62392	26462	109731	31196	

数据来源:宁波金融志编纂委员会:《宁波金融志》(第二卷),方志出版社 2006 年版,第 423 页。

信托投资业务主要是指信托投资机构以投资人的身份,运用自有资金及信托存款组织的资金,直接对生产、经营性企业进行投资。宁波市的信托投资一般分为股权式信托投资和合作投资两种。股权式信托投资主要适用于投资少、见效快和经济效益高的项目,它主要是指信托投资机构在购买企业一定的股份后,成为合资企业的股东,委派代表参与管理企业,并按照投资的比例承担相应的风险并获得红利。合作投资也被称为"契约式信托投资",它主要是指信托投资机构对企业给予资金上的支持,机构本身并不参与企业的管理,也不承担盈亏责任,只按约定比例分得投资收益。在"八五"时期,宁波整体的市场资金需求较为旺盛,信托投资业务也随之迅速发展,投资领域不断扩展,已延伸至工业企业、商业企业、证券公司、城市信用社及房地产业等各个行业。截至"八五"期末,宁波市信托投资机构的投资余额已达 128783 万元(见表 7-6)。

表 7-6　1992—1995 年宁波市金融信托投资机构投资业务统计

	1992 年	1993 年	1994 年	1995 年
信托投资余额(万元)	28311	74088	120008	128783
比上年增减(%)	87.22	161.61	61.98	7.31

数据来源:宁波金融志编纂委员会:《宁波金融志》(第二卷),方志出版社 2006 年版,第 424 页。

在"九五"期间,仅宁波国际信托投资公司、中国国际信托投资公司宁波分公司和宁波市金港信托投资公司 3 家信托投资机构,就已投资了 48 家企业,投资参股达到 4.24 亿元。1996 年,全市的信托投资机构的信托投资达到 136022 万元,相比 1995 年略有增加。之后几年,由于信托业面临自身的清理整顿,信托投资逐年减少,信托投资业务开始萎缩。"九五"期末的信托投资余额比"八五"期末整整减少了 99233 万元,仅为 29550 万元(见表 7-7)。①

表 7-7　1996—2000 年宁波市信托投资业务统计

	1996 年	1997 年	1998 年	1999 年	2000 年
信托投资余额(万元)	136022	124791	49964	33283	29550
比上年增减(%)	5.61	−8.26	−59.96	−33.39	−11.22

数据来源:宁波金融志编纂委员会:《宁波金融志》(第二卷),方志出版社 2006 年版,第 425 页。

五、金融租赁业务

金融租赁业务也称为融资租赁业务,它主要是指企业所需的设备由金融租赁公司或信托投资公司出资购买,并为企业融通设备的使用权,企业在使用设备的过程中按约定分期支付租金和利息。一般而言,融资租赁业务的利率按照人民银行确定的同期固定资产贷款利率计算,利息按月度或季度平均列入租金内,并每月或每季度收回。在租赁结束后,一般按照原设备总值的 1% 至 10% 来折价计收设备转让。融资租赁是一种新型的融资方式,它同时具有融资及融物的特性。相比银行信贷、公司债券更重视"企业

---

① 宁波金融志编纂委员会:《宁波金融志》(第二卷),方志出版社 2006 年版,421—425 页。

信用"的融资方式,融资租赁启用全新的金融理念,是一种建立在"资产信用"上的融资方式,它更看重租赁物本身所拥有的信用与价值。另外,通过融物取代融资,租赁公司能够保证资金不被挪作他用,直接进入实体经济,从而规避了不必要的风险。因此,融资租赁在推动金融与实体经济融合发展上起到了积极作用。同时,相比其他融资渠道,由于租赁公司不吸收存款,不会有派生的货币供给产生,不会引发通货膨胀,因而对保持社会经济正常运行与健康发展有着重要意义。①

1992 年以来,随着宁波民营经济的飞速发展,融资租赁业务也在全市不断开展起来。全市的金融租赁余额在 1993 年到达了历史的最高点 25316 万元。1994 年,由于新兴的证券业务和房地产投资成了大多数信托投资公司的业务重点,全市金融租赁业务逐渐开始减少。1997 年,一批信托投资公司相继停止经营,宁波金融租赁余额大大缩水,仅为 5687 万元(见表 7-8)。截至 2000 年年底,在经历了中国国际信托投资公司宁波分公司、宁波东海信托投资公司及宁波国际信托投资公司先后倒闭之后,宁波市金融租赁余额再次大跌,下降至 373 万元。②

表 7-8 1992—2000 年宁波市信托投资机构金融租赁余额统计

年份	金融租赁余额（万元）	比上年增减（%）
1992	19431	64.04
1993	25316	30.29
1994	19815	−21.73
1995	16177	−18.36
1996	10905	−32.59
1997	5687	−47.85
1998	5177	−8.97
1999	493	−90.48
2000	373	−24.34

数据来源:宁波金融志编纂委员会:《宁波金融志》(第二卷),方志出版社 2006 年版,第 426 页。

---

① 丛林:《融资租赁怎样沟通金融与实体》,http://business.sohu.com/20120217/n334991398.shtml,2014-12-14.

② 宁波金融志编纂委员会:《宁波金融志》(第二卷),方志出版社 2006 年版,第 425—426 页。

六、期货市场

期货市场也是一种被企业广泛使用的融资渠道。一般而言,期货也就是期货合约,它指的是这样一种标准化合约,即期货交易市场统一规定,在未来某一特定的时间与地点,交割一定数量的标的物。标的物也称基础资产,它可以是铜或原油之类的某种商品,也可以是外汇或债券之类的某种金融资产,还可以是如股票指数或三个月期银行同业拆借利率之类的金融指标。期货交易的对象不是实物商品,而是期货合约。在合约到期时,期货投资者会进行实物或现金的交割。实物交割一般是一方交纳现金,另一方交纳合约中约定规格的商品。由于期货合约可以在合约到期前采用平仓的方式冲销原有的交易,期货交易因而有很强的流动性。①

在新中国成立前,宁波市就出现过棉纱业交易市场,该市场在新中国成立后被取缔。直到 1992 年,期货市场开始在宁波市试点。1993 年 9 月以来,宁波信物、金盆、天宝国际这 3 家期货经纪公司先后在宁波设立,宁波保税区石化交易所、开发区物资交易所这 2 家期货交易所也相继成立。宁波保税区石化交易所还开发了能源期货与外汇期货的交易。在一定程度上,新设立的期货经纪公司与期货交易所促进了宁波市场体系的建立。由于配套法律法规的欠缺,经常会发生各种违规现象。1994 年下半年起,宁波的期货市场出现了盲目扩张的势头。截至 1995 年,全市经营期货交易的机构已达到 65 家,而这其中,仅有宁波信物、金盆、鑫源、物资和纵横这 5 家期货经纪公司是经过中国证监会审核批准、国家工商局注册登记的。全市的期货交易所会员单位也仅为 22 家。这一年,宁波期货交易量大幅增加,达到1304 亿元。由于期货市场的扩张过快过猛,宁波市对期货交易所及时开展了全面的审核,严格限定了其交易范围,控制国有企事业单位进行期货交易,重新审批各类期货经纪公司,对各类非法期货经济活动进行了严厉查处。宁波的期货交易市场经历了整整 4 年多的清理整顿与规范,截至 1999年年底,杉立期货经纪有限公司在增资扩股后,重新领取了许可证。宁波期货市场在 2000 年后才开始逐渐恢复。②

---

① 中国金融期货交易所:《什么是期货》,http://finance.sina.com.cn/money/future/20071210/13104270955.shtml,2007-12-10。

② 宁波金融志编纂委员会:《宁波金融志》(第二卷),方志出版社 2006 年版,第 414—415 页。

七、股票发行与上市

证券市场为宁波的民营企业开辟了直接的融资渠道,有助于民营企业扩充资本金、改善资产负债结构、转换经营机制。股票的发行与上市更是孵化了雅戈尔、杉杉、波导等一大批颇具实力的大公司、大集团。1992—2000年,宁波的民营经济进入了飞速发展的阶段,而宁波上市公司发展步伐与本地经济发展保持一致。1993年,宁波中元股份有限公司通过配股定向发行新股1640万股并上市,翻开了宁波上市公司股票发行与上市的新的一页。上市为企业的做大做强搭起了一个融资平台,为企业的快速发展提供了坚实的基础。

1994年,镇海炼化股份有限公司的股票在香港联交所进行挂牌上市。1996年,镇海炼化继续在国际资本市场发行2亿美元的可转换债券。经过这两次大动作,公司共募集到了人民币31亿元,将其用在炼油700万吨/年改造和800万吨/年扩建工程上。2000年,镇海炼化股份有限公司已成为国内首家原油加工超千万吨的炼油企业,其实际原油加工量已突破1000万吨。同时,上市也使得镇海炼化实现了跨越式发展,企业的规模效应不断显现,各项经济技术指标在国内处于领先水平,公司单位完全费用及炼油操作成本基本与亚太地区平均水平保持一致。

波导股份在2000年上市后共募集6.4亿元资金,解决了长期制约公司发展的资金瓶颈问题,企业的产业结构由此得到调整,公司开始进入了快速发展的轨道。按照招股说明书上承诺的资金投资计划,公司进行了移动电话技改项目及生产线扩建,对手机的销售网络进行了完善,遍布全国的波导经营服务网络得以建立。波导股份的上市突出了波导的优势产业和产品,打造出了当时国产手机第一的品牌,波导工业园一期建设顺利完成,波导也因而拥有了年产1500万台手机的生产能力。

2000年年初,中国股票发行方式发生了较大改变,由审批制变成了核准制。在宁波政府、企业和证券监管部门、中介机构的共同努力下,宁波有龙建设集团股份有限公司等19家企业纷纷步入了上市前的辅导期。公司上市募集的资金将带动关联行业的发展,从而创造出较好的经济效益与社会效益,为宁波的经济发展做出重大贡献。

八、互助基金会

为了解决个体工商户和私营企业贷款难问题,宁波当地工商联合会或个体劳协会发起成立了互助基金会,它是一个个私企业的内部融资组织,旨在解决会员的临时性经营资金需要。1993年4月,石浦镇个私企业融通基金会成立。它是由象山县工商联合会石浦分会按照自愿原则发起建立的,该互助基金会制定了章程,确定了理事会,共吸收19名会员,入会基金为24万元。之后,由象山县鹤浦、丹城两镇成立的两家互助基金会也相继面世。互助基金会仅为会员提供服务,始终坚持"安全、高效、少额、短期"的借款原则,借款期限可长达3个月,月利率最高可达18%,借款最高金额与入股基金成1:3的比例,所有借款都必须由实物资产来进行抵押。按照借款审批权限规定,常务理事会可自行决定5万元以下借款,而5万元以上的借款则必须由全体理事会通过讨论最后决定。当借款逾期,加息产生,一个月内的逾期需要加息50%,一个月以上的逾期则需要加息100%。基金会股金实行保息分红策略。1996年,随着国家整顿清理"基金会"的通知下发,象山县的3家互助基金会开始进行组织清理,实行只收不放的政策。2000年,宁波互助基金会全部清理完毕。①

第四节　本章小结

　　本章节首先叙述了1992—2000年期间导致宁波民营企业快速发展的国家、浙江省和宁波地方扶持政策。本阶段的宁波民营企业快速发展离不开相关政策的扶持和导向。宁波民营经济规模不断扩大,已经初步完成资本的原始积累。宁波民营经济占国民经济的比重不断提高,短短的8年时间里,宁波民营经济逐渐向规模化、国家化、股份化、产业集聚化和高科技化发展。传统的乡镇企业也通过股份制改革转变为私营或者股份制企业。宁波民营企业的数量有了大幅的提升。

　　随着宁波民营经济的活跃程度提高,民营企业的融资渠道也开始多样化。除了20世纪80年代的民间借贷和银行借贷两种方式外,还新兴起其他融资渠道,例如,企业债券、信托投资、金融租赁和股权融资等。也就是说,本阶段的宁波民营企业融资渠道除了社团制度逻辑,其市场制度逻辑也有了扩张。虽然社团制度逻辑依然是民营企业融资的主要渠道,但是市场制度逻辑的兴起注定两种逻辑制度会形成竞争和互补的关系。

---

① 宁波金融志编纂委员会:《宁波金融志》(第二卷),方志出版社2006年版,第571页。

第八章　宁波民营企业走向成熟及其融资模式(2001—2012)

改革开放以来,民营企业快速发展,特别是 2000 年之后,民营企业规模不断发展壮大,占我国市场经济的比重越来越高。不论在促进经济增长、创造就业收入方面,还是在提高经济效益方面,民营企业都发挥了重大作用。政府越来越重视各种私营企业、中小企业的发展,开始不断出台国家层面统一的、积极的政策,不断鼓励、加大对民营企业的支持。各地政府也积极响应国家号召,纷纷出台各项政策,扶持民营企业发展。但是目前,由于我国金融支持体系并不完善、基本法律法规没有完全健全,民营企业本身也存在着规模过小、风险较大的特点,民营企业在发展过程中仍然面临着极大的融资困难、融资风险等问题,融资缺口仍在不断扩大,融资问题俨然成为发展民营经济要解决的重大问题之一。

宁波经济在改革开放之后的 30 多年中一直有着优异的表现,其中中小民营企业在宁波经济社会发展中起到了举足轻重的作用,是宁波经济发展主体,经济增长的主要动力;不论是在满足市场需要,增加财政税收方面,还是在促进城乡居民就业方面,民营企业都起到了积极的作用。因此,研究民营企业融资问题也成为研究宁波经济发展历程中无法忽视的任务之一。

第一节　国家政策和宁波地方政策

一、国家层面政策

我国民营企业的发展与国家对民营企业的态度和有关政策方针的调整及变化息息相关,民营经济在改革开放后经历了三个重要发展阶段。

第一个阶段是 1979—1992 年,国家开始允许民营经济存在,国务院在报告中首次提出恢复和发展个体经济。1982 年通过的《中华人民共和国宪法》规定了城乡个体经济是社会主义公有制经济的补充,这标志着我国民营经济的合法化。1984 年的十二届三中全会通过的《中共中央关于经济体制改革的决定》首次系统阐述了在该阶段发展个体经济的指导方针。国家明确提出鼓励民营经济的存在和发展,工商行政管理机构对私营企业进行登记监督,私营经济开始正式纳入法制轨道;但是,由于人们长期以来对私有制经济的歧视,民营经济仍处在被抑制阶段。

第二个阶段是 1992—2000 年,1992 年邓小平南方讲话是民营经济加速发展的转折点,彻底消除了人们对发展民营经济的顾虑。1993 年年底《中共中央关于建立社会主义经济体制若干问题的决定》鼓舞了民营企业,促使其放开手脚。很多家庭制企业开始实行股份合作制,企业之间开始协作,民营经济进一步发展。

第三个阶段为 2000 年之后,民营经济开始快速发展。社会主义市场经济体制已经逐步完善,经济全球化进程加剧,各种所有制平等竞争,民营经济发展进入新阶段。2005 年国务院颁布的《关于鼓励支持和引导个体私营等非公有制经济发展的若干意见》提出全面促进非公有制经济发展,随后推出的一系列政策初步构建起了非公有制经济发展的法律法规体系。[①] 全国人大常委会、国务院、工信部、发改委、财政部都纷纷下发文件,支持包括民营企业在内的各种类型的中小企业。表 8-1 列举了 2001—2012 年,中央政府推出的国家层面政策。

---

① 长城战略研究所:《中国民营经济的迅速崛起——中国民营经济的四个发展阶段》,《企业研究报告》2003 年第 153 期。

表 8-1　2001—2012 年政府推出的部分国家层面政策

发布时间	发布机构	法律或法规名称	具体内容及意义
2003 年 1 月 1 日	全国人大常委会	《中华人民共和国中小企业促进法》	我国第一部专门针对中小企业的法律,是中小企业、民营企业发展轨道上一个重要里程碑,标志着我国中小企业发展逐步规范化、法制化
2005 年 2 月 19 日	国务院	《国务院关于鼓励支持和引导个体私营等非公有制经济发展的若干意见》(非公经济 36 条)	明确提出 36 条举措,包括放宽非公有制经济市场准入、加大对非公有制经济的财税金融支持、完善对非公有制经济的社会服务等举措
2009 年 9 月 22 日	国务院	《国务院关于进一步促进中小企业发展的若干意见》	在缓解中小企业融资困难、加大财税支持、加快中小企业技术进步和结构调整、加快中小企业服务体系建设等方面有多项举措
2010 年 5 月 7 日	国务院	《国务院关于鼓励和引导民间投资健康发展的若干意见》(民间投资新 36 条)	进一步拓宽民间投资的领域和范围,鼓励和引导民间资本进入基础产业和基础设施、市政府引导民间资本重组联合和参与国有企业改革、推动民营企业加强自主创新和转型升级,鼓励和引导民间资本进入民用事业和政策性住房建设、社会事业、金融服务、商贸流通、国防科技工业等领域,为民间投资创造良好环境
2011 年 6 月 18 日	工信部、统计局、发改委、财政部	《中小企业划型标准规定》	新标准覆盖面广、划分细致,充分考虑了各个行业的特点,有利于加大对小型、微型企业扶持力度
2011 年 9 月 22 日	工信部	《"十二五"中小企业成长规划》	该规划为我国首个关于中小企业发展的国家级专项规划。规划提出进一步拓宽中小企业融资渠道,继续壮大中小企业板市场,积极发展创业板市场;制定实施细则,引导民间资本进入垄断行业市场;出台系列财税支持措施降低中小企业营运成本等
2011 年 11 月 17 日	财政部、发改委	《免征小微企业收费通知》	从 2012 年 1 月 1 日至 2014 年 12 月 31 日,对小型微型企业免征管理类、登记类、证照类行政事业性收费,具体包括企业注册登记费、税务发票工本费、海关监管手续费、货物原产地证明书费、农机监理费等 22 项收费
2011 年 12 月 29 日	财政部、工信部	《政府采购促进中小企业发展暂行办法》	有关编制部门在行使预算职能时,应预留相应比例项目给中小微型企业

(一)《中华人民共和国中小企业促进法》

2002 年 6 月 29 日审议通过,2003 年 1 月 1 日起开始施行的《中华人民共和国中小企业促进法》(以下称《中小企业促进法》)是我国参照国际惯例,为促进和保障中小企业,特别是民营企业健康、稳定发展而出台的第一部专门法规。这部法规的立法宗旨是"改善中小企业经营环境,促进中小企业健康发展,扩大城乡就业,充分发挥中小企业在国民经济和社会发展中的重要作用"[①]。它明确地指出了政府管理部门的职责,首次将关于促进各种所有制的中小企业发展的主要政策法规上升到了法律的高度层面,其颁布与实施标志着我国中小企业发展开始步入规范化和法制化轨道,对我国各种所有制企业的发展都起到了有力的助推作用。改革开放之后,特别是 2000 年以来,中小型民营企业在经济发展中发挥了越来越大的作用,但由于长期缺乏有力的配套法律法规支持,发展遇到了诸多问题,如融资困难、技术落后、信息闭塞等。鉴于这些问题,国家出台了《中小企业促进法》,此法案共有 7 章 45 条,内容涉及多个领域,包括资金支持、创业扶持、技术创新、市场开拓和社会服务等。[②]

1. 资金支持

融资困难是制约中小企业,特别是阻碍民营企业发展的主要因素。为了支持中小企业的发展,《中小企业促进法》在资金支持方面做出了大量详尽的规定,具体包括:政府采取各项措施拓宽中小企业的直接融资渠道,为各种中小企业特别是民营企业创造积极条件,通过法律、法规等方式,引导各种形式的直接融资,积极鼓励中小企业依法开展各种方式的互助性融资担保。国家同时设立中小企业发展基金,用于扶持各种所有制的中小企业进行创业辅导和服务、建立信用担保体系、科学技术创新、与大型企业协作配套、人员培训、开拓国际市场等方面的事项;中央财政预算同时开始设立中小企业科目,专门为中小企业发展设立专项扶持资金;此资金主要关注促进中小企业发展的服务性体系的建设,用于支持辅助中小企业,补充发展基金。在此基础上,中国人民银行从信贷政策指导方面加强了对中小型金融机构的支持力度,鼓励各类商业银行调整自身信贷结构,借此改善中小企业

---

① 《我国中小企业的发展政策》,http://www.china.com.cn/chinese/zhuanti/263730.htm,2014-04-12。

② 《我国政府扶持中小企业发展的方针政策》,http://www.sme2000.com.cn/theory/theory_view.asp? id＝438,2014-07-25。

特别是民营企业的融资环境,加大信贷支持力度。同时,各类型、各规模的金融机构都应当为中小型企业提供金融层面的支持,改善服务态度,扩展服务范围,加大研发适合中小企业发展的金融产品的力度,并提供信贷、结算、咨询等方面的服务。各级政府也应当积极鼓励各类依法设立的风险投资机构增加对中小企业的投资,并提供税收政策方面的鼓励方案;鼓励各种担保机构为中小企业融资提供担保。国家也在积极推进中小企业的信用制度体系建设,包括信用信息征集与评价体系的建设,中小企业的信用信息的查询、交流和共享的社会化平台。

2. 创业扶持

除了资金方面的支持,政府在对中小企业创业扶持方面也做出了相应的规定,如积极的税收政策、登记手续的简化、乱收费的遏制等,用于支持创业。由于历史等原因,长期以来,中小企业可能会面临各种名目的乱收费、罚款摊派等问题,企业的合法财产权得不到有效保护。对此,《中小企业促进法》做出了明确规定:任何组织和单位都不得违反法律、法规向中小企业收费和罚款,不得向中小企业摊派财物。中小企业如果遭遇违反规定的情况,可以拒绝缴款并依法举报、控告。

此外,政府部门有责任为中小企业的发展创造积极的条件,提供必要的信息咨询服务,并根据中小企业发展的需要,合理安排场地设施,支持中小企业的创办。尤其是对于弱势群体,如失业、残疾人员等,也通过税收政策等方式进行扶持。对于由失业人员创立或本年度招收失业人数/残疾人数达到规定标准的中小企业,或者所从事行业符合国家支持发展的高新技术类企业,还有地处少数民族聚集区或在贫困地区创立的中小企业,都会在一定期限内按照相关法规施行税收优惠政策,进行所得税减征或免征。

3. 技术创新

在科学技术创新方面,国家需要制定对应政策,用于鼓励中小企业按照市场真实需求,采用先进的技术、生产工艺和设备提高产品自身质量和进行新产品的研究开发。政府部门应当在规划、土地、财政等多方面对中小企业创新活动提供政策支持,同时推进各项配套服务的建设,包括技术服务机构、生产力促进中心、科技型企业孵化器等,为中小企业提供信息、技术方面的咨询、转让服务,为产品研究开发提供帮助,促进科技成果向商业化转换,让企业实现技术、产品甚至产业层面的升级;鼓励企业与研究机构、高等院校合作交流,形成"产学研"一体化形式,积极发展具有高科技含量的中小企业。除此之外,如果中小企业从事创新项目或者进行为大企业产品配套的改造活动,还可以享受贷款贴息等财政政策。

4. 市场开拓

为了鼓励中小企业,特别是民营企业开拓更为广阔的市场,《中小企业促进法》也做出了有关规定。国家支持大型企业与中小企业建立协作关系,该关系以市场配置资源为基础,中小企业通过原材料供应、商品生产、销售、技术开发等方面合作,推动自身发展;国家同时也引导并规范中小企业合并收购等进行资产重组的活动,实现资源的优化配置;政府在制定采购计划时,也应当优先考虑中小企业的商品;政府及其他部门、机构也有责任为中小企业提供帮助,通过举办商品展销会等方式鼓励中小企业商品出口,拓展国际市场,借此推动对外经济技术的发展与交流。国家有关政策性金融机构应当通过开展进出口信贷、出口信用保险等业务,支持中小企业开拓国外市场。

5. 社会服务

在社会服务方面,政府需要根据实际情况,鼓励社会各界共同协作,建立健全中小企业支持服务体系。中小企业的支持服务组织应当充分利用网络、电子计算机等先进通信技术,引导各类社会中介机构逐步建立完善开放的信息服务查询系统;国家还在此基础上,鼓励各种社会中介组织通过创业辅导、企业诊断、人才引进培训、对外合作等多种服务方式为中小企业提供支持,鼓励有关机构及高等院校培训专门针对中小企业的管理和技术人员,提高其营销、管理和科技水平;行业内部也应当组织自我约束、自我服务的自律性机构,积极维护企业的合法权益,为中小企业扩展市场、提高经营能力等提供服务。

当然,除了外部因素之外,制约中小企业快速健康发展的因素还有很多,企业自身存在的问题也同样不容忽视,因此,《中小企业促进法》对于企业自身行为也做出了规范,中小企业必须遵守国家各项基本法律法规,包括劳动安全、职业卫生、资源环保、财政税收、金融等,职工合法权益和社会公共利益都不能被侵害。

(二)《国务院关于鼓励支持和引导个体私营等非公有制经济发展的若干意见》[①]

2005 年 2 月 19 日,国务院正式出台了《国务院关于鼓励支持和引导个

[①] 《国务院关于鼓励支持和引导个体私营等非公有制经济发展的若干意见》,http://www.gov.cn/zwgk/2005-08/12/content_21691.htm,2014-04-15。

体私营等非公有制经济发展的若干意见》(俗称"非公经济 36 条")。这是新中国成立以来,中国第一部以促进非公有制经济发展为主要内容的中央政府级文件,再一次把发展非公有制经济提到了国家政策层面,把非公有制经济与公有制经济放在一个公平的发展平台上,被认为是民营经济发展进入新一阶段的里程碑。此意见主要通过阐述"放宽非公有制经济市场准入、加大对非公有制经济的财税金融支持、完善对非公有制经济的社会服务、维护非公有制企业和职工的合法权益、引导非公有制企业提高自身素质、改进政府对非公有制企业的监管、加强对发展非公有制经济的指导和政策协调"七个大方面,36 个细则,进一步加大对非公有制经济的扶持。

1. 放宽非公有制经济市场准入

细则具体阐明了非公有制经济与其他所有制经济的平等地位,放宽之前限制的市场领域。非公有制资金开始被允许进入法律未禁止入内以及外资允许进入的行业,同时股权比例的限制等也适当放宽。在投资、融资、技术合作等方面,对非公有制经济体一视同仁,待遇平等。如果事项需要审批核准等,行政部门也必须公开相应制度和程序。非公有资本开始被允许进入垄断行业和公共事业、基础建设等领域。政府计划在部分垄断行业,如电力、通信、铁路、石油等行业进一步引入市场化竞争机制,针对其中的自然垄断领域,推进多元化投资主体,鼓励非公有制资金以参股等形式参与;对其他行业,非公有制资金可以通过独资合资或合作等方式进入。在符合国家统一规定的前提下,鼓励符合相关条件的非公有制企业或资本进入商业性质的矿产资源领域进行勘查开发等相关活动。为了加快完善政府特许经营制度,鼓励非公有制资本参与供水、供气、公共交通等基础设施的投资建设。除此之外,非公有制资金开始可以进入社会事业、金融服务、国防科技建设、国有经济重组、西部大开发、老工业基地振兴等领域。

2. 加大对非公有制经济的财税金融支持

为了鼓励非公有制企业的发展,国家加大了包括财政、信贷、直接融资渠道、金融创新服务、建设信用担保体系五个方面的支持力度。国家逐步扩大了有关激励中小企业发展的专项资金规模,加快建设国家级中小企业发展基金,完善有关金融税收扶持政策。国家还试图有效发挥浮动利率政策的作用,鼓励各金融机构以非公有制经济主体为研究对象,开发创新型金融产品,完善服务,切实发挥银行信贷部门作用,提高对非公有制公司的贷款比例。国家还积极拓宽非公有制资本直接融资途径,给予其在资本市场发行上市等同国有企业的地位,并鼓励符合条件的非公有制公司按规定发行债券或境外上市。鼓励金融机构、保险机构进行金融服务创新,改善服务,改进对非公有制公司经济个体的信用资产评估制度,并建立完善非公有制企业的信用担保体系。国家同时鼓励非公有制企业在符合规定的前提下,吸引国外金融机构注资。

3. 完善对非公有制经济的社会服务

中央政府积极鼓励各地区政府加大对中介服务的支持,努力促进中介服务社会化发展,遵循专业化、市场化原则,不断完善社会化服务体系,为非公有制公司创造和谐的服务环境。同时加大对非公有制经济体自主创业的政策扶持,对初创期企业降低注册资本标准,免除部分手续费。政府对非公有制公司开展不同形式的培训,结合企业自身特点引导社会力量参与,充分整合社会资源。加快技术交易市场的培育,促进科研成果转化和技术转让。积极建设信息技术网络,鼓励非公有制经济"走出去",对外投资、进出口信贷等方面与其他所有制企业待遇均等。推进企业信用档案体系的建立,推进非公有制企业信用档案数据库建设。

4. 维护非公有制企业和职工的合法权益

维护非公有制经济体的私有财产保护制度,加快修订完善并严格执行有关保护私有财产的法律法规,并依法保护私有企业业主的合法财产权。依照劳动法相关法律,维护并尊重企业职工的权益。建立健全非公有制经济体职工权利保障体系,推进社会保障制度建设,依法组建民主管理的企业工会。

5. 引导非公有制企业提高自身素质

非公有制企业自身也应该坚决贯彻执行国家相应法律法规,服从国家宏观调控,主动进行产业优化。非公有制企业在从事生产经营活动时,要强化企业管理的各项规章制度,并完善企业组织形式。非公有制公司投资人还应自觉学习国家法律法规和现代科学知识,通过专业化合作和产业集群等方式,创新市场组织形式,将企业做大做强,争创国家、甚至国际名牌。

6. 改进政府对非公有制企业的监管

政府应根据非公有制特点,改进监管制度,完善监管行为,积极发挥社会监督作用。劳动保障部门也应该充分介入非公有制经济劳动争议处理,支持劳动关系和谐化。同时加强管理收费行为,除国家规定费用外,各单位及部门无权向非公有制企业收取各项费用。

7. 加强对发展非公有制经济的指导和政策协调

政府还需要从非公有制经济发展的规律和需要出发,强化为非公有发展提供服务的意识,完善各级政府部门和有关组织的协同机制。同时大力宣传国家有关非公有制经济发展法律法规,努力营造有利于非公有制经济发展的社会舆论氛围。各地区和部门还应该努力做好贯彻落实工作,制定具体配套方案并切实落实具体实施措施,促进非公有制经济的有效发展。

(三)《国务院关于进一步促进中小企业发展的若干意见》

据有关资料统计,2009年9月22日,国务院正式发布《关于进一步促进中小企业发展的若干意见》(国发〔2009〕36号,以下简称《意见》),对于怎样创建中小企业发展的良好氛围、解决中小企业融资问题、加强中小经济体的扶持力度等方面提出了8大方面共29条细则。①

《意见》首先提出进一步创造有利于中小企业发展的环境氛围,具体表现在:构建和完善支持鼓励中小企业发展的政策、法律体系,对垄断行业进行深层改革,降低门槛,进一步创建公平公开的市场。提高政府采购中有关中小企业的参与度,进一步强化对中小企业权益的保护。特别是对受金融危机影响、生产困难的公司,可以按规定将阶段性缓缴社会保险或降低费率的优惠政策延长至2010年年底,并提供补贴。

《意见》把缓解中小企业融资困难列为重点解决问题之一,号召各级政府及相关部门全面落实各项鼓励和支持中小企业发展的金融政策,包括进一步巩固和完善中小企业的信贷考核体系并鼓励有关部门建立中小企业贷款风险补偿基金,适度补助金融机构对中小企业的贷款,对不良贷款给予补偿。同时,加强国有控股和股份制商业银行对中小企业的金融服务,建立专营机构。国家将会加快创业板的创立,增加直接融资,扩大上市规模,并稳步增大集合债券和融资券的发行规模,进一步拓宽中小企业融资渠道。在此基础上,完善中小企业信用担保体系,设立企业、地方、中央多层次资金担保基金机构。同时,积极发挥信用信息服务的作用,完善信用制度、融资信用等级体系。

《意见》还明确表达出了强烈加大财政支持力度的信号:2010年1月1日至2010年12月31日,针对纳税额度少于3万元的企业实行纳税额度减半,并按20%税率缴纳,即实际应纳税征收额为10%。对于投资国家鼓励类项目的中小型企业,除有关规定不予免税的商品外,进口的自用设备等免

---

① 《国务院关于进一步促进中小企业发展的若干意见》,http://www.gov.cn/zwgk/2009-09/22/content_1423510.htm,2014-04-27。

征进口税。对于没有能力缴纳城镇土地使用税的中小企业,可按规定申请减免;对于有特殊原因不能按时缴纳税款的中小企业,可按照有关规定延期三个月。同时,为了减轻企业的负担,未按规定批准成立的行政事业性质的收费项目和政府性基金收费名目,一律取消。

为支持中小企业进一步加快技术进步和产业结构调整,《意见》提出了以下政策:鼓励和支持中小企业采用新技术进行技术改造。中小企业方面的技术改造资金是中央技术改造专项资金预算中的一部分,地方政府也应配套中小企业专项技术改造资金。如果由于技术升级改进等原因对固定资产加速折旧的,可采用缩短年限或加速折旧的方式。①

(四)其他国家级相关政策法规

1.《国务院关于鼓励和引导民间投资健康发展的若干意见》②

在"非公经济36条"颁布5年后,国务院于2010年5月13日又发布了《国务院关于鼓励和引导民间投资健康发展的若干意见》,该意见共计36条,为了与"非公经济36条"有所区分,故称"民间投资新36条"。与"非公经济36条"相比,"民间投资新36条"针对民间投资,范围更小;同时,更具执行性和实际操作意义,领域细化到二级科目,投资方式也大大细化。

鼓励民间资本积极推进社会公共事业发展,进入医疗、教育等领域;鼓励民间资本以各种投资方式参与公共交通设施的建设,包括公路、水运、码头、民用机场等,加剧行业内有效竞争,推进资本多元化。除此之外,还鼓励民间资本参与水利、电力、石油天然气、土地整治、矿产勘探、市政公共事业、政策性住房、社会福利事业、文化产业、金融服务行业、商品批发零售、现代物流、国防工业等多个产业的建设,不同产业采用不同的收费补偿、政府财政补贴等方式,大力推进民间资本进入,推进社会化的资源利用。

在此基础上,引导和鼓励民间资本参与国有企业的资本重组和改革,同时推进民营企业自身的创新活动和转型升级。为了鼓励民间资本的进一步发展,政府同时推进良好投资环境的营造工作,清理不良法规,要求各级政府及有关部门安排各项资金,包括预算内投资、专项建设资金、创业引导资金等,维护公平公正的投资环境。各级政府还应健全融资担保制度,进一步

---

① 刘菊花、黄玫、叶前:《解读我国促进中小企业发展新政策四大亮点》,http://news.
xinhuanet.com/fortune/2009-09/23/content_12102879_3.htm,2014-04-27。

② 《国务院关于鼓励和引导民间投资健康发展的若干意见》,《中小企业管理与科技
(中旬刊)》2011年第5期。

完善创业投资机制;同时加强对民间投资相关事项的服务及管理。

2.《中小企业划型标准规定》

2011年,工业和信息化部、统计局、发改委、财政部等四部委联合公布了《中小企业划型标准规定》,这一标准的出台表明了国家政府对小型,特别是微型企业重点扶持的态度,政府及相关部门将进一步面向这一群体,出台普惠政策,加大扶持范围与力度。新标准将中小企业划分为三种类型:中型、小型、微型。其中微型企业为首次在规定中增设。由于微型企业多为民营企业,属于融资困难的弱势群体,这一划分更有利于针对这一特定群体进行有效的政策制定与执行。[①]

"新标准"重新制定了划分原则,不再参照销售额,改为营业收入,这一原则更能反映企业实际经营状况;同时,划分指标也有了调整,调整后,中型企业的范围扩大,小型企业的范围有所缩小。同时,个体工商户首次被纳入参照执行范围,由于这类企业的特殊性,过去法律适用《城乡个体工商户管理条例》,而不纳入企业管理范围,但"新标准"考虑到这类商户数量巨大,为了促进其发展,按规模将其纳入小型或微型企业范畴。[②]

3.《"十二五"中小企业成长规划》

2011年9月22日,工信部正式发布《"十二五"中小企业成长规划》,这是我国首个关于中小型企业发展的国家级专项规划。中小企业一般处在产业链的下游,竞争激烈,市场化程度高,数量巨大,吸纳就业能力强,是促进国民经济发展的重要力量。《规划》主要包括五项主要任务,"增强创业创新活力和吸纳就业能力,优化中小企业结构,提高专精特新和产业集群发展水平,提升企业管理水平,完善中小企业服务体系"[③]。同时指出,政府将进一步加大财政税收方面对小微企业的支持;清理各项收费行为,减轻中小微型企业的负担;加大财政引导,完善金融服务;支持银行及其他金融机构的体制创新,鼓励民间资本新型金融机构。[④]

---

① 杨晓宇:《〈中小企业划型标准规定〉惠及中小化工企业》,http://www.100ppi.com/forecast/detail-2011-07-29-9948,2014-05-15。

② 《工业和信息化部等四部门印发〈中小企业划型标准规定〉》,《工商行政管理》2011年第4期。

③ 孙懋穗:《"十二五"中小企业成长规划正式发布》,《中国高新技术企业》2011年第32期,第10页。

④ 《工业和信息化部发〈"十二五"中小企业成长规划〉》,http://www.gov.cn/gzdt/2011-09/23/content_1955213.htm,2014-05-20。

(五)其他支持中小企业的政府采购政策和税收政策

1. 支持中小企业的政府采购政策

为了充分发挥政府采购行为对中小型企业发展的促进作用,财政部、工业和信息化部于 2011 年 12 月 29 日印发了《政府采购促进中小企业发展暂行办法》(财库〔2011〕181 号,以下简称《办法》)。《办法》中规定部门在行使预算职能时,应该分配部门年度采购项目预算总额的 30％以上给中小企业项目,其中,小型和微型企业应占 60％以上;如果项目并不是专门面向中小型公司,应给予小、微型公司产品价格 6％～10％的减免;如果小、微型企业与大中型企业联合参与非针对中小企业的政府采购项目,如果前者的协议参与额度超过联合协议总额的 30％,联合项目承包者可享受 2％～3％的价格减免。①

为进一步加大对中小企业的支持力度,财库〔2011〕24 号文件规定,2012年 1 月 1 日至 2013 年 12 月 31 日,在中央和部分地方省市展开政府采购信用担保试点工作,决定设立专门机构组织为代理机构、金融组织、采购主体提供担保,该举措对于降低中小型企业参与政府采购活动的成本,扩大融资渠道都起到了积极的作用。

2. 支持中小企业的政府税收政策

首先,关于流转税方面的法规。从 2009 年开始实施增值税转型改革,从以往的生产型改为消费型;同时将小规模纳税比例从 6％和 4％降到了3％。国税发〔2001〕37 号则规定对于纳入试点地区非营利性的中小企业信用担保机构,可以按当时实际情况,3 年内免征担保收入营业税。为应对2007 年的金融危机,工信部发布〔2009〕114 号文件,将符合条件的为中小型企业提供信用担保和再担保的机构对应收入纳入三年免征营业税范围。财税〔2010〕84 号文件为了鼓励就业创业,针对具有加工性质的小型企业,如果本年度新录用人员持《再就业优惠证》并签订超过 1 年的劳动合同同时按规定缴纳了社会保险的,则按实际情况予以各项税费的不同程度扣减。

其次,关于所得税方面的法规。由于国际金融危机带来的影响,小微型企业受到不同程度的压力,为了减少金融危机带来的冲击,财税〔2009〕33号、〔2011〕4 号、〔2011〕117 号文件颁布用于支持鼓励我国小微型经济体发

---

① 《关于印发〈政府采购促进中小企业发展暂行办法〉的通知》,http://www.gov.cn/zwgk/2011-12/31/content_2034662.htm,2014-06-30。

展。前两份文件规定 2010 年 1 月 1 日—2011 年 12 月 31 日,小微型企业年纳税额度少于 3 万元的,按 50% 计入纳税额,并按 20% 税率缴纳所得税;第三份文件则将这一优惠政策延长至 2015 年 12 月 31 日,但是将享受优惠的纳税额度从 3 万元提高到了 6 万元。为鼓励创业投资机构投资于未上市中小型高科技企业,国税发〔2009〕87 号文件规定,若创投机构采取股权投资方式投资未上市中小高科技型企业超过 2 年,则可按投资额度的 70% 在持股满 2 年后的当年抵扣创投公司所得税。

此外,关于税费方面的政策还有:财税〔2011〕105 号文件规定,2011 年 11 月 1 日—2014 年 10 月 31 日,金融机构向小、微型企业借款,印花税免征。财税〔2009〕99 号文件规定,2008 年 1 月 1 日—2010 年 12 月 31 日,金融机构若贷款给年销售额、总资产小于 2 亿元的公司,全额扣除损失准备金;财税〔2011〕104 号文件将该优惠政策延长至 2013 年 12 月 31 日。

二、宁波地方政策

宁波市金融产业相对发达,金融总量相对较大,但随着改革开放逐步深化,众多的民营中小企业需要进行二次创业,市场约束增大,中小型企业融资难、担保难的问题成为这类企业发展面临的主要问题。近年来,面对经济全球化的迅猛发展和国内外复杂多变的经济形势,宁波市外贸和传统制造业面对巨大的经营压力,特别是受近期国际金融危机的影响,宁波民营经济遭遇了史无前例的严峻挑战。民营企业的生产成本的上升,用工困难,使得融资难的矛盾更加突出。现阶段,如何利用不同的财政、货币和信贷政策支持中小微企业,特别是民营企业,就成了亟待解决的问题。

我国中小企业融资担保体系于 1992 年开始建立,为中小企业拓宽融资渠道起到了积极作用。对于民营企业顶起"一片天"的宁波来说,积极研究和落实支持中小企业融资担保的财政政策具有很大的现实意义。同时,宁波市在应对国际金融危机的过程中,采取的"组合拳"政策,即鼓励中小企业发展的财政、金融政策相结合的举措卓有成效。表 8-2 总结了 2005—2012 年,宁波市政府及部门推出的地方政策。

表 8-2　宁波市政府和各行政机构推出的地方政策

发布时间	发布机构	法律或法规名称	具体内容及意义
2005 年	宁波市财政局	《宁波市中小企业信用担保机构财政财务管理办法(试行)》	加强中小企业信用担保机构财务核算,规范中小企业信用担保机构的财务行为,强化对中小企业信用担保机构的财务监督,促进中小企业信用担保机构健康发展,对中小企业向金融机构贷款、票据贴现、融资租赁等融资方式提供担保和再担保
2005 年	宁波市银监局	《关于银行业支持我市经济发展若干意见的通知》	在缓解中小企业融资困难、加大财税支持、加快中小企业技术进步和结构调整、加快中小企业服务体系建设等方面有多项举措
2008 年	宁波市金融办、人行市中心支行、宁波银监局、宁波证监局、宁波保监局	《关于做好金融保障促进宁波市经济平稳较快发展的若干措施意见》(甬金办〔2008〕14 号)	加强和改进金融支持与服务,促进宁波市经济和企业实现平稳较快可持续发展,提出金融"保增长、促发展、维稳定"的措施意见
2008 年	宁波市金融办	《关于鼓励股权投资企业发展的若干意见》(甬金办〔2008〕9 号)	通过股权投资企业的市场化运作,加快推动宁波市产业与民间资本良好对接,通过并购重组做大做优做强,提升企业的核心竞争力,促进产业结构的调整,逐步将宁波建设成为长三角地区重要的资金和资产管理中心
2011 年	宁波市政府	《关于保增促调推进中小微企业平稳健康发展的若干意见》(甬政发〔2011〕112 号)	减轻企业负担,优化扶持机制,规范金融秩序,支持兼并重组,加快项目建设,坚决淘汰落后产能,优化政府服务
2012 年	宁波市经委、宁波财政局	《宁波市中小企业融资性担保公司风险补偿资金使用管理办法》	财政从中小企业扶持资金中专项安排中小企业融资性担保公司风险补偿资金,用于符合条件的融资性担保公司担保业务的风险补偿,及推进宁波市融资性担保行业发展的相关支出

(一)宁波市促进中小型、民营企业发展的相关财政税收政策

1. 贴息及对外工程保函资金

2002 年、2003 年,为了帮助中小型企业缓解资金紧张问题、降低融资成本,宁波市对办理出口退税账户托管贷款的从事外贸行业的公司,按贷款利息给予 50% 的资金补贴,全市贴息资金超过 1 亿元。为了支持企业进行出口

信用保险项下的融资活动,宁波市于 2003 年对信用保险项下的贸易融资行为也提供 50％的贴息。[①]

为了扩大宁波市企业对境外承担项目的规模,鼓励各金融机构组织对其的支持力度,2006 年宁波市财政局设立了宁波对外承包工程保函资金,共计 2000 万元,为合格的项目开具保函。2007 年,中国银行宁波分行、建设银行宁波分行共为宁波对外承包项目公司发出融资性保函 5000 万元,履约、预付型保函近 3 亿元。2007 年末,宁波市财政局再次拨款 3000 万元,进一步加大保函额度。

2."保增促调"系列政策

为了应对 2007 年的国际金融危机,宁波市政府出台了一系列关于"保增促调"的政策,包括保稳促调 19 条意见、金融保障 18 条措施和保增长、扩内需、调结构 23 条政策,用于全面支持中小型企业的发展。具体措施包括全面为中小企业减少行政事业性收费 150 项,补贴财政资金 7000 余万元,并实施制定房地产税费优惠;支持企业开拓国外市场,并统筹安排外贸发展专项资金 3 亿元,支持出口。

3. 支持产业升级,鼓励企业创新

落实工业产业结构调整的资金,关注创新型企业的培养,对自主创新型企业给予商标、信息化、规模企业、专利费等多方面补贴,同时对高新技术企业进行所得税减免。引导企业发展新能源、新材料等新兴产业。政策性银行在扶持产业转型方面提供了很多的政策便利,为了推动宁波市政策性银行展开关于新能源、新产业相关的信贷工作,宁波市与中国进出口银行浙江分行建立了非常紧密的联系,多次举办专题座谈会、金融论坛、企业调研等活动,加大企业对出口银行贷款品种的了解,鼓励企业申请高新技术产品信贷,同时积极向银行推荐优质客户,帮助企业转型升级。

4. 加强银贸合作,提高配套服务创新能力

建立积极的信息交流渠道与制度,不定期对交通、外贸经济、金融、经济、保险等方面的问题、形势、政策等进行交流,及时发现问题、总结经验,对现有政策进行改进。建立重大项目通报制度,对市区范围内的重大项目,包括大额外资引进、平台建设等情况,外经贸部应该跟金融部门有效沟通,做好后备服务工作。

[①]　宁波市外经贸局财务处:《宁波支持中小企业融资的若干举措》,《国际商务财会》2009 年第 2 期。

为了解决中小微型企业融资难的问题,2007年,宁波市政府和工商银行宁波分行、宁波民营企业贷款担保公司共同签署了《支持进出口企业开展国际市场金融合作协议书》,支持中小微型企业积极拓展国际市场金融服务渠道和模式,协议规定:宁波市外经贸局筛选出一批质量良好的中小微型进出口企业,并给他们提供有关金融和外贸政策方面的服务;工商银行宁波分行则对被推荐并符合条件的企业提供融资信贷优惠,宁波民营企业贷款担保公司则承诺对合格企业提供贷款担保并给予保费方面的特别优惠。

同时,为了加强融资服务,在全市范围内全面开展了"干部进企业、服务促发展"系列活动,为大力拓展中小微型企业的融资渠道,推动银行企业的对接。架设了中小企业公共服务咨询8718服务平台,并采取设立中小企业融资网等措施,引导金融机构有效改善服务,促进企业上市进一步融资。同时加大煤电及运输行业的协调功能,推进人才培训,为企业发展提供支持。改善网上办税流程,缩短纳税人等待时间,减少纳税人成本。

宁波每年增加的中小微型外贸企业超过千家,但其中对国际贸易中融资政策、工具等有深入了解的并不多,因此政府及相关部门通过各种辅导为企业普及金融产品、金融工具的知识就显得相当重要。2006年政府组织了对外贸易和金融支持论坛;2007年,举办了国内信用保险贸易融资研讨会。分别探讨了怎样运用金融工具规避汇率变动产生的风险和开展国内信用保险贸易试点的工作。2008年,针对人民币快速升值和银根紧缩的现状,政府组织部分银行举办了一系列的贸易融资和利用汇率规避风险的培训课程,训练企业利用金融工具缓解经营压力。外贸类型企业存在自有资金较少,借款呈现周期性分布等特点。因此,如果未考虑退税因素,会造成资产负债率较高的错误认识。宁波市外经贸部申请宁波资信评估委员会对从事外贸行业的评估指标进行相应修改,调整了参照值和计分标准,较大地缓解了由于退税等原因对评估产生的影响。①

(二)宁波市促进中小型、民营企业发展的相关金融政策

1. 认真执行适度宽松货币制度

为了认真贯彻国务院《关于当前金融促进经济发展的若干意见》,促进宁波市经济健康发展,宁波市政府发布《关于做好金融保障,促进宁波市经

---

① 宁波市外经贸局财务处:《宁波支持中小企业融资的若干举措》,《国际商务财会》2009年第2期。

济平稳较快发展的若干措施意见》等文件,要求金融机构学习有关国家文件,切实落实各项促进经济发展的措施,增加有效信贷,积极发挥宽松经济政策带来的推动作用。2009年,宁波市金融本外币贷款余额7715.9亿元,同比增长32.7%;其中长期贷款新增1011.4亿元,同比增量为640.4亿元。

2. 积极发展新型金融机构、金融产品

一方面,为了给广大中小微型企业提供足够的资金支持,宁波市稳步推进小额贷款公司的试点工作,大力支持发展各类新型中小型金融机构的建设,包括村镇银行、资金互助社、小型贷款公司等,大力引进包商银行、临商银行、泰隆商业银行、杭州商业银行、浙江民泰商业银行等多家银行,努力改善中小微企业的金融服务。同时积极引导各商业银行进行下乡活动,扩大服务范围,创立为中小微型企业服务的内部机构,从人员、管理方式、激励机制等多个方面着手,切实为中小微型企业服务。2009年末,宁波市共有12家小额贷款公司,贷款余额达23亿元,户均贷款余额约110万元。

另一方面,要充分发挥公共财政和货币政策的作用,把资金往乡村和中小企业方面引导,有效推进小额贷款公司、城镇商业银行的规范发展。进一步拓宽中小企业可供融资的担保物范围,进行质押贷款,包括海域使用权、股权、专利等;在农村范围内,可以扩展担保物至住房抵押、林权抵押,同时积极建设线上公示系统,提高贷款效率。在此基础上,应该充分发挥保险公司的作用,加强银行和保险公司的合作,推出小额贷款保证保险、进出口信保融资的业务;鼓励银行等金融机构根据市场定位和实际情况对保险产品进行创新,开发出更适合中小微型企业的产品。[①]

宁波市外贸企业以中小微型居多,规模较小,能提供抵押的资产不多,贷款担保的落实存在一定问题,间接融资也存在较大问题。针对这一现象,宁波市政府联合相关部门全国首创了出口退税账户托管贷款、出口信保项目下的贸易融资等新式融资品种。如今,出口退税托管贷款已被宁波市外贸企业广泛运用,部分品种甚至在全国范围内得到推广。

出口退税账户托管贷款是宁波市在全国范围内率先实施的金融创新。由于宁波市出口贸易极为发达,因此,出口退税的资金到账迟滞情况十分严重,宁波市托管贷款发生额在巅峰时曾超过400亿,在退税指标充足、退税进度正常的情况下,出口退税账户托管贷款发挥着重要作用。2007年,宁波

---

① 何振亚、龚央维:《构建宁波中小企业发展的财政金融扶持政策体系》,《宁波经济》(三江论坛)2010年第6期。

市将出口退税账户托管贷款列入年度考核目标。2008年,银行还推出了出口退税托管账户下的企业授信业务,都极大地推动了业务的开展。

为了解决出口型企业的融资难问题,宁波市政府与中国信保宁波分公司联合推出新的金融创新——出口信保项下贸易融资。2002年,中国信保宁波分公司在成立之时就与宁波外经贸局共同开发了"保单融资操作流程"框架性意见。之后还在此基础上研究了其他新型信保融资担保形式,包括船舶出口信保融资、高新技术产品担保融资。宁波还积极推广"信保保理"业务(信保项下应收账款买断业务),解决融资难的问题。

(三)宁波市促进中小型、民营企业发展的相关配套政策

1. 建立信用担保体系、小企业融资担保和风险补偿机制

宁波政府从2002年开始建立市县两级的信用担保体系,相关政府部门、各级组织积极协调、共同推进,初步形成了包括政策性担保和商业性担保机构的信用担保体系。

2004年,宁波市经委、财政局联合发布了《宁波市中小企业发展扶持资金使用管理暂行办法》的通知,2005年宁波市财政局又印发了《宁波市中小企业信用担保机构财政财务管理办法(试行)》,用于加强中小微型企业的信用担保财务核算,促进其健康发展,为中小企业贷款、票据贴现等金融业务提供担保和再担保。同年,宁波市政府转发了宁波市银监局的《关于银行业支持我市经济发展的若干意见的通知》,进一步鼓励宁波市中小微型企业的融资担保机构的建立和担保、再担保业务的快速发展。

2005年以来,宁波市每年安排预算1500万元用作风险担保资金,对全市范围内的中小企业融资担保机构的业务进行补偿。2006年,颁布了《宁波市中小企业信用担保机构风险补偿资金使用管理办法》,规定对于符合条件的担保机构,不论国有、民营,一律给予分档补偿[①]。2008年,宁波市政府为了进一步加大对中小微型企业的支持,决定在市、县两级财政预算中安排中小企业信用担保机构风险补偿专项资金,并在全市范围内成立小额贷款公司。为了进一步鼓励对中小微型企业,特别是民营企业的融资担保服务,2012年宁波市又推出了《宁波市融资性担保公司风险补偿资金使用管理办法》,除了担保业务动态补助外,还增加了担保业务上规模奖励和按110%核

---

① 宁波市财政局课题组:《宁波支持中小企业融资担保的财政政策研究》,《经济丛刊》2008年第1期。

定通过宁波中小微企业网上融资平台的有效担保额。

2. 加强对私募股权投资的引导、探索中小企业贷款集合信托

据不完全统计,截至 2009 年,宁波全市私募股权投资机构 20 余家,一般性投资公司 878 家。宁波市政府举办宁波股权投资发展论坛,并与金融办等机构联合颁布了《宁波市鼓励股权投资企业发展的若干意见》。为了解决中小微型企业单个主体贷款规模较小、抵押物不足的问题,2009 年昆仑信托、建行与高新区投资有限公司联合设立"宁波市中小企业贷款集合资金信托计划",为 8 家中小企业提供服务,解决了贷款抵押物不足的问题,引入的财政资金起到了杠杆增级的作用。

3. 加强对企业财务运行状况的监测、建立企业信用体系

宁波市政府按照商务部的有关要求和规定,首先建立起了 81 家公司组成的进出口企业财务信息体系;在此基础上增添了体系管理等功能,定期收集并分析公司财务数据,及时把握企业资金周转及经营相关信息,并向有关政府部门、金融机构进行风险预警;并探索建立修订宁波市外贸企业财务状况的评价指标和新的体系。为了以信用为基础,建立优异的区域金融生态环境,鼓励金融机构对中小微型企业的投入,宁波市政府加强了企业、银行等金融部门之间的合作,对已经和尚未进行过信贷的企业建立信用档案。银行等金融机构可以运用第三方评级机构的结果筛选潜在客户。

第二节　宁波民营企业发展概况

自从 1999 年第九届全国人民代表大会第二次会议明确表示非公有制经济是社会主义市场经济的重要组成部分以来,民营经济得到了进一步发展。特别是 2001 年以后,随着中国市场经济国际化程度的提高,宁波地区民营经济的发展迅猛,走向越发成熟的新阶段。该阶段民营企业的特点首先体现在规模的进一步扩大上。其次,随着国内外市场经济的新环境变化,宁波地区经济逐步从数量型向量质并重型发展,从粗放型向集约型发展,从依附型向自主创新型方向加快升级转型发展。

一　宁波民营经济发展的主要特点

(一)民营经济发展快速扩张,比重开始增加

由图 8-1、8-2 可见,宁波市全市规模以上民营企业数量从 2002 年的

2238 家增长到 2010 年的 9410 家,年平均增长速度达到 15.4%,虽然在 2011 年、2012 年,由于全球经济危机、人民币汇率增高、银行银根缩紧等原因,数量略有减少,但还是占总数量的 68% 以上,所占比例远远高于国有经济和集体经济体。同时,民营经济的工业总产值也远高于其他类型的企业。

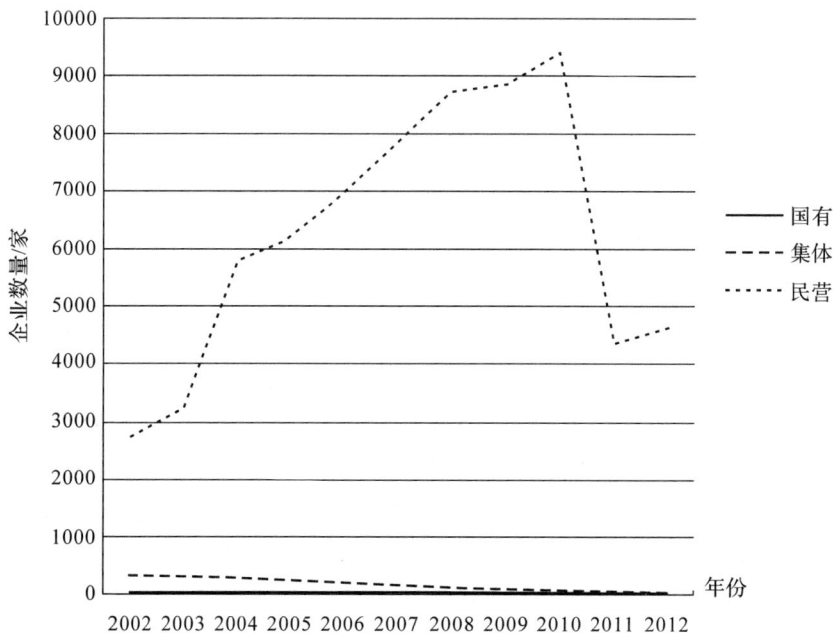

图 8-1　2002—2012 年宁波地区规模以上企业数量

资料来源:宁波市统计局:《宁波统计年鉴 2013》,中国统计出版社 2013 年版。

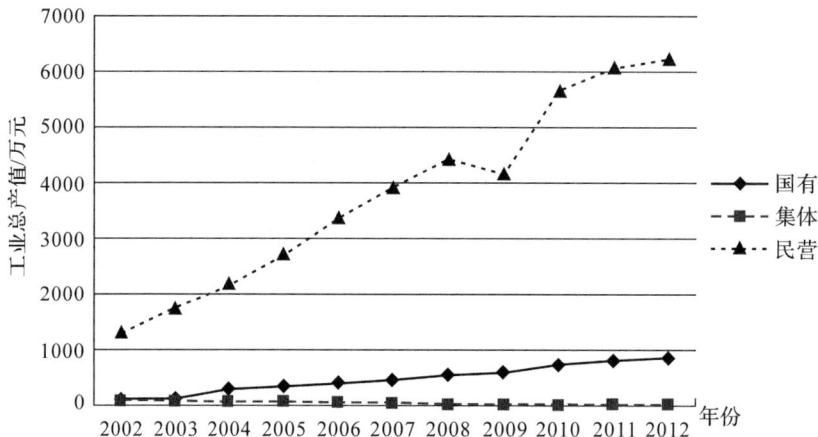

图 8-2　2002—2012 年宁波地区规模以上企业工业总产值

资料来源:宁波市统计局:《宁波统计年鉴 2013》,中国统计出版社 2013 年版。

　　该阶段的民营企业另一个特点展现在个体私营及其他混合经济的比重开始增加，而集体经济比重开始下滑。由表 8-3 可见，规模以上个体私营经济从 2002 年的 2734 家增长到 2012 年的 4638 家，而集体企业数量却反而从 2002 年的 326 家减少到了 2012 年的 23 家。这一现象说明，随着市场的扩大，我国企业制度随着外部环境的变化进行调整，相比集体企业，更有效率的个体私营企业不断壮大。同时，这也说明政府鼓励、支持和引导非公有制经济发展工作取得了一定成效。民营经济的突出表现不仅仅局限于经济总量的快速增长，而且经营范围也更广、层次也更高。民营经济体已成为推进宁波"六大联动"战略实施、驱动宁波经济发展、促进和谐社会建设的中坚力量。截至 2011 年年底，宁波地区民营主体经济市场规模已达到 47.2 万家，占全市经济实体总数的 94.7%，这其中注册资本过亿元规模的有 360 家，有进出口交易记录的民营企业达到 8740 家。[①]

表 8-3　2002—2012 年宁波地区规模以上企业数量

年份	国有(家)	百分比(%)	集体(家)	百分比(%)	民营(家)	百分比(%)	合计(家)
2002	49	1.206897	326	8.029557	2734	67.3399	4060
2003	43	0.920377	321	6.870719	3220	68.92123	4672
2004	46	0.556699	306	3.703255	5769	69.81726	8263
2005	38	0.432408	236	2.68548	6165	70.15248	8788
2006	34	0.344374	195	1.975084	6967	70.56619	9873
2007	36	0.326768	155	1.406917	7862	71.36244	11017
2008	34	0.280528	110	0.907591	8739	72.10396	12120
2009	36	0.298532	90	0.746331	8850	73.38917	12059
2010	36	0.288184	80	0.64041	9410	75.32821	12492
2011	32	0.483676	26	0.392954	4374	66.11245	6616
2012	36	0.529101	23	0.338036	4638	68.16578	6804

　　资料来源：宁波市统计局：《宁波统计年鉴 2013》，中国统计出版社 2013 年版。

　　(二)民营经济极大地推动了经济发展和社会就业

　　据有关资料统计，截至 2012 年年初，宁波地区范围内有内资企业

　　[①]　赵毅、章海珍：《浅析宁波民营经济发展现状、困难与对策》，《经济师》2012 年第 10 期。

159133 户,注册资本达 5772.9 亿元,这其中,私营企业数量达 142038 家,同比增长 11.81%,累计注册资本 3201.5 亿元,同比增加 25.34%;个体商户 330354 家,同比增长 11.94%,注册资本累计 169.7 亿元,比上年增长 32.1 亿元。据不完全统计,宁波市现存非公经济总量已经占 GDP 的 80%以上,而民营经济总量也占 GDP 的 70%以上。宁波地区民营经济(包括私营企业和个体工商户)的主要投资行业为制造业和批发零售业,私营企业户数和注册资金分别占总数的 75.58%和 53.17%;个体工商户户数和注册资本分别占总数的 76.71%和 66.63%。民营经济体还同时极大地推动了社会经济发展和社会就业。如表 8-4、图 8-3 所示,在 2004 年左右,私营和个体从业人员总数只有 126.3 万;到 2012 年,两者总数已达到 233.46 万,约为 2004 年的 2 倍。截至 2012 年年底,宁波私营企业和个体从业人员超过 233 万,占地区从业总人数的 46.5%。

表 8-4　2004—2012 年宁波市从业人口数量　　　　　(单位:万人)

年份	私营和个体从业人员	从业总人数
2004	126.3	395.5
2005	130.6	415.1
2006	149.3	429.8
2007	156.8	437.8
2008	161.5	439.9
2009	170.92	443.86
2010	211.78	476.51
2011	230.77	493.83
2012	233.46	501.58

资料来源:宁波市统计局:《宁波统计年鉴 2013》,中国统计出版社 2013 年版。

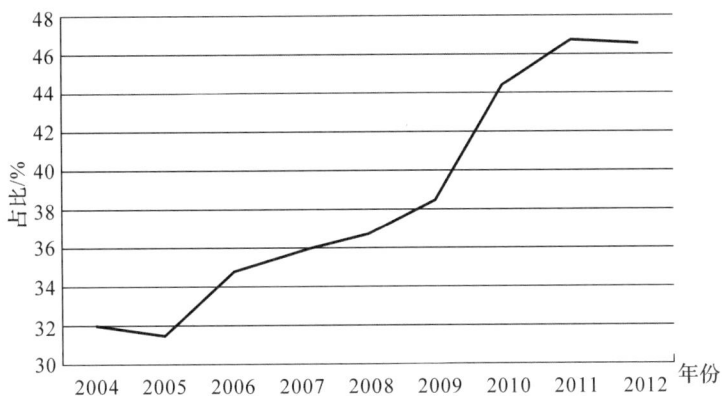

图 8-3　2004—2012 年宁波私营和个体从业人员占从业总人数百分比情况

资料来源：宁波市统计局：《宁波统计年鉴 2013》，中国统计出版社 2013 年版。

(三)"块状化"和"产业链"形式的初步形成

为了提高经济竞争力，扩展发展空间，宁波地区的民营经济体开始转变发展观念，逐步从单体作战转变到团体合作，形成特色产业集群、产业链。块状产业集群主要是由于某一区域范围内，出现大量生产相近产品的企业，但是企业之间的联系并不是非常紧密，如北仑文具、宁海模具等，全市范围内已经有"一地一品""一村一品"的块状经济形态 140 多个，产值超亿元的 90 多个。链状产业集群主要是以地方的优势企业为基础，有效整合上、下游行业资源而形成的高层次经济形态，比较典型的例子有余姚塑料产业和慈溪小家电产业。余姚以塑料产品为依托，带动了塑料模具和塑机制造行业发展，销售量已达上百亿元，销售价格对全国塑料价格的影响十分巨大。慈溪已拥有 2000 多家整机家电生产厂家、8000 多家配套生产厂家，是全国规模最大的小家电(如电熨斗、电吹风、取暖器等)生产基地。① 高层次的产业链形式的产业集群有着难以模仿和复制的市场竞争力，是宁波民营企业进一步发展腾飞的亮点。

(四)"走出去"战略初见成效

宁波地区民营企业充分利用产品出口和资源利用等形式，进一步实施"走出去"的发展战略。2004 年，宁波市中蔺对外贸易有限公司等 5 家企业

---

① 宁波市政府门户网站：《宁波民营经济发展现状及对策》，http://www.nbgsl.org. cn/News view. aspx? ContentId＝4286 &. CategorvId＝60，2014-09-10。

入选2004年度中国民营企业出口100强。据宁波海关统计,从2002—2012年,宁波地区民营企业的出口总额不断攀升,呈高速发展态势。如表8-5、图8-4、图8-5所示:2002年,宁波地区个体与私营经济体对外进出口总额仅为约10.28亿美元,约占本年度国有企业外贸总额的20%,同期集体企业对外进出口总额约占外贸总额的55%。2006年,宁波民营经济体出口贸易快速增长,进出口总额已经达到163.39亿美元,超过当年国有企业和集体企业,成为宁波口岸对外贸易进出口的龙头老大。2006—2012年,宁波民营经济更是快速发展,2012年进出口总额达到431.77亿美元,约为本年度国有企业外贸总额的5倍,本年度集体企业外贸总额的6.5倍。[①] 目前,中国大部分地区都有宁波民营企业的投资,宁波民营企业也已经将市场扩展到约200个国家和地区。

表 8-5　2002—2012 年按企业性质分宁波历年进出口贸易总额　（单位:万美元）

年份	国有企业	集体企业	个体与私营企业
2002	509839	188433	102798
2003	680168	309111	227386
2004	781947	421276	422853
2005	805868	504692	718691
2006	836219	540591	1633859
2007	835521.42	606708.94	1648039
2008	794258.97	650166.86	2139129.66
2009	646829.12	577447.18	2237598.64
2010	777164.8	844188.71	3218324
2011	927404.95	886452.23	4065724
2012	847941.33	668900.97	4317714

数据来源:宁波市统计局:《宁波统计年鉴2013》,中国统计出版社2013年版。

---

① 数据来源:历年宁波市统计年鉴。

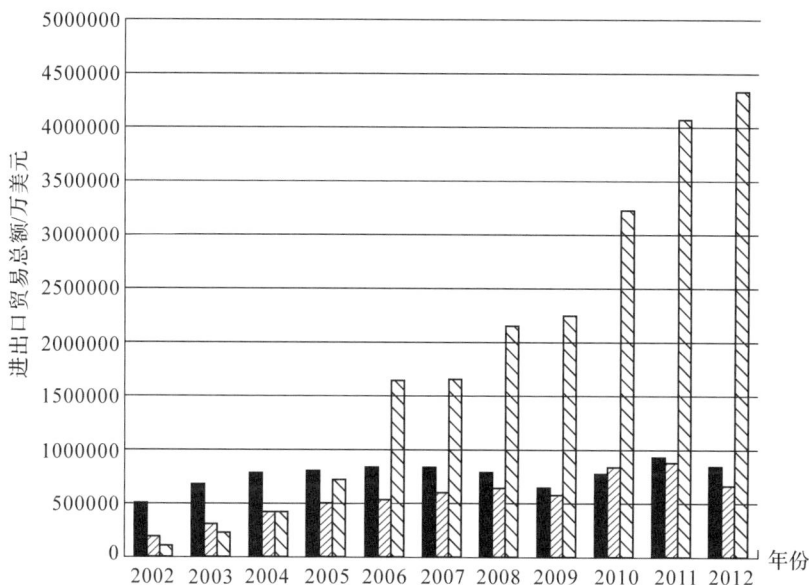

图 8-4　2002—2012 年按企业性质分宁波历年进出口贸易总额
数据来源：历年宁波市统计年鉴对外经济部分。

二、宁波与苏州、杭州、温州民营经济发展的比较

从宁波市本身经济发展速度来看，发展处于较好势头，增速加快；但从横向来看，特别是与民营经济发展速度较快的苏州、杭州、温州等地相比，宁波民营经济体发展并不尽如人意，还有很大的发展空间。

从表 8-6、图 8-6、图 8-7 中可以看出，私营企业总量方面，在 2002 年左右，宁波市私营企业数量与苏州相差不多，但在 2012 年与杭州的差距已经扩大到了 40672 户，与苏州的差距更是已经达到 75333 户，几乎相当于宁波本年度私营企业数目的一半。在 2002—2005 年之间，宁波的私营企业数目的增幅也是 4 个城市中最低的；但在 2005—2009 年，宁波出台各方面法律法规，积极引导中小微型企业，使该阶段成为宁波市中小型民营企业快速发展时期，增速在 4 个城市中的排名也有所上升。但在 2009 年左右，受全球经济危机及人民币升值等因素的影响，增速开始放缓。

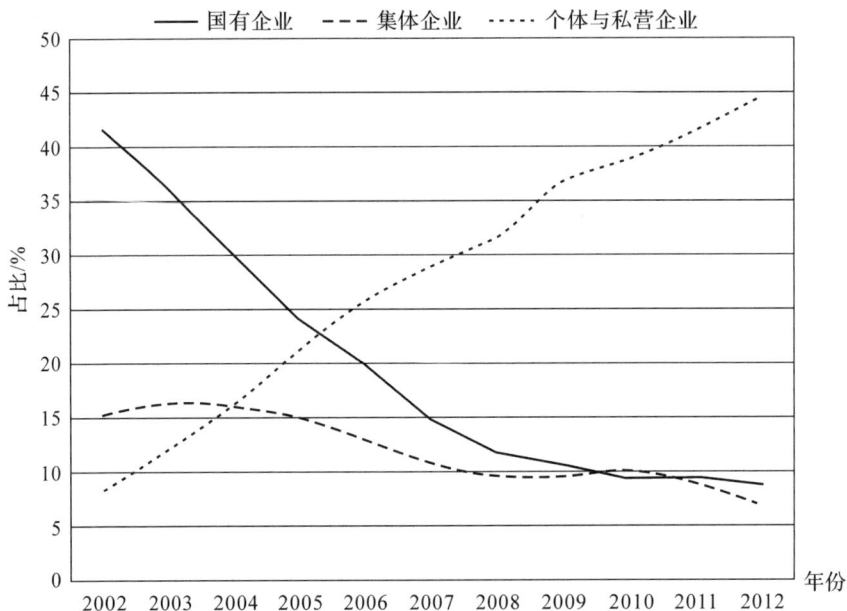

图 8-5　2002—2012 年各性质企业外贸额占宁波地区年度外贸总额百分比情况

数据来源:根据历年宁波市统计年鉴对外经济部分计算得出。

表 8-6　2002—2012 年各市私营企业户数及年增长率

年份	私营企业(户数)	城市			
		宁波	苏州	杭州	温州
2002	总量	54352	59199		28430
	增长率	16.51%	38.96%		5.03%
2003	总量	62515	72693	68656	34975
	增长率	15.02%	22.79%		23.02%
2004	总量	68501	81989	77913	38635
	增长率	9.58%	12.79%	13.48%	10.46%
2005	总量	70889	92418		40682
	增长率	3.49%	12.72%		5.30%
2006	总量	83236	109398	100590	46102
	增长率	17.42%	18.37%		13.32%

年份	私营企业(户数)	城市			
		宁波	苏州	杭州	温州
2007	总量	93016	121206	109923	50317
	增长率	11.75%	10.79%	9.28%	9.14%
2008	总量	105471	141279	128238	58844
	增长率	13.39%	16.56%	16.66%	16.95%
2009	总量	114426	157320	140938	60327
	增长率	8.49%	11.35%	9.90%	2.52%
2010	总量	127035	182575	161653	72232
	增长率	11.02%	16.05%	14.70%	19.73%
2011	总量	142038	207977	181128	82801
	增长率	11.81%	13.91%	12.05%	14.63%
2012	总量	154285	229618	194957	89548
	增长率	8.62%	10.41%	7.63%	8.15%
	平均增长率	10.59%	15.39%	10.46%	10.69%

数据来源:各市 2003—2013 年统计年鉴。

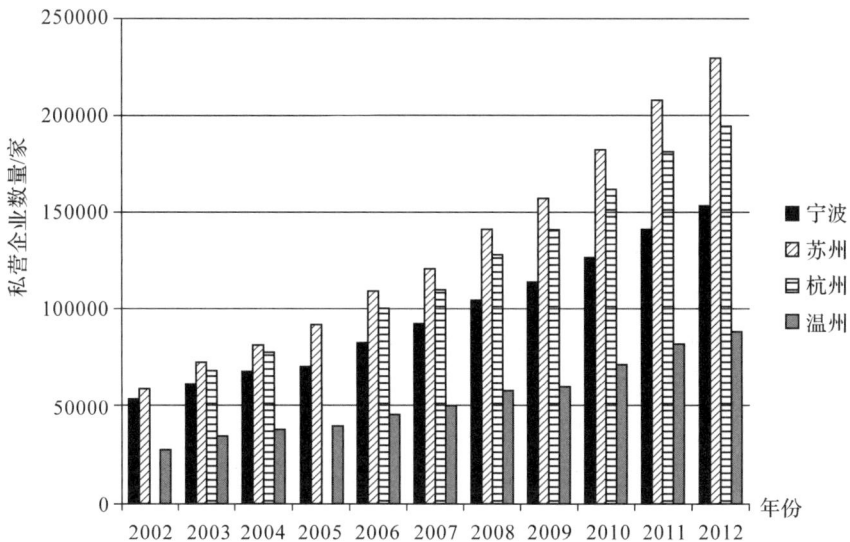

图 8-6   2002—2012 年各市私营企业数量

数据来源:各市 2003—2013 年统计年鉴。

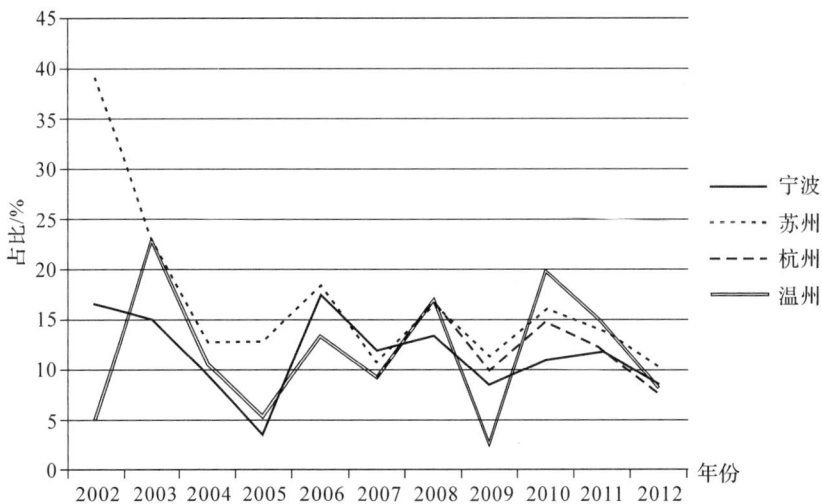

图 8-7　2002—2012 年各市私营企业数量年增长率

数据来源:各市 2003—2013 年统计年鉴计算得出。

三、宁波民营企业发展瓶颈

(一)企业自身的影响因素

宁波地区的民营企业大都属于"草根"经济出身,主要是在改革开放初期经过自身打拼和不懈努力才发展成今天的规模。正是由于特定的历史发展原因,宁波地区的民营企业自身存在着一定的缺陷,制约着企业的进一步发展。

1. 企业家族化

宁波地区民营企业的管理模式具有明显的"家族式"特征,其"伦理规范"往往凌驾于"制度规范"之上。甚至有一些企业管理者将个人所有资产与企业资产混为一谈,产权关系不清晰,虽然名义上企业为公司制,但公司采取的管理和决策制度通常并不合理,缺乏科学有效性。企业的决策权、话语权,谁担任企业的关键管理人员,通常由亲疏程度决定,财产的继承关系也通常由家庭关系决定。在市场经济发展程度并不高的情况下,"家族式"的管理模式是无可厚非的。在民营企业发展初期,家族式管理非常有效,血亲是最值得信赖的群体,可以快速有效地进行商业抉择,掌握市场先机。但随着市场化程度的不断提高,尤其是企业到了发展或者成熟阶段,开始集团化或者大力向外扩张的时期,管理者个人的管理能力可能并没有随着企业规模的快速发展而上升,"一人独大"的经营管理模式并不能有效适应激烈的市场化竞争。宁波地区的民营企业家素质和管理能力参差不齐,有的管理者任用的员工素质偏低,极大地制约着企业的长期发展。

2. 小富即安或盲目扩张

当民营企业发展到一定规模,常会出现两种情况:一部分企业家存在"小富即安"的惰性心理。公司只求生存不求做大做强,一旦企业发展到一定的规模,就甘做大企业的供应商和加工基地,缺少开拓进取的勇气。这部分企业家通常也没有足够的创新意识。宁波民营经济体中有相当一部分的公司缺乏自主创新品牌,依靠给大公司贴牌加工为生。

另外一些民营企业则存在盲目扩张投资领域的现象。随着业务的不断发展,企业规模的不断扩张,一些规模较大的民营企业不满足已有的主要商业领域的经营,将重点转向了之前并未涉足过的行业进行投资扩张,加速了企业进入衰退阶段。宁波中强集团、宁波金帆集团是其中的典型。这些企业或者盲目扩张或是将经营领域扩展到房地产、商贸等领域,最终使企业陷入危机甚至申请破产。盲目地扩张经营行业增大了民营企业的经营风险,"副业"的发展也透支了企业家的管理能力,缺乏市场前瞻性使一部分企业家陷入了"跟风走""重量不重质"的误区,致使利润水平直线下滑。同时,伴随着人力资源、土地资源稀缺的问题,宁波民营企业发展困难重重。

3. 案例分析

宁波中强电动工具有限公司

宁波中强电动工具有限公司于1993年成立于宁波经济技术开发区,企业注册资金151万元。曾为中国电器行业五十强,主营业务为电动工具,产品主要出口到欧、美、澳大利亚等国家和地区,产量和产值均位居国内电动工具行业前茅,巅峰时期曾创年出口外汇超1亿美元。创建初期,宁波中强电动公司的出口产品主要还是以OEM(贴牌商品)为主,公司决策层对此不满,于2004年耗资300多万欧元收购了德国的电动机品牌LUTZ,积极拓展海外事业,创建自有品牌。由于过于自信和盲目扩张,2008年5月,公司因资金链断裂而宣布破产倒闭。公司的自主创新观念是非常值得赞赏的,但由于公司的盲目扩张造成大量资金被占用,对资金的需求迅速扩大。然而就在这个时候,美国经济危机的影响扩散到了欧盟、东南亚,使企业出口业绩受到很大影响;原材料价格上涨,企业自身资金周转不灵,已是雪上加霜;2008年年初国家又出台了收紧银根政策,成为压死骆驼的最后一根稻草,企业最终没有度过这场危机,宣告破产倒闭。

宁波金帆集团

宁波金帆集团位于宁波市慈溪逍林镇,公司以做软体玩具制造等产品起家,在业内有相当大的名气,但在 2008 年 4 月,因资金链断裂而被迫停业。金帆集团倒闭的主要原因在于在没有对市场充分了解的情况下,盲目扩张。企业在并没有技术条件的情况下进入了手机生产制造行业,后又转入小灵通生产行业。加上对小灵通市场没有深入了解,小灵通市场迅速饱和,金帆集团的小灵通业务陷入困境,于 2007 年 11 月宣布撤销,数千万的投资几乎全部损失殆尽。这个不成功的产业扩展耗费了金帆集团的大量资金,由于资金链断裂,2008 年公司被迫停业。

(二) 宏观环境的影响

从全球宏观环境来看,宁波地区的民营经济很大一部分属于劳动密集型的外贸企业,对外依存度比较高。随着我国经济的发展,对美国、欧盟、澳大利亚等国家和地区连续出现高程度的贸易顺差,关于国际贸易方面的争端络绎不绝,中国国际贸易环境有恶化趋势。这些国家和地区对中国出口的产品,包括服装、家电、电机等商品设置了各种贸易壁垒,除了初期的关税壁垒、配额贸易壁垒之外,又增加了技术贸易壁垒、绿色贸易壁垒。这些贸易壁垒的出现提高了企业的成本,直接挤压了宁波外向型民营经济发展的空间,使得宁波民营外贸企业举步维艰。从国内环境来看,连续的国家宏观调控政策和收紧的财政政策在很大程度上抑制了宁波地区民营经济体的发展速度。再加上人民币汇率的不断攀升,制造成本的不断提高,稀缺资源(土地、人才等)的短缺,无形之中提高了民营资本参与市场竞争的门槛,限制了民营经济的发展。

(三)政府服务的影响

政府层面的服务对民营经济发展主要有以下三个层面的影响。(1)政府早期的发展观念里存在着"重外轻内"的倾向。相比本地民营经济,政府更加关注外资投资项目引导和外资经济的发展,很多政策和条件更偏向外资企业,对民营企业有所忽视。(2)很多服务政策较为陈旧,没有根据实际情况进行调整,眼光不够长远。民营经济体已经成为宁波经济的中坚力量,也很有可能成为宁波实现经济转型的主导力量。然而,目前宁波政府服务方面的政策相对民营经济体的快速发展,速度略有滞缓,而且很多政策更加关注短期利益,缺少前瞻性、发散性。(3)服务政策的实施效率不高。为了鼓励民营经济的发展,宁波各市区纷纷出台了措施,但在实际操作层面,实施存在一定的困难:各部门之间的配合不够默契,对政策的贯彻力度不够强大,难以形成合力。

第三节　宁波民营企业融资渠道分析

宁波地区民营企业数量巨大,在促进经济发展、保障就业方面都发挥着积极的作用。集群化、块状化、市场化的特性已经使民营企业成为宁波地区经济快速发展的中坚力量。国际金融经济危机爆发以来,宁波地区民营经济面临严峻的挑战,企业的生存难度急剧上升;民营企业的投资阻碍也十分巨大,资金周转困难,设备落后,创新受阻;同时,受企业规模微小,抗风险能力差的影响,民营企业普遍存在着融资通道不畅通的问题。

宁波民营经济起步较早,在长期的发展过程中形成了具有宁波特色的融资投资方式。

(一) 自有资金和民间借贷

与中国大多数中小微型企业一样,宁波地区民营经济体在资金构成方面对自有资金有很大的依赖性,自有资金是民营企业,特别是创建期民营企业的主要资金来源,向亲人借贷和亲人入股也是常见现象。作为中国民营经济最发达的地区之一,宁波民间借贷发展的历史悠久,在 2000 年之前,由于缺乏外源型资金流入,正规金融方式供给也不足,民间融资成为民营企业发展的必要选择。当时,活跃于宁波民间的金融形式主要有借贷、集资、互助会、农村合作基金会等。在当时,有约 90% 的宁波地区的民营企业都是依靠自有资金或者是民间金融市场进行融资,其他资金来源十分有限,比重也非常微小。

民间资金的利率一般以官方利率为标准,通常为商业银行同期同档利率的 100%～300%。但随着近年来正规金融机构的建立,外部资金的流入,民间资本在民营企业融资活动中所占的比例正在逐年下降(如图 8-8 所示)。

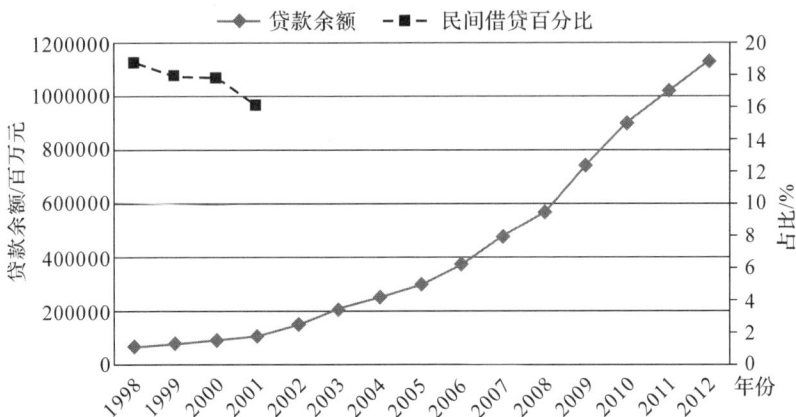

图 8-8 宁波地区贷款余额和民间借贷所占比例

数据来源:历年宁波市统计年鉴。

(二)银行信贷

据有关统计数据显示,目前中国民营企业获得的银行贷款仅占整个银行贷款比重的30%不到。但是,与此不同的是,在当前阶段,宁波地区的银行贷款是民营经济体进行外部间接融资的重要渠道,民营公司的贷款满足率保持在90%以上。[①]特别是在2000年之后,以银行为主的金融机构和金融从业人员不断增加(如图8-9所示),为民营企业的融资提供了良好的基础。

截至2012年,宁波共有各类金融机构2316家,包括一行三局(人民银行宁波市中心支行、宁波银监局、宁波证监局、宁波保监局),政策性银行(国家开发银行、农业发展银行、进出口银行),国有商业银行(工商银行、农业银行、中国银行、建设银行),股份制商业银行(交通银行、光大银行、广发银行、深发银行、招商银行、浦发银行、兴业银行、中信银行、民生银行、浙商银行、华夏银行),城商行、城市信用社(宁波银行、上海银行、包商银行、临商银行、泰隆银行、温州银行、杭州银行、民泰银行、稠州银行、绿叶信用社),外资银行(宁波国际银行、恒生银行、汇丰银行、渣打银行),农村合作金融机构(农村合作银行、农村信用社)与信托、财务和金融租赁(昆仑信托、宁波港财务和华融金额租赁)。

2000年以来,随着金融改革的不断深化,银行机构也不断加强对中小企

---

① 谢行恒、王杰:《宁波民营中小企业金融支持对策分析》,《商场现代化》2008年第11期。

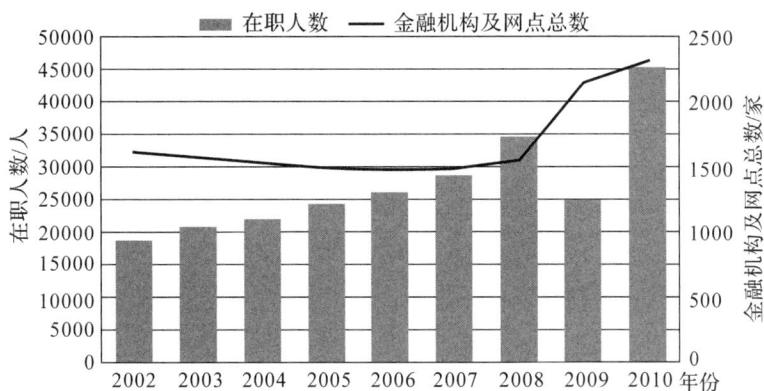

图 8-9 宁波历年来金融机构及网点总数和在职员工数

数据来源:历年宁波市金融统计年鉴。

业的服务,各银行不断创新,使用各种专营模式和银企合作模式,为民营企业融资打通渠道。

银行专营模式是指银行或专业金融组织为公司提供融资服务,主要形式有以下 4 种。(1)交通银行小企业专营服务:交通银行宁波分行邱隘支行内设小企业信贷服务中心,主要为小企业信贷业务提供管理和服务。(2)宁波银行专业小客户管理模式:从 2007 年起,宁波银行打造全新的管理方式,专注于小企业业务,并推进打分卡系统。(3)人民银行出台信贷新品实施办法:人民银行宁波支行与宁波海洋、渔业部门合作开发了专利质押贷款、农村住房宅基地使用权抵押等产品。(4)微型村镇银行:为了缓解宁波农村地区金融服务供给不足的问题,宁波创建了象山国民村镇银行(鄞州农村合作银行)和慈溪民生村镇银行股份有限公司(由民生银行、慈溪市供销社、市财政投资经营总公司和其他实力企业共同投资),面向农民群体,提供微小贷款、联合保证贷款等信贷服务。①

随着各个银行针对中小民营企业的各项服务不断推出,对贷款的管理不断增强,不良贷款率也逐年下降(如表 8-7、图 8-10 所示)。

---

① 农贵新:《宁波民营企业融资模式及发展思路》,《宁波经济》(三江论坛)2009 年第 12 期。

表 8-7   宁波银行业历年来不良贷款额和不良贷款率

年份	不良贷款额(亿元)			不良贷款率(%)		
	本外币	本币	外币	本外币	本币	外币
2001	154.91	125.28	29.63	14.3	12.11	67.97
2002	132.16	106.97	25.19	8.74	7.32	50.44
2003	106.95	84.85	22.1	4.95	4.1	23.69
2004	83.11	79.46	3.65	3.2	3.21	3.04
2005	81.33	75.49	5.83	2.64	2.56	4.5
2006	68.71	62.28	6.43	1.76	1.67	3.32
2007	69.55			1.4		
2008	86.16			1.48		
2009	99.24			1.29		
2010	86.86			0.92		
2011	84.72			0.89		

数据来源:2013 年宁波市金融统计年鉴。

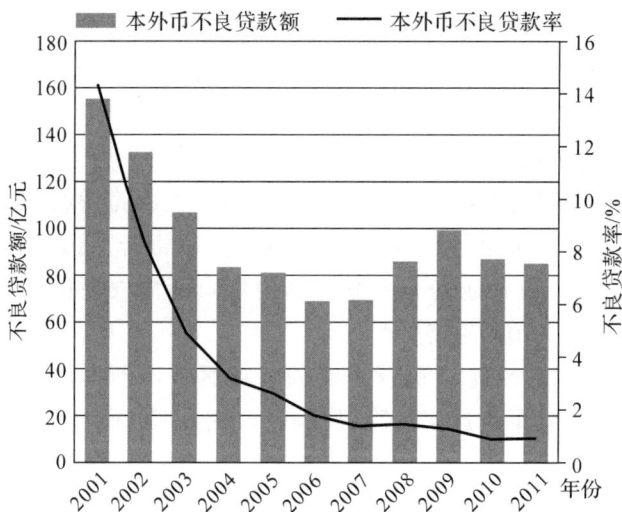

图 8-10   宁波银行业历年来不良贷款额和不良贷款率
资料来源:宁波市统计局;《宁波统计年鉴 2013》,中国统计出版社 2013 年版。

（三）担保公司和商业信用

融资担保模式主要是以财政资金、专业公司担保为基本特征,包括以下三种:财政资金贷款风险补偿模式、进出口融资担保方式和企业资金调剂担保团方式。第一种方式主要是由政府专门安排专项资本,建立中小企业、民营企业贷款风险、信用担保风险补偿机制,用以满足企业的发展需求。第二种方式是针对宁波地区中小型进出口企业融资难的问题,宁波市外经贸局和相关银行、担保公司签订协议,给予企业"绿色通道",简化企业的审批手续。第三种担保方式是指多家企业共同出资组成担保团,宁波市裕人针织机械有限公司与庵东镇商会 9 家会长企业集合在一起,共同出资 1000 万,并在银行设立调剂还贷专用账户,为会员企业提供担保。宁波地区民间资金活跃,担保业的民间投入资本呈快速增长趋势,已经超过国有资本的投入,在担保行业中占据领先优势,且担保机构组织的不良贷款比例小于1.2%,远低于宁波市的银行业本外币坏账率。

商业信用也是民营企业重要的融资方式之一,据一项 2008 年对宁波民营企业的调查显示,商业信用(企业的应付款)在企业外源融资中约占23.1%,仅次于银行贷款的比例。[①] 在 2010 年之前,宁波地区很多民营企业相互之间的信用状况大体上较为良好,大多数民营经济体之间相互熟知对方企业内情,贷款的回收较有保障,一般风险性并不大。然而,2012 年开始,随着宁波经济的增幅放缓、房地产行业调整等多种因素相互影响,企业经营风险不断加大,信用风险频繁发生,企业不良贷款率创新高,并呈现出以担保圈(链)等为主要风险的特征。同时,在风险处置过程中,诉讼、拍卖和执行进度较为迟缓,而且非市场行为和逃废债行为也对金融生态调整产生了影响。

（四）上市融资

"民营企业上市"是国内资本市场新出现的一个现象,它成为民营资本经济体扩大融资、实现产业升级转型的一个重要的战略性决策。截至 2013年年底,A 股市场共有上市企业 2490 家,宁波市有上市企业 43 家,如果按城市排名的话,宁波在全国第 10 位,在计划单列市中仅次于深圳;前三名分别为北京市、上海市和深圳市,其上市公司数量分别为 219、201 和 184 家(见

---

① 赵全军:《当前宁波民营企业投资融资的路径与对策》,《宁波经济》(三江论坛) 2009年第 12 期。

图8-11);其他计划单列市如大连、青岛、厦门的上市公司数量分别为 37、19
和 29 家,均未进入前 10 名。

如果按上市公司市值排名,前三名分别是北京市(98033.78 亿元)、上海
市(27053.48 亿元)和深圳市(22063.31 亿元)。宁波 43 家上市企业市值合
计 2135.23 亿元,为全国第 16 名,宁波地区上市公司市值偏小的原因主要
为宁波的大型银行、券商、钢铁、房地产类别公司数量较少,上市公司的主力
军为中小型制造业,而由于国内经济水平等原因,公司上市扩张速度较慢。

如果关注浙江省内的上市情况,由图 8-12、8-13 可见,上市公司总市值排
名与公司数量排名大致相同,市值排名第一位的为杭州,总市值 6255.68 亿
元,为全国总市值排名的第 4 位。第二名为宁波市,第三名为绍兴市,三个城
市的上市公司总市值占全省总市值的 70%,高于 65%的数量占比。

宁波市民营经济发达,上市公司控股股东也以民营控股集团为主体,民
营控股企业不管是在上市公司数量还是在营业收入方面均占主导的地位。
如表 8-8 所示,宁波有 86.05%的上市公司为民营控股企业,民营控股公司
拥有 87.12%的总资产,86.43%的营业收入,74.71%的净利润。但是民营
企业的净利润率仅为 8.26%,只有国有控股公司净利润率 17.82%的一半
还不到,盈利能力有待提高。2013 年宁波地区上市公司技术水平得到较大
提升,新增发明专利 140 项,实用新型专利 160 项,外观专利 60 项。

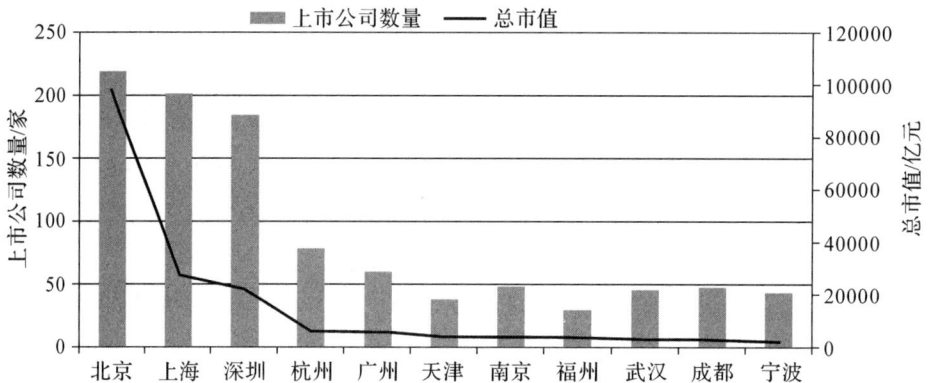

图 8-11　上市公司数量及总市值排名(按城市)

数据来源:宁波市人民政府金融办:《2013 年度宁波市上市公司发展报告》。

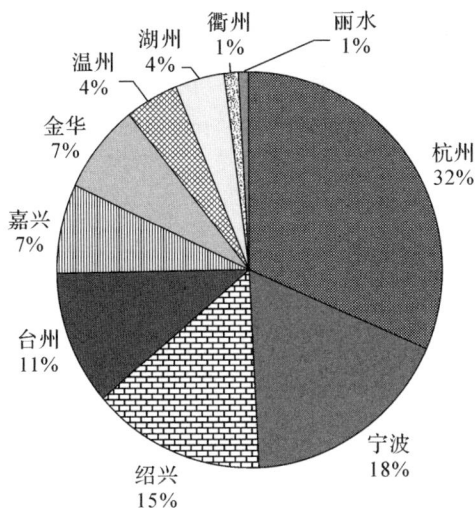

图 8-12　浙江省内上市公司数量排名(按城市)

数据来源:宁波市人民政府金融办:《2013年度宁波市上市公司发展报告》。

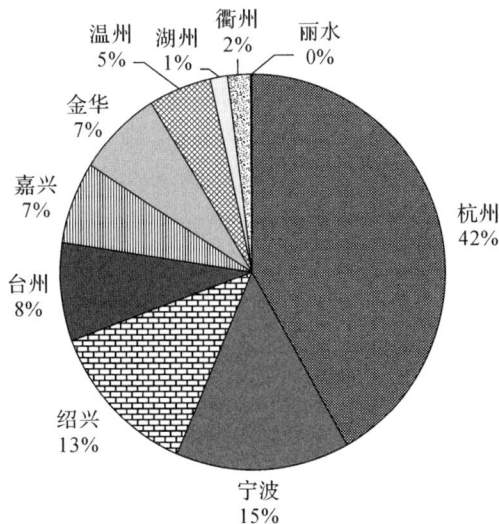

图 8-13　浙江省内上市公司市值排名(按城市)

数据来源:宁波市人民政府金融办:《2013年度宁波市上市公司发展报告》。

表 8-8　宁波上市公司控股股东

控股股东	公司数	总资产 (亿元)	总资产 占比(%)	营业收入 (亿元)	营业收入 占比(%)	净利润 (亿元)	净利润率 (%)
民营控股公司	37	6512.4	87.12	1298.7	86.43	107.3	8.26
国有控股公司	6	962.8	12.88	203.9	13.57	36.3	17.82
合计	43	7475.2	100.00	1502.6	100.00	143.7	9.56

数据来源:宁波市人民政府金融办:《2013 年度宁波市上市公司发展报告》。

　　总的来说,宁波地区民营经济体融资情况目前呈现典型的二元结构,形成了正规银行信贷融资(包括通过国有商业银行、股份制商业银行、城市商业银行等正规银行组织进行融资)和非正规金融融资(主要包括通过股权融资、民间借贷和商业信用等非正规金融方式)并存的局面。这种二元化结构呈现金字塔形式,基准部分为企业自有资金,外部融资为其支撑部分,在外部融资部分,银行信贷方式为企业首选方式,民间融资、上市融资等形式为补充力量,这种金字塔形的二元化结构把企业的内外融资、间接融资直接融资、正规金融与民间非正规金融有机结合,支持并有效促进了宁波地区民营企业的发展。

　　〔案例分析〕宁波波导股份有限公司①:"手机中的战斗机"遭遇"迫降"

　　波导公司是专业从事移动通信产品开发、制造和销售的高科技上市公司,主要产品有移动电话、掌上电脑、系统设备等,曾经多次荣获"用户满意品牌奖""用户满意外观设计奖"和"用户满意功能创新奖"等大奖。波导一向以"手机中的战斗机"来标榜自己的品牌,也曾一度是中国国产手机的老大,但由于后期日益恶化的国产手机市场和企业内部的管理问题,公司自2005 年以来不断出现亏损(详见表 8-9)。

表 8-9　波导公司利润情况　　　　　　　　　　(单位:万元)

年份	营业总收入	营业利润	利润总额	净利润	每股收益
2004	1024598.86	24378.03	25836.84	21104.14	
2005	905028.74	−47468.63	−47310.31	−47957.68	0.0400
2006	682998.51	2353.48	3133.74	2766.95	−0.7700
2007	456869.31	−60436.04	−59158.19	−59307.83	−0.2200

---

　　①　数据及有关数据来源于公司年报及 wind 资讯。

续表

年份	营业总收入	营业利润	利润总额	净利润	每股收益
2008	202477.76	−18617.7	−17227.37	−17230.03	0.0200
2009	115368.17	−4353.33	1571.65	1571.65	0.0600
2010	103435.94	2459.2	4227.64	4225.92	0.0800
2011	59385.86	5231.91	6172.19	6015.19	0.0900
2012	107448.61	5892.44	7657.72	6851.37	0.0900
2013	133675.45	4558.71	6946.01	6796.65	0.0600

数据来源:Wind 资讯。

2003 年左右是国产手机的巅峰时期,依靠准确的市场定位和价格优势,国产手机的市场份额曾一度超过整个市场的 50%,国外品牌望尘莫及。但在 2004 年之后,国外品牌依靠自身的技术优势汹涌而至,而此时大部分的国产品牌还属于 OEM 的模式,缺少自己的技术和创新能力,陷入了在夹缝中生存的尴尬境地。有关统计数据表明,2007 年国产手机的市场份额已少于三成。

外国品牌的手机在品牌和科技上都具有先天的优势,在开发中国手机市场初期,定位利润率高的高端手机领域,通过在高端市场上获取的高额利润来维持在研发方面的优势。在这个时期,国产手机制造商主要定位于中低端市场,与国外品牌相安无事,甚至由于中低端市场用户基数庞大,出现 2003 年的伪繁荣情景。随着手机行业的不断发展,手机已经逐步从通信工具转化成为个性化的消费产品,加上中国市场的不均衡特性,国外品牌手机逐步向中低端市场渗透扩散。与国产手机相比,国外品牌手机既有高端品牌形象,又由于其前期回收的研发方面的成本而使价格更具吸引力。

面对如此困境,2010 年波导公司成功摘"星"之后,开始尝试转型,将主要关注行业移至小微金融方向,其全资子公司——上海波导信息技术有限公司创建 former 微信公众服务平台。2011 年以来波导股份的净利润基本保持稳定(见图 8-14)。

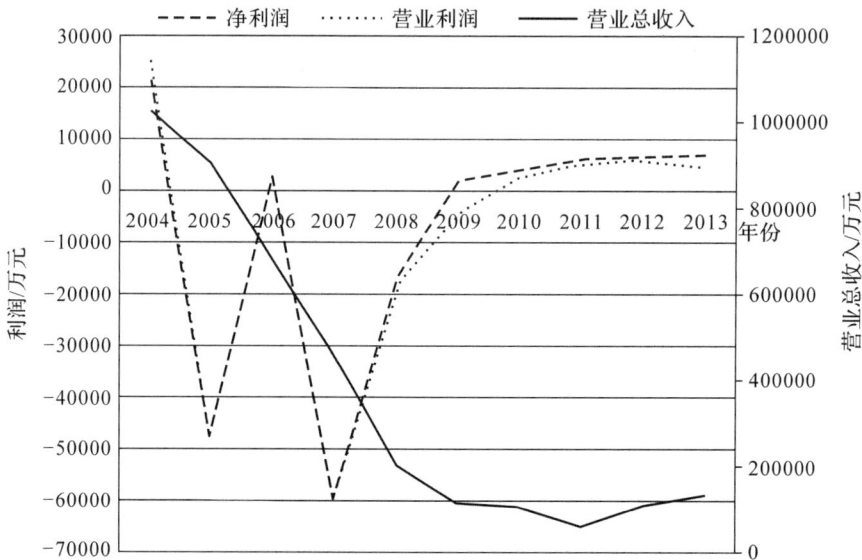

图 8-14　波导公司历年利润

数据来源：Wind 资讯。

第四节　本章小结

改革开放以来,国家和地方政府不断出台各项法律法规,促进民营企业的发展。宁波民营经济相继经历了鼓励发展、放手发展和提高发展三个阶段,已经完成了由弱到强、由小到大的飞跃,迈入了更高层次的协调健康发展的轨道。相对于前期,宁波民营经济发展在此阶段总体上呈现出速度加快、实力增强、结构优化、制度创新等特点。

目前,宁波民营经济已进入了从数量型向量质并重型、从粗放型向集约型、从依附型向自主创新型加快转变提升的发展时期。民营经济不仅经济总量飞速增长,而且经营领域也更广、层次也在拓展。民营经济已经成为推进宁波"六大联动"战略实施、驱动宁波经济发展、促进和谐社会建设的主要力量。

宁波地区民营企业数量庞大,在促进地区经济发展、保障就业方面都发挥着十分重要的积极作用,是宁波地区经济快速发展的中坚力量。集群化、块状化、市场化是民营企业发展特征。在融资投资方式方面,宁波民营经济起步较早,在长期的发展过程中形成了具有宁波特色的融资投资形式,主要融资方式包括:自有资金和民间借贷、银行信贷、担保公司和商业信用、上市融资等。国际金融经济危机爆发以来,宁波地区民营经济面临严峻的挑战,企业的生存难度急剧上升;民营企业的投资阻碍也十分巨大,资金周转困难,设备落后,创新受阻;同时,受企业规模微小、抗风险能力差的影响,民营企业普遍存在着融资通道不畅通的问题。

第九章　1978—2012年宁波民营企业
融资逻辑的内生机制

　　自1978年之后,中国政治、经济和社会环境有了很大变化。邓小平的改革开放道路使国民经济注入了新的活力,使得经历了30年的计划经济逐渐向市场经济转变。1978—2012年期间,宁波的民营企业经历再次起步(1978—1991)、快速发展(1992—2000)和走向成熟(2001—2012)三个阶段。每个阶段的宁波民营经济发展与中共中央、地方政策息息相关。不同阶段的宁波民营企业呈现不同的融资模式。本章首先对宁波民营企业三个阶段的融资渠道和制度逻辑进行回顾和总结。随后,对这一期间的宁波民营企业融资模式演变的原因进行分析。

第一节　1978—2012年宁波民营企业融资模式回顾

一、1978—1991年民营经济起步时期:社团制度逻辑和市场制度逻辑的再现

　　1978—1991年是宁波民营企业的复苏和再次起步阶段。这一时期中共中央对民营经济的态度主要是允许个体经济存在和发展。此时,宁波单纯性质的民营企业较少,较多的是戴着"红帽子"的集体企业,例如,快速崛起的乡镇企业。① 由于一些私营企业主仍然担心政局的稳定和经济政策的连贯性,所以这些私营企业者更愿意戴着"红帽子",依附在国有或者集体企业的名下,从事商贸和外部融资。

虽然商业银行信贷成本远远低于民间借贷,但是 20 世纪 80 年代初的民营企业处于起步和原始积累阶段。在他们通过经商寻求人生第一桶金的时候,最初的起步资金主要还是依赖于民间融资或自筹资金。内部融资指私营企业主依赖自身的储蓄和资金积累用于新的投资。民营企业起步阶段的外部融资渠道主要包括从地方政府、社区、私人投资者、企业内部融资等形式。② 除了以上这些形式,第七章中还详细叙述了比较常见的民间借贷方式,例如民间借贷、民间集资、互助会、票据交易与贴现、典当等。宁波民间金融在改革开放后逐渐开始活跃。民间金融的发展也确实适应了民营企业在资本市场上的资金需求。

我们认为该阶段的宁波民营企业之所以主要依赖于民间融资有两个原因。

一是从金融机构的角度来说,商业银行对于信贷对象存在偏好。虽然改革开放之后的宁波商业银行信贷业务有了快速的发展,但是,银行信贷对于私营企业的额度却是有限的。1979 年之后,我国针对计划经济时期"大一统"的金融体制弊端,构建新的金融体系。在人民银行的基础上设立具有经济实体性质的独立经营的四大国有专业银行。③ 四大国有银行成为银行金融机构放贷的主要力量,其放贷更加偏好于有国家和地方政府背景的国有和集体企业,④使得民营经济在金融机构融资中处于劣势地位。

二是商业银行信贷机制约束了民营企业的融资。1978 年之后的商业银行信贷取消了原先的信用贷款模式,而采取需要担保、抵押物的贷款合同这一形式来放贷。这意味着,企业从银行贷款必须要有担保和抵押物。但是

---

① Hongliang Zheng and Yang Yang, "Chinese Private Sector Development in the Past 30 Years: Retrospect and Prospect", Discussion Paper, 45, China Policy Institute. UK: The University of Nottingham, 2009.

② Franklin Allen, Jun Qian and Meijun Qian, "Law, Finance and Economic Growth in China", Journal of Financial Economics, Vol. 77, No. 1, 2005, pp.57-116.

③ 陆世敏:《新中国金融体制改革的回顾与展望》,《财经研究》1999 年第 10 期。

④ Xiuping Hua, Yuhuilin Chen and Shameen Prashantham, "Institutional Logic Dynamics: Private Firm Financing in Ningbo (1912-2008)", Business History, Vol. 58, No. 3, 2016, pp.378-407.

起步阶段的民营企业并没有完成原始资本积累,只有少部分私营企业有能力从银行取得信贷。

由此可见,民间金融作为一种自发的可实施的金融工具,在20世纪80年代一度成为民营企业的重要融资渠道。虽然很多民间借贷的行为超出了央行对于民间借贷合法性的法律规定,但是民间金融由于其信息优势、担保优势、操作简单、门槛低和限制少等特点而吸引了一批企业和个人参与其中。在80年代末期宁波部分县一度引发民间金融热潮。这意味着,在民国时期广为流行的社团逻辑的融资模式,在新中国土地上沉睡了近30年之后又苏醒了,并且再次成为民营企业主要的融资渠道。

二、1992—2000年民营经济快速发展时期:社团制度逻辑向市场制度逻辑过渡

1992—2000年宁波民营经济完成第一阶段的原始积累后开始快速扩张和发展。乡镇企业的产权制度改革使得一部分原本戴着"红帽子"的集体企业经过股份制改革变为私营企业。随着中共中央、宁波政府加大对民营企业的鼓励和扶持力度,民营企业在数量和规模各方面都有了快速的扩张和发展。一批知名的民营企业有了快速成长,初步完成了资本的原始积累。该阶段的民营企业融资主要呈现以下两大特点。

第一,民间金融依然是民营企业的主要融资渠道。虽然中国人民银行宁波中心支行为适应中共中央和宁波政府对个体私营经济发展提出了扶持政策,商业银行对于民营企业的放贷规模和数量较1978—1991年期间有了一定程度的提高。但是商业银行的放贷规模并不能够满足民营经济扩张的速度和在资本市场上对于资金的需求。民间金融的出现弥补了银行信贷和企业资金需求之间的缺口。根据宁波金融统计年鉴数据,1998年私营企业和个体贷款占金融机构短期贷款余额的比重只有1.1%。[1] 燕小青解释为由于我国大部分的金融资源被国家控制并配置给城市经济及国有企业,虽然宁波地区对于资金的需求旺盛,但对于宁波这样的草根经济无论是所有制偏见还是规模歧视偏见,正规金融显然不会满足个体经济发展的资金需求。[2] 民营经济的发展依然离不开民间金融的支持。

第二,制度逻辑呈现变迁的趋势,从社团逻辑向市场制度逻辑逐渐过渡

---

[1] 燕小青:《民间金融发展的理论与实证》,中国社会科学出版社2012年版,第82页。

[2] 燕小青:《民间金融发展的理论与实证》,中国社会科学出版社2012年版,第81页。

的趋势。虽然自有资金和民间借贷依然是民营企业融资的主要模式,但是我们不难发现,与上一阶段相比,民营企业的融资渠道开始呈现多样化。除了20世纪80年代就出现的民间金融和银行信贷,民营企业还有了企业融资渠道的选择,例如企业债券、信托投资业务、金融租赁业务、股权融资等。这些新兴融资渠道的出现无疑和民营企业发展规模的壮大相辅相成。虽然这些新兴的融资渠道处于试运行时期或者处于初级阶段,但是为民营企业融资渠道增加了选项,同时奠定了民营企业融资渠道从社团制度逻辑逐渐向市场制度逻辑过渡的基调。

综上所述,此阶段的民营企业融资渠道开始呈现多样化,但是银行等正规金融融资模式依然不能满足民营企业对于资金的需求。新兴融资渠道的出现,使得民营企业融资模式呈现从社团制度逻辑向市场制度逻辑过渡的趋势。

三、2001—2012年民营经济走向成熟:逐渐扩张的市场制度逻辑

2001—2012年的宁波民营企业逐步从数量型向量质并重型发展,从粗放型向集约型发展。民营经济发展水平快速扩张,其占国民经济的比重逐渐增加。民营经济无论是数量还是工业总产值远远高于国有经济和集体经济体。随着宁波民营企业走向成熟,该阶段的民营企业融资渠道也有了新的变化。

首先,正规金融机构和融资渠道的快速发展。进入21世纪之后,国家和宁波地方政府均看到了民营经济在国民经济中的重要地位和发展潜力,纷纷出台扶持个体、私营企业的相关政策。中共中央和宁波地方政府的目光不仅仅停留在大型的民营企业上,还开始将焦点关注中小企业的发展,一系列关于促进中小企业发展的若干意见文件的出台就是最好的证明。除了常规商业银行开始提高对中小企业信贷额度外,金融体制的改革和市场制度的不断完善均为民营企业创造了积极的条件。民营企业的融资渠道呈现多样化并且日趋完善,例如,国家政府成立的一些扶持发展中小企业的基金,建立的信用担保体系、小企业融资担保和风险补偿机制。

其次,市场制度逻辑开始超越社团制度逻辑。由于2001年之前的宁波民营企业缺乏外源资金流入,资本市场上正规金融对私营经济的资金供给也不足,从而使民间融资成为民营企业发展的必要选择。但2001—2012年期间,尤其是2010年以来随着资本市场的日趋规范,正规金融机构数量和规模的扩大,民间资本在民营企业融资活动中所占的比例正在逐年下降。

然而与此同时,市场制度逻辑的融资渠道开始兴起,以银行为主的金融机构规模和数量不断增加为民营企业的融资提供了良好的基础。除了近年来宁波银行贷款余额的不断增加,其他正规金融机构也不断涌现,例如担保公司和商业信用、股权融资。新兴融资渠道的出现配合了日趋发展成熟的宁波民营企业发展,也为民营企业融资渠道提供了更多的可能性。综上所述,宁波社团制度逻辑和市场制度逻辑在 2001—2012 年期间出现此消彼长的现象,市场制度逻辑逐渐超越社团制度逻辑。

第二节 宁波民营企业融资模式演变的原因

1978 年之后的宁波民营企业融资渠道已经从 1949—1978 年之间的政府制度逻辑逐渐转变为在 1912—1949 年期间出现过的社团制度逻辑和市场制度逻辑。也就是说,社团制度逻辑和市场制度逻辑在 1978 年之后重现。而历史总是如此相似,1978—2012 年期间的制度逻辑演变和 1912—1949 年的制度逻辑演变轨迹相似,从最初的以社团制度逻辑为主,到社团制度逻辑和市场制度逻辑的过渡,再到最后市场制度逻辑开始超越社团制度逻辑。我们认为 1978 年之后的社团制度逻辑和市场制度逻辑重现可以从以下两方面解释。

一是,宁波帮的回归帮助社团制度逻辑和市场制度逻辑再现。传统的制度逻辑融资模式在 1949—1978 年期间被政府逻辑替代,但是这两种传统的制度逻辑并没有因为政府制度逻辑的出现而消失,相反,社团制度逻辑和市场制度逻辑得到了保留和传承。1949 年之前移居海外的宁波帮在邓小平"把全世界的宁波帮都动员起来建设宁波"的号召下,回家乡为宁波的经济、社会和教育事业出谋出智。改革开放之后出现以宁波民营经济为主的新企业家。大批港澳台及海外宁波帮在改革开放后对家乡的投资和建设,对新宁波商帮的产生具有极大的"见贤思齐"式的激励作用。[①]

二是,改革开放之后的经济和社会环境的变化造就了社团制度逻辑和市场制度逻辑的出现。国家改革开放的一系列强有力措施,为宁波民营企业的发展创造了良好的经营环境和社会氛围。计划经济的瓦解逐步激活了社团制度逻辑和市场制度逻辑再现的条件。改革开放后市场环境的多样性

---

① 张守广:《宁波商帮史》,宁波出版社 2012 年版,第 349 页。

和竞争性激发了工商业者的主动性和积极性,市场的活跃度又一次达到新高。至于为什么在近几年会出现社团制度逻辑向市场制度逻辑过渡的现象,我们认为这离不开民营企业自身从雏形走向成熟的发展过程。处于初级阶段的宁波民营企业由于实力的限制,无法从正规金融机构获得贷款,但是完成原始积累后的民营企业拥有一定市场竞争实力,有能力通过正规金融机构获得资金。同时随着资本市场和金融市场的不断完善,丰富多样的正规融资渠道的出现为市场制度逻辑的兴起提供了条件。

第三节　本章小结

　　本章主要描述了 1978—2012 年宁波民营企业融资逻辑的内生机制。依据宁波民营企业发展的三个阶段,其融资渠道在各个阶段呈现不同的特点。在民营经济起步阶段(1978—1991 年),社团制度逻辑和市场制度逻辑有了再现。尤其在民营企业的起步阶段,民间融资为代表的社团制度逻辑是主要的融资渠道。这种现象的出现,一方面是由于金融机构,尤其是商业银行,更加倾向将资金投放给有国家和政府背景的国有和集体企业;另一方面是银行信贷机制本身对民营企业的融资约束,导致较少的民营企业能从银行获得资金。但随着宁波民营经济的发展和完成原始积累,1992 年之后,宁波民营经济进入快速发展时期(1992—2000 年)。虽然社团制度逻辑依然是主要的融资模式,但是制度逻辑呈现变迁的趋势,从社团制度逻辑向市场制度逻辑逐渐出现了过渡趋势。直到 2001 年之后,随着宁波民营经济的发展逐渐走向成熟(2001—2012 年),其融资渠道也呈现逐渐扩张的市场制度逻辑。

　　1978 年之后制度逻辑变迁的原因主要可以从两方面进行考虑。首先,宁波商帮在改革开放之后回归祖国。传统的制度逻辑(社团制度逻辑和市场制度逻辑)虽然在 1949—1978 年期间被政府逻辑取代,但被移居海外的宁波商帮保留和传承。随着海外宁波帮在宁波本土的建设和投资,传统制度逻辑才有了再现的可能。其次,改革开放之后的大环境为传统制度逻辑的再现创造了有利的条件。

第十章 结 语

　　民营经济在宁波经济发展中起着主力军作用。回顾宁波民营经济的成长和发展，以及融资渠道的历史进程和演变，我们清楚认识到，制度逻辑对民营经济发展和融资渠道选择具有重要意义。本书运用制度逻辑理论进行定性研究，其目的在于总结历史时期民营企业发展的经验和教训，从制度逻辑的视角反映当今民营企业融资制度规范化、法制化策略及发展路径。当前，针对如何缓解民营企业融资困难，以及在不同的政策下民营企业如何选择最优的融资方式等问题，经济学界已有较多的理论研究，但依旧面临着实践上的困难。如何更加有效地将理论结合实际，发挥民营经济在地方经济中的重要作用将是一个长期面临和需要解决的问题。

　　就内容而言，本书详细考察了宁波民营经济从民国时期到当代的发展历程，同时结合时代特点，对不同时期宁波民营经济的融资渠道进行深入分析，指出宁波民营经济融资渠道选择制度逻辑的演变大体分为三个阶段：制度逻辑的出现、制度逻辑的消失和制度逻辑的再现。同时，我们还发现不同制度逻辑会在同一时期并存，例如，民国时期和改革开放时期同时并存社团制度逻辑和市场制度逻辑。本书通过对宁波民营企业融资历史的演变分析，认为宁波民营企业融资渠道制度逻辑与政治、经济等制度及其依托的社会关系网络密切相关，且会随着时代的变迁而演变。此外，由于时代特殊原因而出现短暂消失的制度逻辑，会通过特殊的形式保存下来，并在条件成熟时，重新得以复苏。两种制度逻辑可以同时以竞争的关系共存，亦可以同时复活。①

研究还发现,依赖于市场制度逻辑的正式融资渠道是由制度逻辑演化而来。回顾宁波融资渠道的百年历史,我们发现制度逻辑存在一个从出现到消失再到复苏的循环往复过程,该循环路径并不单一,但却有助于创造一个更新、更稳定的制度体系。

第一节 研究内容回顾

本书主要从制度逻辑变迁的视角对宁波民营企业的融资渠道进行百年历史回顾。结合制度学派的相关理论,我们将宁波民营企业的融资方式划分为三个发展阶段:民国时期(1912—1949)、计划经济时期(1949—1978)和改革开放时期(1978—2012)。每个阶段的宁波民营企业发展状况都是那个时代政治和社会大背景的折射,反映了当时宁波本地经济的特点,具有鲜明的时代特征。

一、1912—1949:民营经济兴起,制度逻辑初现

1911—1937 年间,受第一次世界大战的爆发、南京临时政府和北洋政府对振兴实业的支持,以及爱国民主运动等局势的影响,全国兴起一股投资创办企业的热潮,轻工业、手工业和机械工业等得到了较快发展,出现了诸如通久源轧花厂、和丰纱厂和太丰面粉厂等大型企业。但是,由于受种种客观因素的制约,当时的宁波民族工业发展水平仍相对较低,总体呈现机械化程度不高,以轻工业为主,企业和工厂规模相对较小,资本实力并不雄厚等特点。与此同时,宁波民营企业的融资渠道也经历了从以钱庄为代表的社团制度逻辑,向以商业银行为代表的市场制度逻辑的过渡。

1912—1935 年期间,是以钱庄为代表的社团制度逻辑占主导的时期。钱庄作为一种较早的信用机构,主要依托人与人之间的信用,将社会闲置资金放贷给资金需求者,在金融市场中起到调剂社会资金供需的作用。宁波钱庄业较为发达,早在康熙年间,宁波商人便凭借宁波商帮诚信、务实、团结的精神,在北京等地创建银号和钱庄,主营存款、放款、汇款和庄票等业务,

---

① Xiuping Hua, Yuhuilin Chen and Shameen Prashantham, "Institutional Logic Dynamics: Private Firm Financing in Ningbo (1912-2008)", Business History, Vol. 58, No. 3, 2016, pp. 378-407.

其首创的过账制度,更是对当时的全国金融市场带来极其深远的影响。宁波钱庄采用科层制的内部监管体系,同时依托宁波钱业同业公会进行外部监管,包括清算划拨、确定现水的标准、确定空盘交易行情、货币兑换交易、确定规元行情以及确定同业拆借利率与存贷利率水平等六大方面。直至1935年钱业风潮爆发,加之战争动乱,宁波钱庄业的诸多弊端开始显现,最终在经历半个世纪的繁荣后走向没落。

1935—1949年期间,是以银行为代表的市场制度逻辑逐步占据主导的时期。自1897年,清末实业家盛宣怀在上海创办第一家银行——中国通商银行后,宁波银行如雨后春笋般开始崛起。当时商业银行主要业务包括单位和个人储蓄存款、放款,以及汇兑、货币发行在内的其他业务。相比钱庄,银行管理制度比较健全,在机构设置、人员管理以及财务会计等方面均按总行要求订立了翔实的章程和制度办法。此外,各银行业务的开展依照总行的指令,严格执行抵押放贷,并制定了准备金制度等一系列详细的放贷管理办法,体现出较为明显的市场经济特点。鉴于银行所表现的优越性,其逐渐取代钱庄,成为当时宁波民营经济的主要融资模式。

除钱庄与银行外,当时宁波还存在典当的融资模式。典当业以质押为基础,无需以信用为条件,只注重当户所持典当标的的合法性及价值,主要服务于社会贫苦人民。典当的主营业务包括收当、赎当和绝当等,其经营模式普遍采取合伙制,由同业组织对宁波典当业的当息、当物处理以及其他重要事项进行制定和修订,还会出面调停一些典当业的事故纠纷。

二、1949—1978:民营经济衰亡,制度逻辑消失

随着抗战胜利和内战结束,1949年新中国成立标志着我国经济开始进入计划经济时期,宁波民营经济发展经历巨大变化。1949—1952年,宁波各项事业百废待兴,发展经济成为新政府的工作重点。为提振私营工商业,政府进行一系列调整,一方面大力发展国营工商业,另一方面鼓励私营工商企业恢复生产。自此,宁波私营工商业有了短暂恢复,私营商户数量也有一定增加。随着我国进入第一个五年计划时期,"一化三改"总路线开始推行,私营企业发展再次面临挑战。1953年,宁波第一家企业实行公私合营,此后随着政务院通过《公私合营工业企业暂行条例》,公私合营步伐开始加快。到了1956年,除零散摊贩外,原先的私营企业全部实行公私合营。到了1958—1960年的"大跃进"时期,受"左"倾思潮和"三大改造"的影响,大批个体手工业和小商小贩也都被合并到国营或集体企业。至1966年,宁波民营

企业基本消失。其后 10 年的"文化大革命"时期,批判"小生产自发势力"和"割资本主义尾巴"逐渐深入,宁波工商企业登记基本停止。

此时,旧时的金融机构,包括钱庄、典当和商业银行等,同样经历着社会主义改造,面临登记复业、验资、缴存存款准备金,严格管理、逐步淘汰,私营金融业改造的深化等一系列变迁。[①] 1951 年,宁波成立"私营银行、钱庄联合放款处"。次年,钱庄和商业私营银行经协商议定停业清理,旧金融机构正式退出历史舞台,各项信贷业务由国家银行统一经营。中国人民银行除扮演中央银行角色外,还按照国家的贷款总方针和有关政策,集中向国营和集体企业发放商业贷款,用于工业、乡镇企业生产发展和国家基本建设,以及支持收购农副产品等,而对私营企业及个体工商户贷款则从新中国成立初期的支持逐渐转为限制。至 1962 年,银行对私营工商业采取只准存款,一律不准贷款的政策。总的来说,计划经济时期,由于受到国家政策的限制,银行的放贷主要由国家政策方针进行引导,其放贷对象较为集中,私营工商业很难从银行渠道取得贷款。

计划经济时期,民营企业在经历短暂的恢复之后,因公私合营的推进而退出历史舞台,由于集体主义、平等主义和自给自主等思潮的盛行,无论是传统的社团制度逻辑还是市场制度逻辑趋于消失,企业融资渠道完全被中国人民银行掌控,国家的政策方针成为决定企业能否融资的关键因素。但是,民国时期存在的企业管理知识、社会意识等价值观并未随私营企业和传统融资渠道一同消失,反而以特有的方式得以保留和传承。例如,在 1949 年之前移民到海外的宁波商人将他们优秀的经营理念带到海外,留在本地的宁波商人也将他们从商和贸易的知识通过口述的方式传授给下一代。

三、1978—2012:民营企业崛起,制度逻辑再现

1978 年党的十一届三中全会召开,以公有制为主体,多种所有制共同发展的指导方针为长期压抑的全国民营经济带来新契机,也翻开了宁波民营经济再次起步的新篇章。宁波民营企业在改革开放之后的发展可以划分为三个阶段:再次起步阶段(1978—1991)、快速发展阶段(1992—2000)、走向成熟阶段(2001—2012)。

再次起步阶段,是宁波民营企业融资模式再次出现依赖于人与人之间社会关系网络的社团制度逻辑的阶段。该阶段宁波民营经济发扬敢为人先

[①] 宁波金融志编纂委员会:《宁波金融志》(第二卷),方志出版社 2006 年版,第 69—70 页。

的精神,在国家政策尚未明朗的情况下,经历了从家庭作坊、小商品市场、个体、私营企业、乡镇企业的发展阶段。乡镇企业作为该时期宁波民营经济的典型,从小加工厂开始发端,表现出强劲发展势头,工业总产值占到全市总产值的三分之一。到了 20 世纪 90 年代初期,宁波乡镇企业通过产权制度改革转型为民营企业,成为 21 世纪初大部分宁波民营企业的前身。与民营企业蓬勃发展形成巨大反差的是,企业融资渠道仍相当狭窄,当时商业银行普遍存在对民营经济的信贷歧视,新兴股票市场和债券市场以及间接利用的外资,也主要集中用于国有大中型企业及基础设施建设的需要,民间金融成为该阶段宁波民营企业的主要资金来源。

快速发展阶段,是宁波民营企业融资模式从原先以社团制度逻辑向社团制度逻辑和市场制度逻辑共存的方向发展的阶段。该阶段"以公有制为主体,多种经济成分共同发展"正式确立为党和国家的一项基本方针,民营经济自此迎来了平等参与市场竞争的机会。宁波政府出台了一系列政策鼓励支持民营企业发展,为其快速发展奠定基础。全市乡镇企业改革基本完成,企业资本规模不断扩张,一些资产规模大、经济效益好的重点企业尝试向公司制转变。在此大背景下,银行开始了针对私营企业及个体贷款业务,民营企业融资渠道得以拓宽,从原先单一的依赖民间金融和银行机构,逐渐发展成为以民间金融和银行为主,债券、信托、金融租赁、期货、证券等其他融资渠道为辅的模式。

走向成熟阶段,是宁波民营企业融资渠道从社团制度逻辑开始向市场制度逻辑转变的阶段。该阶段宁波民营经济在当地经济发展中地位进一步提高,对促进经济增长、创造就业收入,以及提高经济效益方面作用日益突出。为此,国家和各级地方政府对民营企业发展普遍持鼓励态度,2000 年以后,政府不但出台《中小企业促进法》,从法律层面保障和鼓励中小民营企业的发展,还出台了一系列扶持中小民营企业的财税与金融政策。目前来讲,虽然自有资金和民间借贷等非正规金融在宁波民营经济融资中仍占有相当大的比重,但是随着金融改革的不断深化,银行逐渐加强了对中小民营企业的金融服务,其融资条件也逐步放宽,正规金融在民营企业融资活动中所占的比重呈现出日益提升的态势。

第二节 本书理论拓展

一、对民营企业融资史研究的拓展

首先,本书对现有民间金融研究进行拓展。从学术角度看,目前针对民间金融与民营企业发展的关系问题,已有很多研究成果。Tsai[①]对 1994—2001 年期间的中国民间金融进行研究,包括对温州的民间金融创新和改革,以及河南和福建地区的民间金融现状等方面的研究。Allen[②]等人也认为自改革开放之后,民间金融对于民营经济的快速发展具有重要作用。Zhang[③]对民营企业的正规融资和非正规融资两种融资渠道进行研究,得出结论,认为企业的名誉和社会关系在中小企业融资中具有重要的作用。许崇正和官秀黎[④]对民营企业融资问题进行研究,他们认为我国民营企业资金来源结构中,有 90% 来自于自有资金。林毅夫和孙希芳[⑤]对信息、非正规金融与中小企业融资进行研究并肯定了非正规金融在资金配置中的作用,认为,中小企业由于存在较大的信息不透明和不能提供充分的担保或抵押物品,正规金融机构难以克服信息不对称的问题对中小企业进行放贷。相反,非正规金融在收集中小企业信息上相比正规金融具有优势,能够改进整个信贷市场的资金配置效率。郭斌和刘曼路[⑥]对温州中小企业发展和民间金融互动关系问题进行实证分析,认为温州的中小企业对民间金融具有较大的依赖和需求。而宁波在这一方面的研究仍尚属空白,本文恰巧填补了这一不足。从实践角度看,目前各级政府普遍关注温州民间金融的示范性作用,并将其

---

① Kellee S. Tsai, Back-Alley Banking: Private Entrepreneurs in China, Ithaca and London: Cornell University Press, 2002.

② Franklin Allen, Rajesh Chakrabarti, Sankar De, Jun Qi Qian and Meijun Qian, "Financing Firms in India", Journal of Financial Intermediation, Vol. 21, No. 3, 2012, pp. 409-455.

③ Guibin Zhang, "The Choice of Formal or Informal Finance: Evidence from Chengdu, China",China Economic Review, Vol. 19, No. 4, December 2008, pp. 659-678.

④ 许崇正、官秀黎:《论中国民营企业融资和金融支持》,《金融研究》2004 年第 9 期。

⑤ 林毅夫、孙希芳:《信息、非正规金融与中小企业融资》,《经济研究》2005 年第 7 期。

⑥ 郭斌、刘曼路:《民间金融与中小企业发展:对温州的实证分析》,《经济研究》2002 年第 10 期。

作为国家金融改革的实验区,然而"温州经验"在不同地区的适用性却有待检验。本文通过研究,认为宁波与温州在民间金融发展条件上有所不同。例如,温州地区的民间金融规模和总量都大于宁波,而宁波正规金融较温州更为发达,民营经济更加容易从银行获得资金。同时,宁波地区的民间金融资本大多用于实业,而温州的民间资本则喜好一些高风险高收益的项目,例如房地产以及股市的投资。为此,本文对宁波政府合理运用温州经验具有一定的实践参考价值。

此外,目前关于中国的 19 世纪和 20 世纪的民营企业融资的历史文献主要集中在上海地区,本文通过研究宁波民营企业百年融资史,也是对现有历史文献的有效补充。

二、对制度学派研究的拓展

现有的制度逻辑文献主要集中在制度逻辑在一定的外部条件下的变迁方面,而本书则主要通过研究制度逻辑在一段较长时期内的动态变化情况,重点展示了制度逻辑在长时间的不连续的演变过程中,会被保存下来和再次出现的现实。宁波的民营经济在经历计划经济时期的消失后,改革开放时期再次出现和快速发展,这一现象并不是偶然,更不是一种新的产物,而是原本在计划经济之前就已然存在的一种经济体的再现。制度学派认为社会的宏观因素,例如传统文化,会影响社会组织的反应[1]。制度逻辑通过不同的机制将过去的社会认知保留了下来,例如移居海外的宁波帮商人和改革开放后回到宁波经商的华侨,都对宁波当地的民营经济发展和融资有较大的帮助,即使当代民营企业的融资方式相比民国时期的宁波民营企业融资模式也有了少许的变化。关键性的制度事件会影响社会组织的演变,从而改变人们的意识和注意力。[2] 但是目前,很少有文献研究由于重要社会事件导致间歇性消失的制度逻辑是如何绕过外部抑制的压力而被保留下来。本书的研究将制度的变迁和金融历史的演变相结合,将民营企业融资内容

[1]　Tim Hallett and Marc J. Ventresca, "Inhabited Institutions: Social Interactions and Organizational Forms in Gouldner's Patterns of Industrial Bureaucracy", Theory and Society, Vol. 35, No. 2, 2006, pp. 213-236.

[2]　Amit Nigam and William Ocasio, "Event Attention, Environmental Sensenmaking, and Change in Institutional Logics: An Inductive Analysis of the Effects of Public Attention to Clinton's Health Care Reform Initiative", Organization Science, Vol. 21, No. 4, 2009, pp. 823-841.

从制度逻辑动态变化的视角进行观察和分析。

首先,现行的制度逻辑是过去的反射。在 1978 年改革开放之后,宁波民营企业融资从依赖于民间金融的社团制度逻辑逐渐向依赖正规金融的市场制度逻辑变迁。但是我们发现,这种制度逻辑的过渡模式并不是单一的,类似的情况在民国时期也出现过。民国后期,受到社会和经济的动荡等大环境影响,大批的钱庄面临倒闭和停业,民营企业的融资模式从民国初期的依赖钱庄的社团制度逻辑,在 1935 年之后演变为依赖商业银行的市场制度逻辑融资模式。[①] 这一现象的发现表明改革开放之后民营企业对于非正式金融的依赖在过去的文献综述中可能被有所夸大。事实证明,非正式金融对于民营企业的重要性在历史上早已出现过,而改革开放之后,非正式金融的出现只是一种制度逻辑的复活现象。目前,鲜少有文献从制度变迁的角度出发研究中国经济的快速发展现象,我们认为利用较长时间的观察期可以从根本上观察事物的真实变化规律。

其次,消失的制度逻辑会重现。宁波,由于其优越的地理位置和社会关系网,在经商方面具有悠久的历史。自 1978 年改革开放之后,借助宁波商人对于商业机会和客观的市场环境的技术应变和掌控能力,宁波及其周边地区的民营经济开始蓬勃发展起来。但是,在计划经济时期经历过消亡的宁波民营经济是如何在短时间内快速发展起来的? 我们认为很大程度上归功于 1949 年解放之前移民到海外的宁波帮商人。在改革开放之后,这些移居海外的宁波帮人士重回家乡,不但带来了建设资金,还带来了优秀的企业经营和管理理念。此外,关于经商的一些制度逻辑还会通过亲属关系进行传递,例如,老一辈曾经经商的宁波商人将他们在解放之前从商的经历分享给下一代,鼓励他们的子孙从商并将他们曾经建立起来的人脉关系介绍给下一代。[②]

最后,制度演变的路径并不是单一的。在民国时期,我们观察到在 1935 年之后,虽然以钱庄为代表的社团制度逻辑融资模式逐渐被以商业银行为

---

① Xiuping Hua, Yuhuilin Chen and Shameen Prashantham, "Institutional Logic Dynamics: Private Firm Financing in Ningbo (1912-2008)", Business History, Vol. 58, No. 3, 2016, pp. 378-407.

② Xiuping Hua, Yuhuilin Chen and Shameen Prashantham, "Institutional Logic Dynamics: Private Firm Financing in Ningbo (1912-2008)", Business History, Vol. 58, No. 3, 2016, pp. 378-407.

代表的市场制度逻辑融资模式所替代,却没有完全消失,即使解放前一年,宁波还依然存在钱庄这一融资渠道。同样的情况出现在 1978 年改革开放之后,以正规金融为代表的市场制度逻辑和以非正规金融为代表的社团制度逻辑,在民营企业融资渠道选择上同时发挥作用。此外,随着国内资本市场的进一步发展和自由化程度的提高,民营企业的融资更多依赖于需要抵押物的市场制度逻辑融资渠道,例如银行和股权融资等方式,而对于一些依赖于人与人之间的社会关系网络的社团制度逻辑融资渠道,例如标会和地下钱庄等,则不再成为主流融资模式,逐渐被正规金融所替代。很明显,在20 世纪 80 年代主要面向国有企业的市场制度逻辑融资模式已经影响了 21世纪的中小企业融资模式,2000 年以后的中小企业融资模式逐渐开始从原先的主要依赖民间金融向正规金融过渡。也就是说,一种新的平衡模式逐渐开始形成,正规金融融资渠道成为民营企业融资的主要融资渠道,而非正规金融的融资渠道处于从属的地位。

三、本书的局限性

本书也存在一定的局限性。例如,本书是仅从制度逻辑的视角,对宁波民营企业融资进行定性研究,并未采用实证模型将制度逻辑的演化和宁波民营企业发展及其融资之间的关系进行定量研究。

在以后的研究中,我们将从数理的角度出发对问题进行深入分析,来弥补这一不足。我们将运用定性和定量相结合的研究方法,采用制度学派理论,对宁波民营企业的发展和融资这一课题进行更深层次的研究,来弥补现存文献在这一领域的空白。最后,由于作者学识的局限,加上写作时间仓促,本书的叙述难免存在一些疏漏或不足之处,谨请专家与读者批评。

参考文献

一、中文专著

[1] 陈度.中国近代币制问题汇编.南京:学海出版社,1972.

[2] 陈夔龙.梦蕉亭杂记卷一.北京:北京古籍出版社,1995.

[3] 陈明光.钱庄史.上海:上海文艺出版社,1997.

[4] 陈铨亚.中国本土商业银行的截面:宁波钱庄.杭州:浙江大学出版社,2010.

[5] 戴相龙.中国人民银行五十年——中央银行制度的发展历程(1948—1998).北京:中国金融出版社,1998.

[6] 段光清.镜湖自撰年谱.北京:中华书局,1960.

[7] 冯和法.中国农村经济资料(下册).台北:华世出版社,1978.

[8] 傅璇琮.宁波通史·民国卷.宁波:宁波出版社,2009.

[9] 广州民间金融研究院,中央财经大学金融学院课题组编.中国民间金融发展研究报告.北京:知识产权出版社,2013.

[10] 国家统计局.中国统计年鉴2013.北京:中国统计出版社,2013.

[11] 洪葭管.中国金融史.成都:西南财经大学出版社,2001.

[12] 黄鉴晖.中国银行业史.太原:山西经济出版社,1994.

[13] 金普森,等.宁波帮大辞典.宁波:宁波出版社,2001.

[14] 金祥荣,等.民营化之路——轨迹与现象的理论解释.杭州:浙江大学出版社,2008.

[15] 乐承耀,等.宁波近代史纲.宁波:宁波出版社,1999.

[16] 乐承耀.宁波帮经营理念研究.宁波:宁波出版社,2004.

[17] 林崇建,沈小贤,张华,等.混合所有制经济:宁波的实践与探索.宁波:宁波出版社,2007.

[18] 刘梅英.民间金融机构与政府:上海钱庄研究(1843—1953).北京:中国社会科学出版社,2013.

[19] 宁波金融志编纂委员会.宁波金融志(第一卷).北京:中华书局,1996.

[20] 宁波金融志编纂委员会.宁波金融志(第二卷).北京:方志出版社,2006.

[21] 宁波市地方志编纂委员会.宁波市志.北京:中华书局,1995.

[22] 宁波市统计局.宁波市国民经济统计资料(1949—1979),1980.

[23] 宁波市统计局.宁波统计年鉴 2013.北京:中国统计出版社,2013.

[24] 潘子豪.中国钱庄概要.台北:文海出版社有限公司,1973.

[25] 彭信威.中国货币史.上海:上海人民出版社,1965.

[26] 沈雷春.中国金融年鉴.台北:文海出版社有限公司,1939.

[27] 施伯珩.钱庄学.上海:上海商业珠算学社,1931.

[28] 王国定.新鄞州人.宁波:宁波出版社,2005.

[29] 汪敬虞.中国近代工业史资料(第 2 辑).北京:中华书局,1962.

[30] 吴晓波.历代经济变革得失.杭州:浙江大学出版社,2013.

[31] 许荣,李悦,操仲春.百年金融浪潮.北京:中国经济出版社,2000.

[32] 燕小青.民间金融发展的理论与实证——基于宁波中小企业和农户的视角.北京:中国社会科学出版社,2012.

[33] 杨宜.民营中小企业融资问题研究:以北京市为例.北京:科学出版社,2009.

[34] 张国辉.晚清钱庄和票号研究.北京:中华书局,1989.

[35] 张国辉.晚清钱庄和票号研究.北京:社会科学文献出版社,2007.

[36] 张守广.宁波商帮史.宁波:宁波出版社,2012.

[37] 张仲礼.中国近代经济史论著选译.上海:上海社会科学院出版社,1987.

二、中文期刊

[1] 艾力云.论洪仁玕.近代史研究,1981(1).

[2] 曹强.非正规金融:中小企业融资的一个有益补充渠道.沈阳大学学报,2009(1).

[3] 曹如军.制度创新与制度逻辑——新制度主义视野中地方高校的制度变革.高教探索,2007(5).

[4] 陈厥祥,余雪华,卢美芬.试论"宁波帮"与宁波同乡会组织.宁波大学学报(人文科学版),2000(3).

[5] 陈柳裕.建国以来民营经济法制的发展进程及其演变轨迹.浙江工商大学学报,2006(2).

[6] 陈梅龙.近代浙东棉纺业的双璧——通久源纱厂和和丰纱厂.浙江史学论丛(第一辑),2004(4).

[7] 陈梅龙.试论宁波的近代化.浙江社会科学,1994(1).

[8] 陈梅龙,沈月红.宁波商帮与晋商、徽商、粤商比较析论.宁波大学学报,2007(5).

[9] 丛嶷.近代浙江民族工业发展的宝贵见证——清末宁波和丰纱厂老股票的历史解读.文物春秋,2013(1).

[10] 戴光中."宁波帮"精神.商周刊,2012(10).

[11] 邓锁.双重制度逻辑与非营利组织的运行——一个新制度主义视角的解释.华东理工大学学报(社会科学版),2005(4).

[12] 杜恂诚.中国近代两种金融制度的比较.中国社会科学,2000(2).

[13] 方洁.浅谈中国古代货币演变与经济社会发展.青海金融,2006(7).

[14] 冯兴元.宁波民间合会解密.经济,2004(5).

[15] 冯兴元.浙江省宁波市 M 县合会案例研究报告.财贸经济,2005(3).

[16] 傅镜冰.明清两代外银输入中国考.中行月刊,1933(6).

[17] 葛国培."宁波帮"的形成初探.宁波师院学报,1990(2).

[18] 顾海兵,余翔,嵇俊杰.宁波帮的发展及宁波人文特点研究.宁波职业技术学院学报,2008(1).

[19] 郭斌,刘曼路.民间金融与中小企业发展:对温州的实证分析.经济研究,2002(10).

[20] 何振亚,龚央维.构建宁波中小企业发展的财政金融扶持政策体系.宁波经济(三江论坛),2010(6).

[21] 洪葭管.第一家华资银行——中国通商银行.中国金融,1987(7).

[22] 黄碧晴.组织域结构、制度逻辑与战略选择的互动关系研究.东方企业文化,2013(14).

[23] 黄鉴晖.论我国银行业的起源及其发展的阶段性.山西财经学院学报,1982(4).

[24] 黄淑婷.中国共产党民营经济政策演变研究.前沿,2011(5).

[25] 江泽民.在庆祝中华人民共和国成立四十周年大会上的讲话.党建研究,1989(8).

[26] 姜斌.旧时上海商业中的帮口.民国春秋,1994(5).

[27] 姜旭朝,丁昌锋.民间金融理论分析:范畴、比较与制度变迁.金融研究,2004(8).

[28] 孔伟.试论宁波帮与近代宁波经济社会的发展.宁波经济(三江论坛),2010(7).

[29] 乐承耀.宁波帮研究八十年历史的回顾(之一).宁波职业技术学院学报,2005(1).

[30] 林刚.对1927—1937年间中国机器面粉工业的若干考察.中国经济史研究,2004(4).

[31] 林毅夫,李永军.中小金融机构发展与中小企业融资.经济研究,2001(1).

[32] 林毅夫,孙希芳.信息、非正规金融与中小企业融资.经济研究,2005(7).

[33] 刘克祥.近代农村地区钱庄业的起源和兴衰.中国经济史研究,2008(1).

[34] 陆世敏.新中国金融体制改革的回顾与展望.财经研究,1999(10).

[35] 罗党论,甄丽明.民营控制、政治关系与企业融资约束——基于中国民营上市公司的经验数据.金融研究,2008(12).

[36] 罗杰.中国金融体系变迁路径依赖与民营经济融资困境.经济师,2003(2).

[37] 罗龙利.推进宁波民营企业转变经济增长方式的对策建议.经济丛刊,2006(2).

[38] 毛益民.制度逻辑冲突:场域约束与管理实践.广东社会科学,2014(6).

[39] 茅普亭.宁波钱业史.宁波工商史话(第一辑),1987.

[40] 宁波市财政局课题组.宁波支持中小企业融资担保的财政政策研究.经济丛刊,2008(1).

[41] 宁波市计委调研组.宁波市民营经济发展的特点及趋势分析.中共宁波市委党校学报,2002(2).

[42] 宁波市计委调研组.透视宁波民营经济.浙江经济,2001(10).

[43] 宁波市外经贸局财务处.宁波支持中小企业融资的若干举措.国际商务财会,2009(2).

[44] 农贵新.宁波民营企业融资模式及发展思路.宁波经济(三江论坛),2009(12).

[45] 彭忠华.对宁波发展民营经济新措施的分析.沿海企业与科技,2003(5).

[46] 钱俊.百年宁波帮　拳拳赤子心——记宁波帮和宁波帮博物馆.图书与情报,2014(1).

[47] 邱聪江.宁波民营经济发展与政府管理.四川行政学院学报,2001(3).

[48] 任曙明,郑洋.非正规金融缓解民营企业融资约束的实证检验.同济大学学报(社会科学版),2010(5).

[49] 任学良,赵静.从摸着石头过河到创造发展奇迹:个体私营经济走过30年.北京观察,2008(12).

[50] 邵晶晶.宁波民营经济的发展现状及趋势分析.现代商业,2007(4X).

[51] 史群.浙江民族资本主义近代工业的产生和发展——杭州、宁波、湖州、温州和绍兴五个城市的初步调查.浙江学刊,1964(2).

[52] 宋建江,周豪.宁波市金融体制改革的回顾与展望.宁波党政论坛,1994(3).

[53] 孙建红.宁波民营企业制度演变的历史考察.中国经济史研究,2011(2).

[54] 孙懋穗."十二五"中小企业成长规划正式发布.中国高新技术企业,2011(32).

[55] 孙睦优.宁波市科技型民营企业发展现状及态势.中共宁波市委党校学报,2002(4).

[56] 孙善根.宁波帮与宁波的早期现代化.宁波职业技术学院学报,2005(6).

[57] 孙善根,鲍展斌.宁波商帮崛起的传统文化因素.上海交通大学学报,2002(4).

[58] 孙善根,李英.四明公所与近代上海"宁波帮".中共宁波市委党校学报,2000(6).

[59] 孙善根,李政.近代宁波帮形成的历史因素及其作用.档案与史学,1997(4).

[60] 唐丰收.宁波民营企业经营理念之现状特征及提升.宁波经济(三江论坛),2009(4).

[61] 陶云飞.宁波帮的成功之道对当代宁波经济发展的借鉴意义.中共宁波市委党校学报,2002(5).

[62] 田晓霞.小企业融资理论及实证研究综述.经济研究,2004(5).

[63] 汪海波.国民经济恢复时期恢复、发展工业的基本经验.中国社会科学院研究生院学报,1995(1).

[64] 王革平.清朝货币制度的弊端及其与现代货币制度的不同.黑龙江史志,2012(19).

[65] 王国言,卫红.世纪回眸:近二十年宁波金融业发展的辉煌成就及基本经验.宁波经济,1998(9).

[66] 王建平.企业制度改革与企业融资方式.企业经济,1995(3).

[67] 王凌.博取、独立、创新——宁波民营经济发展之路.中国城市经济, 2008(9).

[68] 王凌.民营经济三十年发展回顾与前瞻——以宁波为例.中国民营科技 与经济,2008(9).

[69] 王凌.宁波民营经济三十年:回顾、经验与前瞻.生产力研究,2009(13).

[70] 王珊纯.宁波印染织厂发展始末.宁波文史资料(第15辑),1994.

[71] 王苏英.近代宁波钱庄业的发展历程及其经营特色.浙江万里学院学 报,2006(3).

[72] 王遂今.宁波帮"开山祖师"严信厚.民国春秋,1994(2).

[73] 王文峰.中西部地区二元经济结构转换的制度逻辑.西安电子科技大学 学报(社会科学版),2004(3).

[74] 王玉茹,燕红忠,付红.近代中国新式银行业的发展与实力变化.金融研 究,2009(9).

[75] 王忠民,尹全洲.1845—1997年中国外资银行制度之变迁.改革,1998(S1).

[76] 文炳勋.新中国金融体制的历史演进.中共党史研究,2006(4).

[77] 吴婷.建国60年来党的民营经济政策探索之路.福建党史月刊,2009 (22).

[78] 吴翔阳.宁波民营经济"二次创业"的发展取向.宁波经济,2001(8).

[79] 冼国明,崔喜君.外商直接投资、国内不完全金融市场与民营企业的融 资约束——基于企业面板数据的经验分析.世界经济研究,2010(4).

[80] 向新,苏少之.1957—1978年中国计划经济体制下的非计划经济因素. 中国经济史研究,2002(4).

[81] 谢行恒,王杰.宁波民营中小企业金融支持对策分析.商场现代化,2008 (11).

[82] 谢振声.宁波工业化的起点:通久源轧花厂.宁波职业技术学院学报, 2009(1).

[83] 辛洪涛.对主流银行形成理论的反思.贵州财经学院学报,2007(6).

[84] 徐畅."合会"论述.近代史研究,1998(2).

[85] 许崇正,官秀黎.论中国民营企业融资和金融支持.金融研究,2004(9).

[86] 燕红忠.近代中国金融发展水平研究.经济研究,2009(5).

[87] 杨培新.我国金融体制的三次大变革.上海经济研究,1994(3).

[88] 杨荫杭.上海商帮贸易之大势.商务官报,1906(12).

[89] 杨佐飞.宁波民营企业开拓国际市场的现状及对策.浙江万里学院学报,2004(4).

[90] 姚丽娜,卫明凤.宁波民营经济的现状及发展思路.浙江海洋学院学报(人文科学版),2008(1).

[91] 叶世昌.从钱铺到钱庄的产生.学术月刊,1990(5).

[92] 虞逸仲.从钱业会馆谈宁波的金融历史.中国钱币论文集,2002(4).

[93] 张国辉.二十世纪初期的中国钱庄和票号.中国经济史研究,1986(1).

[94] 张杰.民营经济的金融困境与融资次序.经济研究,2000(4).

[95] 张鹏,许亦平,林桂军.中国计划经济时期货币政策回顾:1952—1978.中国经济史研究,2010(3).

[96] 张雨.宁波实现民营经济新飞跃的几点思考.经济丛刊,2005(1).

[97] 张远新.建国后我党对个体私营经济政策的演变及其历史经验.社会主义研究,2003(3).

[98] 张跃,孙善根.论宁波帮精神——宁波帮精神的一种历史诠释.宁波职业技术学院学报,2008(4).

[99] 长城战略研究所.中国民营经济的迅速崛起——中国民营经济的四个发展阶段.企业研究报告,2003(153).

[100] 赵凌云.1949—2008年间中国传统计划经济体制产生、演变与转变的内生逻辑.中国经济史研究,2009(3).

[101] 赵全军.当前宁波民营企业投资融资的路径与对策.宁波经济(三江论坛),2009(12).

[102] 赵轶峰.试论明代货币制度的演变及其历史影响.东北师大学报(哲学社会科学版),1985(4).

[103] 赵毅,章海珍.浅析宁波民营经济发展现状、困难与对策.经济师,2012(10).

[104] 郑备军,陈铨亚.宁波钱庄的制度创新与宁波帮的崛起.浙江学刊,2011(5).

[105] 郑修敏,许晓明.中国民营经济发展的历史与未来.江西社会科学,2009(6).

[106] 周静芬,张孟耸.宁波帮传统优势行业的转型——鸦片战争后宁波帮近代化的标志之二.浙江师大学报(社会科学版),1996(6).

[107] 周苗苗,赵凡繁,吴冲锋.民间金融的独特形式——合会.当代经济科学,2004(5).

[108] 周雪光,艾云.多重逻辑下的制度变迁.中国社会科学,2010(4).

[109] 竺菊英.近代宁波的资本主义工业.浙江学刊,1995(1).

[110] 宗发旺,孙善根.股份制在近代企业的建立及其运作——以宁波永耀电力公司为个案研究(1914—1949).宁波经济(三江论坛),2011(5).

三、档案及资料汇编

[1] 蔡芷卿,马厓民.鄞县通志·食货志.宁波:鄞县通志馆,1936.

[2] 中国科学院近代史研究所史料组译.辛亥革命资料.北京:中华书局,1961.

[3] 邓小平文选:第3卷.北京:人民出版社,1992:111.

[4] 浙江省鄞县钱商业同业公会当选委员名册:宁波档案馆档案,旧14-01-53,1946.

[5] 海关档案.Decennial Reports,1882-1991,Ning Po,362.

[6] 实业部国际贸易局.中国实业志(浙江省)(丙编),1933.

[7] 实业部国际贸易局.中国实业志(浙江省)(壬编),1933.

[8] 王卓辉.在全市乡镇企业工作会议上的讲话.1994-04-22.

四、学位论文

[1] 蒋小平.标会组织的存续趋势——对福建福安市三个"标会"个案的考察.武汉:华中科技大学硕士学位论文,2008:1.

[2] 李维庆.近现代中国典当业之研究.天津:南开大学博士学位论文,2009:78.

[3] 汪丽丽.非正式金融法律规制研究.上海:华东政法大学博士学位论文,2013:76.

五、电子文献

[1] 永耀公司电灯亮.http://www.cnnb.com.cn/gb/node2/newspapernb-wb2005/12/node55003/node55007/userobject7ai1254282.html,2014-11-30.

[2] 国务院关于进一步促进中小企业发展的若干意见.http://www.gov.cn/zwgk/2009-09/22/content_1423510.htm,2014-04-27.

[3] 城乡个体工商户管理暂行条例.http://www.law-lib.com/law/law_view.asp?id=4454,2014-11-30.

[4] 当前农村经济政策的若干问题.http://www.china.com.cn/aboutchi-

na/data/zgncggkf30n/2008 — 04/09/content _ 14684996. htm，2014-11-30.

［5］关于1984年农村工作的通知. http://www. china. com. cn/aboutchina/data/zgncggkf30n/2008-04/09/content_14685167. htm，2014-11-30.

［6］中共中央关于把农村改革引向深入的通知. http://www. caein. com/index. php/Index/Showcontent/index/bh/006001/id/5422，2014-11-30.

［7］关于把原工商业者中的劳动者区别出来问题的请示报告. http://cpc. people. com. cn/GB/64162/64165/72301/72313/4980635. html，2014-11-30.

［8］关于城镇非农业个体经济若干政策性规定的补充规定. http://www. cnlss. com/MolssLaw/SocialSecurity/200707/MolssLaw_20070709210116_3268. html，2014-11-30.

［9］关于贯彻执行《中华人民共和国民法通则》若干问题的意见（试行）. http://www. law-lib. com/law/law_view. asp? id＝203，2014-11-30.

［10］关于广开就业门路，搞活经济，解决城镇就业问题的若干决定. http://www. yfzs. gov. cn/gb/info/LawData/gjf2001q/gwyfg/2003-07/11/0955395971. html，2014-11-30.

［11］关于进一步治理整顿和深化改革的决定. http://www. reformdata. org/content/19891109/26593-3. html，2014-11-30.

［12］关于农村个体工商业的若干规定. http://www. sfsk. net/lbw/fg/g2/3. htm，2014-11-30.

［13］关于人民法院审理借贷案件的若干意见. http://www. jincao. com/fa/09/law09. s09. htm，2014-11-30.

［14］国务院关于城镇非农业个体经济若干政策性规定. http://www. law-lib. com/law/law_view. asp? id＝2266，2014-11-30.

［15］国务院关于发展社队企业若干问题的规定（试行草案）. http://www. china. com. cn/law/flfg/txt/2006-08/08/content_7058815. htm，2014-11-30.

［16］国务院关于鼓励支持和引导个体私营等非公有制经济发展的若干意见. http://www. gov. cn/zwgk/2005-08/12/content_21691. htm，2014-04-15.

［17］民法通则. http://www. law-lib. com/law/law_view. asp? id＝3633，2014-11-30.

［18］全国农村工作会议纪要. http://www. china. com. cn/aboutchina/data/

zgncggkf30n/2008-04/09/content_14684460. htm,2014-11-30.

[19] 私营企业劳动管理暂行规定. http://www. gradjob. com. cn/News/jyzy/200607/siqi. html,2014-11-30.

[20] 私营企业暂行条例. http://www. saic. gov. cn/zcfg/xzfggfxwj/198806/t19880625_45948. html,2014-11-30.

[21] 我国政府扶持中小企业发展的方针政策. http://www. sme2000. com. cn/theory/theory_view. asp? id=438,2014-07-25.

[22] 我国中小企业的发展政策. http://www. china. com. cn/chinese/zhuanti/263730. htm,2014-04-12.

[23] 中共中央、国务院转发国家农委关于积极发展农村多种经营的报告的通知. http://news. xinhuanet. com/ziliao/2002-03/04/content_2543666. htm,2014-11-30.

[24] 中共中央关于加快农业发展若干问题的决定. http://www. people. com. cn/GB/shizheng/252/5089/5103/5206/20010428/454999. html,2014-11-30.

[25] 中共中央关于经济体制改革的决定. http://www. gov. cn/test/2008-06/26/content_1028140_2. htm,2014-11-30.

[26] 中共中央关于制定国民经济和社会发展十年规划和"八五"计划的建议. http://www. people. com. cn/GB/other4349/4456/20010228/405430. html,2014-11-30.

[27] 中共中央关于转发全国劳动就业会议文件的通知. http://www. people. com. cn/item/flfgk/gwyfg/1980/L35501198002. html,2014-11-30.

[28] 中国共产党中央委员会关于建国以来党的若干历史问题的决议. http://cpc. people. com. cn/GB/64184/64186/67029/4519184. html,2014-11-30.

[29] 中国共产党中央委员会向第十二次全国代表大会的政治报告. http://www. 360doc. com/content/11/0227/12/829250_96547963. shtml,2014-11-30.

[30] 中华人民共和国私营企业所得税暂行条例. http://www. chinabx. gov. cn/News_View. asp? NewsID=1072,2014-11-30.

[31] 中华人民共和国宪法(1982 年). http://www. npc. gov. cn/wxzl/wxzl/2000-12/06/content_4421. htm,2014-11-30.

[32] 中华人民共和国宪法修正案(1988 年). http://www. law-lib. com/

law/law_view. asp? id＝204,2014-11-30.

［33］ 中华人民共和国刑法. http://www. chinalawedu. com/lvshi/
AAA635949214532/5_3957. shtm,2014-11-30.

［34］关于印发《政府采购促进中小企业发展暂行办法》的通知. http://
www. gov. cn/zwgk/2011-12/31/content_2034662. htm,2014-06-30.

［35］丛林. 融资租赁怎样沟通金融与实体. http://business. sohu. com/
20120217/n334991398. shtml,2014-12-14.

［36］董其岳. 鄞县乡镇企业与民营经济发展. http://yzaper. yzhnews. com.
cn/shtml/yzaper/20140714/30421. shtml, 2014-07-14.

［37］工业和信息化部发《"十二五"中小企业成长规划》. http://www. gov.
cn/gzdt/2011-09/23/content_1955213. htm, 2014-05-20.

［38］全国市场主体发展总体情况. http://www. saic. gov. cn/zwgk/tjzl/zx-
tjzl/xxzx/201301/P020130110600723719125. pdf, 2013-01-10.

［39］国务院关于征收私营企业投资者个人收入调节税的规定. http://
www. law-lib. com/law/law_view. asp? id＝5112,2014-11-30.

［40］刘菊花,黄玫,叶前. 解读我国促进中小企业发展新政策四大亮点. ht-
tp://news. xinhuanet. com/fortune/2009-09/23/content_12102879_3.
htm,2014-04-27.

［41］开埠后的宁波港. http://www. dangan. ningbo. gov. cn/dandt/yczg/
jyxm/200712/t20071219_5952. html, 2007-12-19.

［42］宁波市个体工商户发展报告. http://www. nbmz. org/study_read.
php? id＝148,2014-11-30.

［43］宁波市民建,工商联史料组. 宁波和丰纱厂的创建与演变. http://www.
nbzx. gov. cn/art/2006/11/27/art_9747_429391. html,2006-11-27.

［44］宁波民营经济发展现状及对策. http://www. nbgsl. org. cn/News_
view. aspx? ContentId＝4286&CategoryId＝60,2014-09-10.

［45］邵雪廉. 金华市民营经济与甬台温的比较. http://www. zj. xinhuanet.
com/zhejiang/2004-05/10/content_2101425. htm,2014-11-13.

［46］宋光亚. 宁波民营经济:占 GDP70％ 占经济实体总数的 94. 7％. ht-
tp://zjnews. zjol. com. cn/05zjnews/system/2012/05/23/018514780.
shtml,2014-11-30.

［47］王增芳. 典当行:中小企业"第二银行". http://www. cnnb. com. cn/
xwzxzt/system/2008/11/28/005894835. shtml，2008-11-28.

[48] 杨晓宇.《中小企业划型标准规定》惠及中小化工企业. 中国化工报, 2011-07-29. http://www. 100ppi. com/forecast/detail-2011-07-29-9948, 2014-05-15.

[49] 张燕,蔡国鹏. 宁波民营经济发展大事记. http://news. cnnb. com. cn/system/2012/03/21/007270028. shtml,2014-11-13.

[50] 浙江省发改委研究室. 浙江促进民营经济大发展大提升的对策研究. http://www. zjdpc. gov. cn/art/2013/2/25/art_231_505034. html 2014-11-10.

[51] 中国金融期货交易所. 什么是期货. http://finance. sina. com. cn/money/future/20071210/13104270955. shtml,2014-11-10.

[52] 中华人民共和国银行管理暂行条例. 1986, http://www. china. com. cn/law/flfg/txt/2006-08/08/content_7059745. htm,2014-11-30.

[53] 钟祥财.20世纪30年代的金融危机. http://www. cnfinance. cn/magzi/2010-03/12-7402. html,2010-03-12.

[54] 周志耀. 太丰面粉厂. http://www. nbzx. gov. cn/art/2007/1/9/art_9744_429677. html,2007-01-09.

六、英文专著

[1] Andrea Lee Mcelderry. Shanghai Old-Style Banks (Ch'ien-Chuang) 1800-1935：A Traditional Institution in a Changing Society. Ann Arbor：University Microfilms International，1975.

[2] Susan Mann Jones. Finance in Ningpo：The "Ch'ien Chuang", 1750-1880. In W. E. Willmott. Economic Organization in Chinese Society. Stanford California：Stanford University Press,1974.

[3] Kellee S. Tsai. Back-Alley Banking：Private Entrepreneurs in China. Ithaca and London：Cornell University Press，2002.

[4] Linsun Chen. Banking in Modern China：Entrepreneurs，Professional Management，and the Development of Chinese Banks，1897-1937. Cambridge：Cambridge University Press，2007.

[5] Patricia H. Thornton，William Ocasio an，Michael Lounsbury. The Institutional Logics Perspective. Oxford：Oxford University Press，2012.

[6] Wei Yuwa. Comparative Corporate Governance：A Chinese Perspective. Netherlands：Kluwer Law International，2003.

［7］Zhaojin Ji. A History of Modern Shanghai Banking：The Rise and Decline of China's Financial Capitalism. Armonk：An East Gate Book，2003.

七、英文期刊

［1］Amit Nigam，William Ocasio. Event Attention，Environmental Sensenmaking，and Change in Institutional Logics：An Inductive Analysis of the Effects of Public Attention to Clinton's Health Care Reform Initiative. Organization Science，2009，21(4)：823-841.

［2］Franklin Allen，Jun Qian，Meijun Qian. Law，Finance，and Economic Growth in China. Journal of Financial Economics，2005，77(1)：57-116.

［3］Franklin Allen，Rajesh Chakrabarti，Sankar De，et al. Financing Firms in India. Journal of Financial Intermediation，2012，21(3)：409-455.

［4］Guibin Zhang. The Choice of Formal or Informal Finance：Evidence from Chengdu，China. China Economic Review，2008，19(4)：659-678.

［5］Hongbin Li，Lingsheng Meng，Qian Wang，et al. Political Connections，Financing and Firm Performance：Evidence from Chinese Private Firms. Journal of Development Economics，2008，87(2)：283-299.

［6］Hongliang Zheng，Yang Yang. Chinese Private Sector Development in the Past 30 Years：Retrospect and Prospect. Discussion Paper，45，China Policy Institute. UK：The University of Nottingham，2009.

［7］Mike W. Peng. Institutional Transitions and Strategic Choices. Academy of Management Review，2003，28(2)：275-296.

［8］Patricia H. Thornton. The Rise of the Corporation in a Craft Industry：Conflict and Conformity in Institutional Logics. Academy of Management Journal，2002，45(1)：81-101.

［9］Patricia H. Thornton，William Ocasio. Institutional Logics and the Historical Contingency of Power in Organizations：Executive Succession in the Higher Education Publishing Industry 1958-1990. American Journal of Sociology，1999，105(3)：801-843.

［10］Renate E. Meyer，Gerhard Hammerschmid. Changing Institutional Logics and Executive Identities：A Managerial Challenge to Public Administration in Austria. American Behavioural Scientist，2006，49(7)：1000-1014.

[11] Robert Cull, Lance E. David, Naomi R. Lamoreaux ,et al. Historical Financing of Small-and Medium-Size Enterprises. Journal of Banking and Finance, Vol. 30, No. 11, 2006,30(11): 3017-3042.

[12] Tim Hallett, Marc J. Ventresca. Inhabited Institutions: Social Interactions and Organizational Forms in Gouldner's Patterns of Industrial Bureaucracy. Theory and Society, 2006,35(2): 213-236.

[13] W. Richard Scott. The Adolescence of Institutional Theory. Administrative Science Quarterly, 1987,32(4): 493-511.

[14] Xiuping Hua, Yuhuilin Chen, Shameen Prashantham. Institutional Logic Dynamics: Private Firm Financing in Ningbo (1912—2008). Business History, 2016,58(3):378-407.

索　引

图书在版编目（CIP）数据

　　宁波民营企业发展与融资的百年历史回顾：1912～
2012/华秀萍，陈裕荟琳著.—杭州：浙江大学出版社，
2017.5
　　ISBN 978-7-308-15437-6

　　Ⅰ.①宁…　Ⅱ.①华…②陈…　Ⅲ.①民营企业－企业
发展－经济史－宁波市－1912～2012②民营企业－企业
融资－经济史－宁波市－1912～2012　Ⅳ.①F279.245

　　中国版本图书馆 CIP 数据核字（2015）第 301990 号

宁波民营企业发展与融资的百年历史回顾（1912—2012）

华秀萍　陈裕荟琳　著

责任编辑	吴伟伟 weiweiwu@zju.edu.cn
封面设计	木　夕
责任校对	杨利军　夏湘娣
出版发行	浙江大学出版社
	（杭州市天目山路 148 号　邮政编码 310007）
	（网址：http://www.zjupress.com）
排　　版	浙江时代出版服务有限公司
印　　刷	杭州日报报业集团盛元印务有限公司
开　　本	710mm×1000mm　1/16
印　　张	16.5
字　　数	287 千
版 印 次	2017 年 5 月第 1 版　2017 年 5 月第 1 次印刷
书　　号	ISBN 978-7-308-15437-6
定　　价	48.00 元